FACULTÉ DE DROIT DE PARIS.

THÈSE

POUR

LE DOCTORAT

PAR

Alphonse-Barthélemy-Martin BOISTEL

Licencié en droit, licencié ès-lettres, bachelier ès-sciences, avocat à la Cour
impériale de Paris.

DE LA PUISSANCE DU PÈRE

SUR LA PERSONNE DE SES ENFANTS

EN DROIT ROMAIN ET EN DROIT FRANÇAIS.

PARIS

IMPRIMERIE DE E. DONNAUD,

9, RUE CASSETTE, 9

1863

THÈSE

POUR

LE DOCTORAT

L'ACTE PUBLIC SUR LES MATIÈRES CI-APRÈS SERA SOUTENU
EN PRÉSENCE DE M. L'INSPECTEUR GÉNÉRAL GIRAUD,
Le 23 décembre à 2 heures.

PAR

Alphonse-Barthélemy-Martin BOISTEL

NÉ A PARIS (SEINE)

Licencie en droit, licencié ès-lettres, bachelier ès-sciences, avocat à la Cour
impériale de Paris.

DE LA PUISSANCE DU PÈRE SUR LA PERSONNE DE SES ENFANTS
EN DROIT ROMAIN ET EN DROIT FRANÇAIS.

PRÉSIDENT : **M. COLMET DE SANTERRE,**

SUFFRAGANTS { MM. VALLETTE,
MACHELARD,
BONNIER, } *Professeurs.*
VERNET, *Suppléant.*

Le candidat répondra en outre aux questions qui lui seront adressées
sur les autres matières de l'enseignement.

PARIS

IMPRIMERIE DE E. DONNAUD,

9, RUE CASSETTE, 9

1863

A MON PÈRE, A MA MÈRE.

Chers parents ; cette dédicace n'est pas, croyez-le bien, une formalité banale ; ce n'est même pas seulement l'expression ordinaire d'un sentiment sacré de reconnaissance. Cet ouvrage vous appartient, parce que c'est vous qui l'avez inspiré. C'est à votre école que j'ai appris les saintes lois de la famille. C'est sur votre modèle que j'ai tracé les devoirs des père et mère. Et pour voir surgir devant mes yeux l'idéal accompli de la société paternelle, je n'ai eu qu'à réfléchir, dans le recueillement d'une longue absence, sur ce que j'avais vu pratiquer autour de moi depuis mes plus jeunes années. Soyez donc mille fois remerciés et bénis ; et puisse Dieu vous rendre par vos enfants tout le bonheur que vous leur avez préparé !

8 décembre 1863.

PREMIÈRE PARTIE.

DROIT ROMAIN.

—◇◆◇—

Nous commencerons par prendre une vue d'ensemble de l'organisation de la famille romaine, et nous verrons ensuite les divers droits spéciaux du père sur la personne de ses enfants. Nous diviserons donc cette partie en deux livres :

1° Organisation de la famille romaine ;
2° Rapports personnels.

LIVRE PREMIER.

Organisation de la famille romaine.

—◇◆◇—

Tous les traits spéciaux et caractéristiques de la famille à Rome se déduisent d'une même source, du droit de puissance, *potestas*, attribué au père sur ses enfants. Les jurisconsultes romains avaient reconnu eux-mêmes que cette puissance, telle qu'elle était organisée, était un trait profondément caractéristique de la législations lation romaine, et Justinien nous répète après Gaius : *Jus potestatis quod in liberos habemus, proprium est civium Romanorum ; nulli enim alii sunt homines, qui talem in liberos habeant potestatem qualem nos habemus* (1). La puissance paternelle, telle que nous la voyons établie, était l'élément accidentel et artificiel, que le premier législateur de Rome avait ajouté à l'organisation naturelle de la famille pour l'adapter à ses vues politiques, et la faire servir au maintien de la constitution de la république telle qu'il l'avait conçue. Et de fait elle répondait merveilleusement au but qu'il s'était proposé ; c'était le meilleur moyen que la prudence humaine pût inventer pour donner à la constitution de la république la perpétuité, si un moyen artificiel et contraire à la nature pouvait jamais assurer la perpétuité à une œuvre artificielle elle-même et contraire aux véritables principes des choses.

Les historiens font remonter à Romulus lui-même l'organisation de la puissance paternelle avec ses droits les plus exorbitants. La constitution que Romulus donnait à Rome ou, peut-être, que Rome prenait instinctivement sous Romulus, était, comme toutes les constitutions des républiques anciennes, violente à la nature humaine. Créée dans des circonstances très-pénibles, au milieu de dangers incessants, qui faisaient sentir un besoin impérieux de force et d'unité sociale ; créée par des esprits et pour des esprits encore incultes et tout à fait incapables d'idées abstraites et un peu délicates à saisir, la constitution romaine ne sut pas trouver de

---

(1) Inst. 1; 102. — Gaius. Comm. 1, 55. — L. 3, De his qui sui vel alieni; D. 1, 6.

moyen terme entre la faiblesse de la société civile, et l'absorption de l'individu par l'Etat. La théorie, que l'individu tient tous ses droits de la société civile, et que celle-ci peut en disposer à son gré; que chacun est tenu de sacrifier tout à l'intérêt de la république, et que l'individu n'a point de droit à l'encontre de la masse de ses concitoyens; en un mot, l'esclavage civil de l'individu à l'égard de l'État, placé à côté de la liberté politique la plus étendue, était le contre-sens fatal imposé à toutes les républiques anciennes. Mais, tandis que les autres législateurs ne crurent pouvoir établir l'omnipotence de l'État qu'en détruisant la famille, Romulus, avec le sens politique et l'instinct juridique qui distingua toujours les Romains, saisit parfaitement la nature de la famille, et vit qu'avec une certaine modification, elle pouvait se prêter merveilleusement à l'établissement et à l'affermissement de la société qu'il fondait. La famille forme naturellement une société très-énergique et très-unie, c'est une masse puissante, résistante par elle-même, capable de fournir une base large et fortement assise pour la société civile. Le seul danger qu'elle renferme, c'est que l'esprit d'exclusivisme qui la caractérise ne s'oppose à l'unification civile. Mais si le chef de famille est mis par la constitution sous une dépendance étroite vis-à-vis de l'État; si tout ce qu'il a, et tout ce qu'il est, est considéré comme appartenant à l'État qui peut lui en demander et lui en imposer, à tout instant, le sacrifice; alors plus il a de pouvoir sur sa propre famille, plus toute cette famille se trouve mise sous la dépendance de l'État. L'État ne perd rien à exercer sa domination par un intermédiaire, si d'une part cet intermédiaire est soumis à un empire

absolu de la part de l'Etat, et si, d'autre part, il exerce
sur ses subordonnés un empire aussi absolu que celui
auquel il est lui-même sujet. Ainsi, ce qui répugnait à
la constitution des républiques anciennes, c'était une
organisation simple, libérale, vraiment paternelle de la
famille ; mais établir dans toutes les familles autant de
véritables petites sociétés civiles, unies à la grande par
des liens énergiques et indissolubles, c'était corroborer
la société civile elle-même, et apprendre aux citoyens
l'obéissance passive, dès leur plus tendre enfance, et à
l'école la mieux faite pour graver dans les âmes des
impressions ineffaçables. La puissance paternelle romaine, armée d'un droit de disposition absolu sur la
personne et les biens des enfants, fut une merveilleuse
invention pour donner à la famille tous les caractères
que devait chercher en elle le législateur antique.

Outre l'influence profonde qu'elle exerçait sur les
mœurs en les harmonisant avec la constitution, cette
organisation de la famille était dans le droit politique
un grand élément d'ordre et de stabilité. Les assemblées
du peuple, uniquement composées pendant longtemps
des pères de famille, se trouvaient relativement peu
nombreuses, et par conséquent beaucoup moins sujettes
aux passions et aux entrainements tumultueux ; et leurs
membres, représentant des intérêts plus considérables,
dont la sauvegarde dépendait du bon ordre de l'Etat,
devaient apporter dans les délibérations beaucoup plus
de sérieux et d'attention, puisqu'ils en sentaient mieux
et plus directement l'importance. Malgré les obscurités
qui entourent la composition des comices par curies, et
sans vouloir nous prononcer sur la question de savoir
si l'unité de vote était ou non la *gens*, nous croyons

qu'on peut affirmer que la division des suffrages ne pouvait descendre au-dessous de l'unité de la famille représentée par son chef. Il est impossible de ne pas donner au moins cette signification à ce texte d'Aulu-Gelle : *Cum ex generibus hominum suffragium feratur, comitia curiata esse.* Quant aux comices par centuries nous affirmerons hardiment que le chef de famille y votait seul, puisque le droit d'y prendre part était fondé sur la fortune et proportionné à la fortune, et que le chef de famille avait seul et pouvait seul avoir des biens en propre. Et comme il ne nous est pas dit que la réforme de Servius Tullius ait enlevé à aucun citoyen le droit de suffrage, tandis qu'un changement aussi notable que l'exclusion de tous les fils de famille aurait dû être signalé par tous les historiens ; cette composition des comices par centuries nous fournit un argument pour ce qui concerne les comices par curies qui les avaient précédées. — Quant aux comices par tribus nous n'avons aucune raison de croire que les fils de famille en aient jamais été exclus; ni leur organisation, ni leur esprit n'entraînaient cette conséquence. Nous croyons même que l'on trouverait dans les historiens plusieurs exemples où des fils de famille y ont figuré. En tout cas il est certain que, si ces comices, conquête de l'esprit démocratique sur l'esprit aristocratique, furent favorables à la liberté du peuple, ils donnèrent aussi plus de prise au trouble et au désordre. C'était, sous beaucoup de rapports, une première atteinte portée à la constitution primitive de Rome.

Au point de vue du droit privé, l'idée que Romulus donna de la famille aux premiers Romains, était bien harmonie avec l'esprit d'un peuple encore violent

et grossier, à qui il faut des choses simples, faciles à
saisir et à la conception desquelles il soit familiarisé
par ce qui se passe communément sous ses yeux. Le
lien de puissance substitué aux liens du sang présentait
à un peuple guerrier une conception simple qu'il pouvait appliquer facilement à la place des rapports assez
compliqués et délicats que présente la famille considérée
comme une véritable société. Et comme d'ailleurs,
l'esprit romain sut tirer de ce lien de puissance une
organisation de la famille, beaucoup plus voisine de
son organisation naturelle que dans toutes les autres
républiques anciennes, cette conception fut, au point
de vue pratique, un véritable bienfait pour les peuples
de cette époque. Au fond toutes les differences que
l'on peut signaler entre l'organisation de la famille
romaine et l'organisation naturelle de la famille, dérivent de la transformation de cette puissance paternelle, qui est souveraine sans doute, mais tout entière
dirigée vers l'intérêt des enfants, et qui par conséquent
respecte essentiellement tous les droits, en un pouvoir
despotique, où l'intérêt du maître est seul considéré et
l'intérêt des subordonnés est entièrement négligé, où
l'on ne reconnaît aucun droit à ceux-ci à l'encontre
du premier.

Le caractère d'un pouvoir despotique, c'est de ne
pouvoir pas être partagé ou divisé ; cela amena naturellement les Romains, à supprimer toute distinction,
toute subordination entre les membres de la famille
soumis au chef, à supprimer l'autorité de la mère, la
puissance du fils sur les petits-fils, et à établir l'égalité
absolue entre eux tous à l'encontre du père.

Deux pouvoirs despotiques ne peuvent pas exister en

même temps sur la même personne ; force fut donc d'attribuer les petits-enfants exclusivement à l'une de leurs deux familles, la famille paternelle ou la famille maternelle, et comme le père est le chef naturel de sa famille, on les attribua à leur famille paternelle, et la descendance par les filles ne fut plus rien dans la législation romaine. Le même motif força à rompre tout lien entre un enfant donné en adoption et son père naturel, pour le donner tout entier à son père adoptif.

Un pouvoir despotique n'est pas susceptible de degrés ; aussi le fils de famille restait-il toujours dans la même dépendance vis-à-vis de son père, quel que fût son âge, sa capacité ; quelles que fussent les dignités dont il était revêtu.

Enfin le lien de puissance étant tout, le lien du sang n'étant rien, les lois des successions reproduisirent avec une affligeante fidélité l'organisation artificielle de la famille, et l'on vit exclure absolument tous les parents par les femmes, les enfants donnés en adoption et même les enfants émancipés. C'est ainsi qu'un faux principe entraîne mille conséquences funestes ; mais, je le répète, ce principe avec ses conséquences était dans l'état actuel des esprits un bien plutôt qu'un mal ; car il sauvait à la fois l'esprit de la famille et la constitution de Rome.

Ces considérations générales étaient nécessaires à une étude un peu approfondie de la famille romaine ; elles servent à déterminer exactement ce qu'elle a de spécial, en quoi elle se rapproche des principes et en quoi elle s'en éloigne ; ainsi que les raisons de ces différences et leur relation avec la constitution et le caractère de la nation. Entrons maintenant plus avant, en examinant dans trois chapitres :

1° La nature et les principales fonctions de la puissance paternelle ;

2° Les sources dont elle naît ;

3° Les causes qui y mettent fin.

CHAPITRE PREMIER.

NATURE ET PRINCIPALES FONCTIONS DE LA PUISSANCE PATERNELLE.

La nature exacte de la puissance paternelle est dans le droit romain une question fort délicate et fort controversée. Je pense qu'il y a plusieurs précautions à prendre si l'on veut arriver à une idée nette sur ce point. La première est d'abord de bien déterminer à quelle époque on veut se placer pour l'étudier; car, pendant les longs siècles qu'il a duré, le droit romain a beaucoup varié, et surtout dans les derniers siècles il s'est transformé du tout au tout sous l'influence de beaucoup d'idées étrangères. Si donc on voulait fixer la nature de la puissance paternelle à Rome sans préciser aucune époque spéciale, on arriverait à des contradictions et à des impossibilités, car on rencontrerait sur ce point des indications entièrement opposées les unes aux autres. Dans la nécessité de choisir une époque il nous semble raisonnable de prendre celle où le droit romain nous apparaît dans sa simplicité et sa pureté primitive, pour faire ensuite l'histoire de ses variations. Il faut donc nous placer aux premiers temps de la république aux environs de la loi des XII Tables.

En outre lorsque l'on étudie une législation, surtout une législation morte, on a à se garder à la fois de deux écueils opposés : un esprit trop généralisateur et un esprit trop exclusif. Par un trop grand désir de généralisation, on ne vera dans cette législation que l'application des principes, on lui attribuera souvent des caractères qu'elle n'a pas, et on perdra de vue le cachet spécial qu'elle porte; souvent même on transportera à une époque éloignée des idées et des vues d'un autre siècle. Il est fort bon de montrer qu'une disposition législative ne saurait être absolument mauvaise, et qu'elle a toujours un côté louable, par lequel elle se rattache aux principes généraux de la morale et de la nature humaine; mais quand on veut avoir une idée complète d'une législation, il faut avant tout chercher le point de vue spécial auquel ses auteurs s'étaient placés, et les transformations qu'ils avaient fait subir aux idées communes. Nous ne négligerons donc pas ce qu'il y a d'universel dans le droit romain, car c'est ce qui lui donne son principal intérêt pour le jurisconsulte moderne; mais il faut avant tout bien constater sa physionomie propre. — D'autre part il faut bien se garder de juger les mœurs d'un peuple uniquement d'après ses lois; il est vrai de dire que les mœurs ne sont jamais ni aussi bonnes ni aussi mauvaises que les lois, et que si les mœurs corrompent souvent les bonnes lois, elles corrigent aussi les mauvaises; car l'homme n'est jamais ni tout bon, ni tout mauvais. Souvent des lois très-imparfaites n'ont pas de funestes conséquences, quand les mœurs sont pures, et leur imperfection même tient à ce que la pureté des mœurs a empêché qu'on n'en sentît les lacunes. Nous dirons donc hardiment ce qui résulte des lois primitives de Rome telles que nous les connaissons, en reconnaissant sans doute que toutes les conséquences qu'elles renfermaient ne se développèrent pas en fait à cette époque, et qu'au contraire l'amélioration que les lois subirent plus tard fut surtout motivée par le développement des abus, restés jusqu'alors inconnus.

Sous le bénéfice de ces distinctions et de ces réserves je crois qu'il faut le reconnaître hardiment : tous les témoignages qui nous arrivent sur les lois de Romulus et les lois des XII Tables s'accordent à nous présenter la puissance paternelle, telle que ces lois l'organisaient, comme le pouvoir le plus absolu, le plus arbitraire, le plus tyrannique qui puisse exister, d'un homme sur un autre homme. L'enfant y est la chose du père; les lois ne le considèrent pas à son égard comme une personne; car l'essence de la personne est d'avoir des droits, d'être le droit vivant, et les lois ne reconnaissent aucun droit au fils vis-à-vis de son père. Quel pouvoir peut être plus absolu que celui renfermé dans cette phrase de Denys d'Halicarnasse? *At Romanorum legislator (Romulus) omnem, ut ita dicam, potestatem in filium patri concessit, idque toto vitæ tempore : sive eum in carcerem conjicere, sive flagris cædere, sive vinctum ad opus rusticum detinere, sive occidere vellet* (1) L'arbitraire de ce pouvoir, son étendue sans limites peut-elle être plus clairement indiquée? Il en résulte que le pouvoir du père sur son fils n'est pas un pouvoir social, lequel a lieu entre deux personnes considérées comme telles et dans l'intérêt de toutes deux, mais un pouvoir seigneurial, dominical, tel qu'il existe, lorsque l'intérêt seul du maître est protégé, et lorsque l'inférieur n'a aucun droit, aucune existence personnelle à son égard, mais est traité comme une chose. En somme il faut dire,

____

(1) Archæol., II, 26.

je crois, qu'il n'y a pas de différence essentielle entre la puissance paternelle prise en elle-même et la puissance dominicale (1).

Je dis que la puissance paternelle *en elle-même*, est aussi étendue que la puissance dominicale. Je dis en elle-même, car il y a cette grande différence entre le fils et l'esclave, que la personnalité du fils n'est méconnue et anéantie qu'à l'égard du père et existe à l'égard de tous autres, tandis que la personnalité de l'esclave est anéantie absolument et *erga omnes ;* en deux mots le servage du fils est relatif, le servage de l'esclave est absolu. Et cette distinction explique la plupart des différences que l'on a signalées entre la puissance paternelle et la puissance dominicale ; ce qui montre que ces différences sont extrinsèques à ces deux puissances, mais ne portent pas sur leur essence même, considérée dans la personne du père et du maître.

Voici les principales de ces différences telles que je les trouve dans les auteurs :

. D'abord, dit-on, la différence entre la puissance paternelle et la puissance dominicale est manifestée par la différence d'emploi des mots par lesquels on les désigne. Sans doute le mot *potestas* s'applique également à la puissance paternelle, *patria potestas*, et à la puissance dominicale, *dominica potestas ;* mais le mot *potestas* est un mot vague qui désigne tout pouvoir d'une personne sur une personne, et qui n'indique pas nécessairement un pouvoir absolu, un droit complet de disposition puisqu'il se trouve employé dans les textes pour

---

(1) Cedrenus cité par Cujas, qui l'approuve, dit positivement : *Lege Romuli liberos patribus subjectos esse servorum vice.* Cujas, Comm. in tit. 46, lib. VII, Cod. Ed. Ncap. t. 9, p. 1307, E.

désigner un pouvoir essentiellement protecteur, la tutelle, ainsi définie : *Vis ac potestas in capite libero ad
tuendum*... Tout au contraire il y a un mot spécial pour
désigner le pouvoir du maître sur l'esclave, c'est le
mot *dominium* lequel ne se trouve jamais employé
pour indiquer la puissance paternelle. Donc, dit-on, il
y avait une différence entre la puissance du père sur
son fils et celle du maître sur son esclave, puisqu'on
évitait d'employer pour la première le mot qui indique
le droit de disposition le plus général et le plus absolu.
— A cela je réponds que sans doute il y avait une différence entre la puissance paternelle et la puissance
dominicale ; et que je suis loin de le nier puisque je
cherche précisément cette différence ; mais que l'opposition entre les deux mots *potestas* et *dominium* ne
prouve pas que cette différence portât sur l'étendue de ces
deux puissances. Je dis que cette différence portait sur
leur transmissibilité ; et en effet d'après les analogies
du langage et les habitudes des jurisconsultes romains,
on comprend parfaitement qu'ils aient réservé le mot
dominium au pouvoir qui, comme les droits sur les
choses, pouvait passer dans son intégrité dans les mains
de toute personne. On remarque en effet chez ces jurisconsultes une tendance marquée à considérer comme
incomplets et exceptionnels tous les droits qui n'étaient
pas transmissibles de la manière la plus absolue ; et
cette tendance est manifestement indiquée par M. de
Savigny (1), qui, généralisant la pensée des jurisconsultes romains, qualifie de droit anomal, les droits sur
les biens qui subissent par leur nature même quelque

____

(1) Traité de Dr. Romain, § 71.

restriction dans leur transmissibilité, ou dans la faculté qu'a le propriétaire de les transformer à volonté en d'autres droits ; ainsi, par exemple , les droits aux aliments, les droits d'habitation, l'action d'injure, etc., etc. On conçoit donc que les jurisconsultes aient refusé la qualification de *dominium* à une puissance qui ne peut exister que dans la personne du père et ne peut passer en nature entre les mains d'autres personnes. Et cela n'implique nullement que les droits du père sur son fils fussent en eux-mêmes moins étendus que ceux du maître sur l'esclave. Cujas paraît entrer dans le même ordre d'idées, en disant que le père a sur ses enfants, non pas *proprietas*, mais *quasi proprietas;* non pas *dominium*, mais *quasi dominium*, et en fondant cette distinction uniquement sur ce que les enfants sont au fond des hommes libres, c'est-à-dire sont libres à l'égard de tous autres que du père (1). Pothier va même plus loin et admet un véritable *dominium* du père sur ses enfants (2).

Voici venir d'autres différences qui confirment encore ce que nous avançons. En cas de vente par le chef de famille l'esclave devient la propriété de l'acheteur, il est *in dominio emptoris ;* au contraire le fils n'est pas la propriété de l'acheteur, il est seulement *in mancipio emptoris*. Et cette différence, nous dit-on, a une grande importance, car la position d'une personne *in mancipio* était sensiblement plus douce que celle d'un esclave.

(1) Nam in *dominio* esse parentum non possunt, qui *liberi* homines sunt, sed intelliguntur esse in *quasi dominio*, quod patriam potestatem appellamus. Cujas, ad tit. 46, L. 8, Cod. ; ed. Neap., t. 9, p. 1305, E.
(2) Pand. L. 1, tit. 6. a. 4, n° 16.

Notamment il était interdit d'outrager une personne que l'on avait *in mancipio*, et l'action d'injure compétait contre celui qui se serait permis un pareil outrage (1). En outre la personne *in mancipio* ne perdait pas son ingénuité, le *mancipium* était considéré comme un état de fait plutôt que de droit, et n'avait pas de conséquences juridiques après que cet état de fait avait cessé (2). Enfin, au moins en ce qui concerne le fils *in mancipio*, il restait toujours libre à sa famille de le libérer, même malgré le maître, en indemnisant celui-ci. — Oui, nous l'accordons; il est bien établi que la position du fils de famille vendu par son père était bien différente de celle de l'esclave vendu par son maître. Mais n'est-il pas manifeste même à la première inspection que ces différences tiennent précisément à l'intransmissibilité du titre du père? Le maître qui aliène son esclave peut parfaitement transférer à l'acheteur tous les droits qu'il avait sur cet esclave ; car l'esclave est esclave absolument ; peu importe le maître à qui il appartient, tous peuvent au même titre acquérir la propriété sur lui. Mais le père ne peut jamais transférer à autrui la plénitude de sa puissance, par la raison péremptoire qu'il ne peut pas faire que l'acheteur soit lui aussi le père du fils vendu. Il s'ensuit que la vente du fils par son père a un caractère tout à fait différent de la vente d'un esclave par son maître. Le maître en vendant son esclave transmèt à l'acheteur le droit qu'il avait lui-même ; le père en vendant son fils ne transfère pas le droit qu'il a lui-même parce que cela est impossible; il crée en quelque sorte un nouveau droit, ou du moins un nouveau frac-

(1) Gaius. Comm. 1, 191.
(2) Inst. 1, 4, 1.

tionnement de son droit dans la personne de l'acheteur. On comprend alors parfaitement que le nouveáu droit ainsi créé ne soit pas aussi étendu que le droit qu'avait le père; et ce serait contredire les notions les plus simples que de vouloir conclure de la différence de position entre l'esclave aliéné et le fils vendu, à une différence juridique entre eux lorsqu'ils sont encore tous deux sous la puissance du père.

Cela serait d'autant plus inexact que les différences entre le *mancipium* sur le fils vendu et le *dominium* sur l'esclave aliéné, tiennent, elles aussi, si on les considère en elles-mêmes, au caractère purement relatif de la condition du fils : celui-ci malgré la mancipation, garde son ingénuité et a le droit d'être respecté comme un homme libre ; c'est que, même lorsqu'il était soumis à la puissance paternelle, il avait à l'encontre de tous autres que de son père·le droit d'être traité comme un homme libre, et que par conséquent il ne perdait pas son ingénuité. On comprend alors facilement que le père ne puisse pas, même en le vendant, lui enlever vis-à-vis des autres, vis-à-vis de l'acheteur même, ce droit d'ingénuité et de liberté juridique qui lui reste toujours. Il aurait fallu pour donner un pareil pouvoir au père une concession spéciale et expresse de la loi civile, concession entièrement contraire aux principes de la constitution romaine sur les droits inviolables des citoyens; c'est bien ainsi que Constantin considère la chose dans la L. 10 C. *De patria potestate* (8. 47). *Libertati a majoribus tantum impensum est, ut patribus, quibus jus vitæ in liberos, necisque potestas erat permissa, libertatem eripere non liceret.*

C'est par suite du même principe que le fils, au con-

traire de l'esclave, est capable d'acquérir non-seulement
la cognation, mais même l'agnation. C'est que tous les
droits qui en résultent n'intéressent pas ses rapports avec
son père, et qu'à l'égard de toutes les autres personnes,
il doit être traité comme un homme libre et un ingénu.
—C'est encore par la même raison que le fils de famille
peut être poursuivi directement pour ses délits, tandis
qu'une pareille poursuite est impossible contre l'esclave;
c'est que le fils est considéré comme une personne vis-
à-vis de tous les étrangers, sauf à eux à voir leur action
sur les biens limitée ou même anéantie par les droits
du père sur les biens du fils. — Même raison encore
pour que le fils de famille ne puisse pas être l'objet des
démembrements de la propriété, tandis que l'esclave
peut l'être; et pour que la possession de bonne foi ne
puisse donner sur lui ni la puissance paternelle, ni le
mancipium. Tout pouvoir sur un homme libre est essentiellement relatif et résulte de certains titres spéciaux
en dehors desquels il ne peut pas se produire ; et par
suite il n'est pas susceptible de se fractionner à la volonté des parties comme les droits sur les choses. Les
différences que nous venons d'indiquer sont la simple
application de ces principes.

Enfin on signale des différences dans les actions qui
protégent le droit du père et le droit du maître. L'esclave peut sans difficulté être l'objet d'une *rei vindicatio*
le fils au contraire, dit-on, ne le peut pas, et l'on cite la
L. 1, § 2 *De rei vindicatione,* D. 6, 1 : *Per hanc autem actionem liberæ personæ quæ juris sunt nostri, utputa liberi
qui sunt in potestate, non petuntur.* — Mais il suffit de
lire la suite du paragraphe pour voir que cet argument
n'a pas toute la portée qu'on veut lui donner ; il résulte

en effet de la suite du texte que l'on peut agir par
cette action pourvu que l'on exprime bien qu'on se
fonde non sur le droit des gens, mais sur une disposition spéciale du droit civil, en ajoutant *ex jure Quiritium,* et pourvu qu'on indique aussi quel genre de puissance on prétend sur la personne libre revendiquée (1).
On le voit, la *rei vindicatio* peut parfaitement être employée par le père qui réclame son fils; seulement
certains scrupules des jurisconsultes ont exigé qu'il y
ajoutât une mention spéciale du droit qu'il prétend. Or
quel est le motif, quelle est la nature de ces scrupules?
Ulpien nous le dit lui-même par la généralité de la formule qu'il emploie : *liberæ personæ;* toute personne
libre ne peut être revendiquée qu'avec ces précautions.
C'est donc par respect pour la liberté qu'on exige ces
formalités; on n'a pas voulu qu'une personne libre
erga omnes et qui ne se trouve soumise à une puissance
que vis-à-vis d'une certaine autre personne, pût être
revendiquée par une formule absolue, générale, qui
impliquerait sans restriction qu'elle serait susceptible
d'une propriété de la part d'une personne quelconque.
C'est toujours l'application des mêmes idées : le caractère essentiellement relatif de la puissance paternelle,
et cela ne touche en rien à l'étendue des pouvoirs
qu'elle confère. — Nous retrouvons encore l'application des mêmes idées pour la *condictio furtiva.* Paul
nous dit (2) que, l'on a bien l'*actio furti,* mais qu'on

(1) Nous verrons plus loin la discussion qui s'élève sur cette loi ;
je suis ici l'opinion la moins favorable à la thèse que je soutiens; Cujas
et Pothier n'exigent même pas la seconde condition que nous mention-
nons ici.

(2) L. 38, § 1, De furtis, D. 47, 2.

ne peut jamais avoir la *condictio furtiva* à l'égard des *personnes libres*. Cela est bien simple, c'est que, par la *condictio*, on prétend *dare oportere*, on reconnaît donc implicitement que l'adversaire est propriétaire de l'objet réclamé, et qu'il est seulement obligé d'en transférer la propriété au demandeur. Mais cela suppose évidemment que l'objet litigieux est susceptible de propriété par n'importe qui; cela ne peut donc pas s'appliquer aux personnes libres qui n'ont pas ce caractère : quand je prétends que j'ai sur une autre personne la *puissance paternelle* ou le *mancipium* ou la *manus*, je ne puis nullement faire à mon adversaire la concession de le considérer comme ayant lui-même cette puissance, ce *mancipium* ou cette *manus;* parce que ces droits sont exceptionnels, exorbitants, et ne sont pas dans le libre commerce des conventions. On voit pourquoi la *condictio* est exclue dans ce cas. Du reste la question n'est ainsi tranchée qu'à propos de la *condictio furtiva;* et de fait elle ne se serait jamais présentée pour les autres condictions, il ne serait jamais entré dans la tête de personne de prétendre qu'on doit, par exemple, lui transférer la puissance paternelle sur son fils. Mais la *condictio furtiva* a, on le sait, un caractère spécial ; c'est qu'elle peut concourir avec la revendication. Par haine contre les voleurs, on a permis au volé d'agir comme étant toujours propriétaire par revendication, ou à son gré, s'il le trouvait plus avantageux, de traiter le voleur comme étant devenu propriétaire et d'agir par condiction. Cette *condictio furtiva* reposant ainsi sur une concession purement fictive du demandeur, on aurait pu être tenté de l'admettre même pour les personnes libres. Paul l'écarte avec raison, parce que la nature

même des choses, l'inviolabilité de la liberté, s'y op-
posait.

Nous avons ainsi écarté toutes les objections que l'on
pouvait faire à la notion que nous avions prise de l'étendue de la puissance paternelle. Et nous pouvons répéter
que la puissance paternelle à Rome, pendant toute la durée de la république, était le pouvoir le plus complet et le
plus absolu qu'un homme puisse exercer sur un autre
homme, et qu'elle ne différait pas essentiellement de la
puissance dominicale. Nous verrons, du reste en leur lieu,
les atténuations successives qu'a subies le droit du père
sur ses enfants, et qui finirent par transformer considé-
rablement la physionomie de la famille romaine.

A côté de cette immense puissance paternelle, comme
une conséquence et un complément de cette puissance,
nous trouvons *l'incapacité légale du fils de famille*. Dans
ses rapports avec son père, le fils n'avait dans le droit
romain primitif aucun droit ; dans ses rapports avec les
autres membres de la cité, il était frappé d'une incapacité légale presque absolue en droit privé. Il y a néanmoins une très-grande différence entre sa position vis-à-
vis de son père et sa position vis-à-vis des autres hommes.
Nous l'avons déjà fait ressortir, le droit de son père sur
lui est essentiellement relatif : à l'égard de son père il
est dépouillé de toute personnalité, il est traité comme
un esclave, comme une chose ; au contraire, à l'égard
des autres hommes, il est une personne, ayant tous les
droits et tous les devoirs d'une personne humaine, il
est libre, il est ingénu, sa liberté et son ingénuité sont
inaliénables et placées en dehors des pouvoirs de disposition du père. Mais ce n'est pas à dire que son état de
dépendance vis-à-vis de son père ne modifie pas profon-

dément ses droits vis-à-vis des autres : appartenant.tout
entier à son père, il ne peut avoir rien en propre, tous
ses droits, tous ses biens passent avec sa personne dans
les mains de son père, et, s'il a la jouissance des droits,
il est incapable de les exercer par lui-même et pour lui-
même. Ainsi, dans la famille, absorption de sa personne
dans la personne du père ; en dehors de la famille, incapacité d'exercer aucun droit en propre, telle est la position du fils de famille.

Sous ce dernier rapport, c'est-à-dire en dehors de la
famille, il y a une différence profonde entre le fils et l'esclave, que nous avons au contraire assimilés dans leurs
rapports avec le chef. Sans doute ils se rapprochent ici
sur biens des points, et en apparence leur position est la
même : tous deux représentent forcément le père de famille, et de tous deux il est vrai de dire, que tout ce
qu'ils acquièrent ils l'acquièrent pour lui : *Quidquid
acquirunt, patrifamilias acquirunt.* Mais les principes
d'où dérivent ces conséquences sont essentiellement différents. L'esclave est frappé d'une incapacité absolue,
dérivant de sa condition même et tout à fait indépendante de sa sujétion à un maître déterminé ; fût-il sans
maître il n'en serait pas plus capable. Tout au contraire
sa présence dans une certaine famille, sa dépendance à
l'égard d'un certain maître lui donne sur bien des points
une capacité, qu'il n'a pas par lui-même, parce qu'il devient l'instrument de son maître, et peut faire pour lui tous
les actes qui lui sont avantageux ; en résumé il reçoit de
sa présence dans la famille une certaine personnalité par
l'extension sur lui de la personnalité du maître : *Servus
ex persona domini, personam habet.* Au contraire le fils
de famille a une personne par lui-même ; s'il ne dépen-

dait pas d'un père, il serait pleinement capable, sa présence dans la famille lui ôte de la capacité qu'il aurait s'il
n'y était pas, parce que sa personnalité se trouve absor-
bée dans la personnalité du chef de famille pour tout ce
qui peut profiter à celui-ci. Il en résulte qu'il est capable
de tous les actes juridiques, que son incapacité consiste
seulement à ne pouvoir conserver pour lui-même les
droits, qui peuvent passer à son père et lui profiter, et
que les rapports de droit pour lesquels cette transmission n'est pas possible ou profitable peuvent très-bien
résider sur sa tête, tandis que l'esclave n'est capable
strictement que des actes juridiques dont le résultat est
de nature à pouvoir passer sur la tête du maître et à
lui profiter. En un mot l'esclave est incapable d'acquérir
pour lui-même aucun rapport de droit; le fils est capable
d'acquérir tous les rapports de droit, il est uniquement
incapable de les conserver pour lui quand ils sont de
nature à profiter à son père.

Aussi d'abord dans le droit public, le fils de famille
est pleinement capable; comme nous dit Pomponius (1):
*Filiusfamilias in publicis causis loco patrisfamilias habe-
tur, veluti si magistratum gerat, vel tutor detur.* Le fils
de famille peut donc exercer les plus hautes magistratures
de la république, parce qu'il n'agit alors que comme
représentant de l'État, il n'acquiert dans cet exercice
aucun droit qui ne soit exclusivement personnel et intransmissible, tout son pouvoir reste donc renfermé en
lui, et rien ne passe à son père. Qui plus est, comme il
est le représentant du pouvoir de l'État, il a autorité

(1) L. 9, De his qui sui vel alieni juris sunt. D. 1, 6. — Voyez
aussi : L. 13, § 5, et L. 14, pr. ad Sct. Trebellianum, D. 36, 1 ; —
L. 3 De adopt. D. 1. 7; — L. 77, 78 De jud. D. 5,1.

même sur son père, et son père lui doit les mêmes res-
pects et les mêmes hommages qu'à tout autre magistrat
du même rang. Les historiens romains (1) nous citent
l'exemple de l'illustre Fabius Maximus, qui, dans sa vieil-
lesse, loua beaucoup son fils, devenu consul, d'avoir
maintenu même contre lui la dignité consulaire. Mais
Aulu-Gelle remarque à bon droit que cette prééminence
d'un magistrat vis-à-vis de son père même ne doit
exister que lorsque le fils est dans l'exercice de ses
fonctions (2).

Le fils peut aussi être tuteur, parce que la tutelle est
considérée comme une charge publique, et parce que,
aucun des actes du tuteur ne profitant à lui-même, le
principe qui fait passer au père tous les avantages acquis par le fils, ne peut avoir aucune influence sur le fils
tuteur. Seulement n'ayant pas de biens en propre, il ne
pourra, du vivant de son père, être poursuivi utilement
pour ses actes de tutelle.

On ajoute encore que le fils de famille peut voter dans
les assemblées du peuple, car c'est une *publica causa.*
Ceci ne me paraît pas vrai absolument: je remarque
que le texte que nous avons reproduit ne parle pas de
cette application du principe qu'il donne ; sans doute il
n'a voulu que donner des exemples. Mais tous les autres textes cités sont également muets sur ce point, et je
n'ai pu trouver indiqué un seul fait à l'appui de cette
assertion. Je puis donc admettre, sauf la preuve du contraire, que les fils de famille pouvaient prendre part aux
comices par tribus, car je ne vois aucune raison qui ait

(1) Tit. Liv. 24, 44 ; — Aulu-Gelle. 2, 9 ; — Valère Maxime
2, 2, 4.
(2) Loc. citat.

dû les faire exclure, mais je maintiens, comme je l'ai dit plus haut, que les fils de famille ne votaient pas dans les comices par curies ou par centuries parce que le principe même de ces comices les excluait. Et l'on comprend du reste que l'on ait fait une différence entre le vote dans les assemblées du peuple et l'exercice des magistratures. Dans ces dernières, le fils n'agit pas en son nom propre et particulier, il agit comme délégué de la république, et cette délégation est essentiellement spéciale et personnelle; au contraire, dans les assemblées publiques le fils aurait agi en vertu d'un droit propre, lui appartenant au même titre que tous ses autres droits, et en outre très-bien susceptible d'être exercé par l'intermédiaire d'autrui; on a donc pu au moins pendant un certain temps, admettre que ce droit passerait au père comme tous les autres droits du fils, il n'y avait pas à cela une impossibilité radicale et absolue.

Dans le droit privé, il est vrai de dire que le fils a, et le *connubium*, et le *commercium*, c'est-à-dire l'exercice le plus large du droit civil, mais avec cette restriction que tout ce qu'il acquiert par ces actes passe à son père dès que cela est possible.

Il a le *connubium*, son mariage est un *justum matrimonium*; mais le principal effet des *justæ nuptiæ*, la puissance : puissance sur ses enfants *legitime concepti*, puissance sur sa femme, si au mariage ont été jointes les formalités qui la font tomber *in manu*; toutes ces puissances, dis-je, ne se produisent pas en faveur du fils de famille; elles sont toutes et de plein droit acquises au père, à ce point que ce lien entre le père et les petits-enfants subsiste quand même le fils sort ensuite de la

famille par émancipation ou adoption, que les petits-enfants ne suivent pas alors la nouvelle condition de leur
père, et qu'aucun lien ne subsiste plus entre eux. Il est
cependant certains effets du mariage qui s'arrêtent dans
la personne même du fils. Telle est, par exemple, l'*agnation*, la parenté civile, qui seule produit des effets civils;
en effet la parenté est un rapport essentiellement personnel et incommunicable, qui ne saurait passer du fils
au père ; de plus l'agnation est moins un droit en elle-
même qu'une espérance de droit, un titre à certains
droits éventuels ; et elle ne produit aucun de ces effets,
elle ne fait naître aucun de ces droits, tant que vit le
père, car c'est au profit du père seul que tous ces effets
se produisent. Enfin s'il est un effet du mariage essentiellement incommunicable, c'est le droit naturel qu'a le
mari sur son épouse ; il est évident que ce droit restait
propre au fils : si l'on ne trouve mentionnée nulle part
cette exception au moins apparente au principe général
de l'incapacité du fils, c'est que personne n'a eu la pensée de mettre la chose en doute ; c'est aussi que cet effet
du mariage ne fut jamais considéré avec un peu d'attention par les jurisconsultes romains : le commerce des
deux sexes n'était pas jugé illicite en dehors du mariage,
d'autre part l'effet dont nous parlons n'avait aucune
conséquence relativement au droit des biens, qui faisait
la grande préoccupation des jurisconsultes; sa nature
juridique passa donc inaperçue ; il n'en fut tenu compte
que plus tard à propos des actions relatives au *stuprum*
et à l'adultère, et encore ces actions étaient plutôt traitées comme des actions d'injures que comme des réparations dues pour un droit violé.

Le fils de famille a aussi le *commercium ;* il peut

prendre part à tous les actes emportant acquisition, aliénation, transmission de droits, soit réels, soit personnels. Seulement il faut faire certaines distinctions quant à l'effet de ces actes. — Il peut d'abord sans restriction prendre part à ces actes, comme témoin ; par exemple à une mancipation, à un testament, c'est dans ce sens qu'on dit qu'il a la *testamenti factio* (1). — Lorsqu'il figure comme partie principale et qu'il joue le rôle d'acquéreur, soit d'un droit réel, soit d'un droit personnel, il n'est plus alors que le représentant de son père, pour qui tout ce qu'il acquiert est acquis : *Quidquid filius acquirit, patri acquirit*. Car il ne peut rien avoir en propre : *Qui in nostra potestate est, nihil suum habere potest* (2). Ainsi son acte d'acquisition, ou sa stipulation est valable, mais elle profite à son père. — Au contraire il ne peut figurer dans un acte comme aliénant un droit, par la raison péremptoire qu'il n'a rien à lui, et qu'il ne peut par conséquent rien aliéner ; car, s'il a le pouvoir de représenter son père pour les acquisitions, il ne peut pas le représenter pour les aliénations : *Melior nostra conditio per servos, deterior fieri non potest* (3). Ce que Gaius et bien d'autres textes nous disent de l'esclave, il faut le dire du fils, qui est sous ce point de vue exactement dans la même position que l'esclave. Cette impossibilité de disposer s'applique non-seulement entre-vifs et à titre particulier, mais encore à titre universel et à cause de mort ; aussi un fils de famille ne peut pas avoir d'héritier (4), et quoiqu'il ait la *testamenti factio*, il ne

(1) Ulp. reg. 20, 3, 6.
(2) Gaius, Comm. 2, 87.
(3) L. 133 De reg. juris. D. 50, 17.
(4) L. 11, De fidejuss. D. 46, 1 ; — L. 18 De Sct. Macedoniano. D. 14, 6.

peut faire un testament, *quoniam nihil suum habet ut testari de eo possit.* (1). — Mais le fils de famille, au contraire de l'esclave, peut valablement contracter des obligations, et de véritables obligations civiles parce que l'obligation est un droit contre la personne, indépendant de l'existence actuelle de biens entre ses mains pour satisfaire à son obligation, et que le fils a à l'égard de tous une personnalité complète. Mais il est bien certain qu'il ne pourra pas être poursuivi utilement tant qu'il sera en puissance ; car ces obligations du fils n'obligent pas le père, et le fils n'a d'ailleurs aucuns biens sur lesquels il puisse exécuter son obligation, sauf toutefois les pouvoirs plus ou moins étendus que le père aurait pu lui accorder sur son pécule, et sauf l'existence d'un pécule *castrense* ou *quasi castrense*, sur lequel il pourrait être poursuivi comme un père de famille. D'ailleurs il faut dire que les créanciers du fils ont toujours le droit d'agir contre lui, même quand il est en puissance; ce que nous venons de dire ne porte que sur l'opportunité de leur action. Tout cela est bien résumé par cette phrase de Gaius: *Filiusfamilias ex omnibus causis tanquam pater familias obligatur, et ob id agi cum eo tanquam cum paterfamilias potest* (2). Seulement aucune obligation civile ne peut exister entre le fils et le père, parce que, dans leurs rapports mutuels, ils ne forment qu'une seule personne, et comme dit Paul : *Quod non magis cum his, quos in potestate habemus quam nobiscum*

(1) Ulp. reg. 20, 10.

(2) L. 30, De oblig. et act. D. 44, 7. — Cf. L. 57 De judic. D. 5, 1 ; — L. 44, 45 De peculio. D. 15. 1 ; — L. 141, § 3, De verb. oblig. D. 45, 1 ; — L. 8, § 4, De acceptil. D. 46, 4.

ipsi agere possumus (1). Neanmoins on avait admis la possibilité d'une obligation naturelle entre le fils et le père (2).

Ainsi en résumé les deux traits généraux de la famille romaine sont d'une part, quant à la personne de l'enfant, le droit le plus absolu chez le père, droit de vie et de mort, droit de vente, droit d'imposer à l'enfant tous les services qu'il lui plaît, le tout réuni dans ce texte restitué de la loi des XII Tables : *Endo liberis jus vitæ necisque, venumdandique potestas ei esto;* — d'autre part, quant aux biens, l'attribution au père de famille de tous les biens et de tous les droits qui adviennent à l'enfant, attribution complète, absolue, donnant au père le droit de disposition le plus entier, et même le plus arbitraire. Ces deux traits généraux réalisent en gros les droits que nous avons reconnus au père dans notre étude philosophique de la famille ; mais il méconnaissent ou suppriment le principe de ces droits et leurs limites naturelles dérivant de leur principe ; ils ôtent à la famille son caractère social ; enfin ils font sortir de la sphère du droit positif, pour les abandonner aux inspirations de la nature et aux mœurs, les nobles fonctions et les grands devoirs de la paternité. Aussi les rapports intimes qui constituent la famille n'ont jamais été approfondis par les jurisconsultes romains: le père peut tout, le fils n'a qu'à obéir ; il ne saurait donc être question de déterminer la portée et l'étendue que doit avoir l'autorité paternelle, les degrés divers sui-dans lesquels le père peut influer sur les actes de son

(1) L. 16, De furtis D. 47, 2. — Cf. L. 4, 11 De judic. D. 5, 1.
(2) L. 38 pr. § 1 et 2. De condict. indebiti. D. 12; 6.

fils suivant les temps et les circontances, la mesure de
la protection qu'il doit à sa jeunesse ou à son inexpérience, la mesure des services qu'il est en droit d'exiger
de lui, la mesure des corrections qu'il peut lui infliger.
Le droit romain est muet sur tous ces points; il n'y a
pas de mesure, il n'y a pas de degrés, tout est à l'arbitraire du père. Relativement aux biens, il en est de même;
on n'a pas à se demander, jusqu'où va le droit de disposition du père, quelles précautions doivent être prises pour empêcher ses abus, quels moyens serviront à
reconnaître les biens propres des enfants pour les leur
rendre lorsque la famille se dissoudra, quels seront les
pouvoirs des enfants sur leurs biens propres. Toutes
ces questions sont tranchées d'un coup : le père peut
tout ce qu'il veut ; l'enfant n'a pas de biens propres,
tous ses biens sont confondus dans la masse ; il ne peut
avoir entre ses mains que ce que lui laissera la libéra-
lité du père et il n'aura que les pouvoirs qu'il plaira au
père de lui abandonner.

Ainsi la législation romaine primitive saisit bien les
traits principaux de la famille, mais elle les fausse en les
exagérant ; et cela par deux motifs : d'abord la raison
politique qui appelait l'omnipotence du chef de famille
comme corollaire de l'omnipotence de l'Etat, et ensuite
un amour trop grand de la simplicité, justifié d'ailleurs par la grossièreté et l'ignorance d'un peuple à
moitié civilisé. Nous verrons par la suite des idées plus
philosophiques, moins absolues et plus exactes, s'introduire dans l'organisation de la famille; mais cela se fera,
comme toutes les améliorations de la législation romaine, timidement, par des modifications toutes spéciales, et sans vue d'ensemble ; aussi on ne fera qu'ap-

procher de la vérité. Nous devrons néanmoins noter avec beaucoup de soin ces modifications; et comme en définitive l'étude d'une législation morte est surtout utile pour montrer l'application des principes universels de la raison humaine, après avoir fait ressortir avec soin dans ce livre les caractères spéciaux de la famille romaine d'après les idées romaines, nous prendrons pour les suivants une allure plus libre, nous classerons les divers rapports juridiques que nous aurons à étudier d'après leurs origines philosophiques, et ainsi notre cadre lui-même indiquera par sa relation avec notre première partie la valeur et la nature rationnelle de chacun de ces rapports et l'idéal vers lequel tendaient les progrès de la législation.

Mais nous devons encore rester quelque temps dans les généralités pour voir comment et sur qui naissait la puissance paternelle, et comment elle finissait.

CHAPITRE II.

SOURCES DE LA PUISSANCE PATERNELLE ET SUR QUI ELLE EXISTE.

Trois causes différentes donnaient à Rome naissance à la puissance paternelle :

1° La génération au sein des justes noces ;
2° La légitimation ;
3° L'adoption.

§ 1. — La génération au sein des justes noces.

On dit ordinairement que la puissance paternelle est un effet du mariage romain, du *justum matrimonium* ou *justæ nuptiæ*. Il nous paraît plus exact de dire que la source de cette puissance est la génération, pourvu qu'elle ait lieu dans le mariage légitime. C'est là une double condition fort bien indiquée dans les Institutes après Gaius : *In potestate nostra sunt liberi nostri quos ex justis nuptiis procreaverimus* (1).

L'objet principal de cette étude étant la puissance paternelle elle-même, nous devons laisser de côté toutes les questions qui pourraient s'élever sur les conditions de validité du mariage romain ; sur les faits et les consentements qui servaient à le former ; comme aussi sur les conditions dans lesquelles un enfant sera censé

____

(1) Inst., 1. 9, pr.; — Gaius, Comm. 1. 55.

avoir été conçu pendant le mariage et appartenir au mari de sa mère. Toutes ces questions fort intéressantes nous emporteraient beaucoup trop loin. Nous devons nous borner à supposer ces deux conditions remplies : existence d'un *justum matrimonium*, et génération des enfants pendant ce mariage par le mari, et voir alors naître et s'étendre la puissance paternelle du chef de famille.

La puissance paternelle sur les enfants *legitime concepti* peut naître dans deux conditions différentes : soit immédiatement dès leur naissance, si le père est alors *sui juris;* soit plus tard au moment où cesse la puissance de l'aïeul, auquel le fils était soumis.

Si nous supposons le père *sui juris*, ayant alors dans le sens technique le nom de *paterfamilias,* il acquiert la puissance paternelle, non-seulement sur tous les enfants qui naissent de son mariage, mais encore sur les enfants de ses fils, restés en puissance. Leur mariage légitime fait aussi naître la puissance paternelle; mais non pas au profit des fils, au profit du père qui a la puissance sur les fils : *Qui ex me et uxore mea nascitur, in mea potestate est : item qui ex filio meo et uxore ejus nascitur, id est nepos meus et neptis, æque in mea sunt potestate; et pronepos et proneptis et deinceps cæteri. Qui tamen ex filia tua nascuntur in tua potestate non sunt, sed in patris eorum* (1). Ainsi le chef de famille réunit sous sa puissance tous ses descendants par les mâles. La puissance est limitée aux descendants par les mâles parce que, les enfants nés dans le mariage suivant tou-

_____

(1) L. 4, De his qui sui vel alieni... D. 1, 6. Ulpien. — Inst., 1. 9, 3.

jours la condition du père, ceux qui sont nés de ses filles et de ses petites-filles ne lui appartiennent pas, mais appartiennent à la famille de leurs maris. Du reste les filles elles-mêmes ou les petites-filles appartiennent toujours à la famille de leur père ; le mariage même ne les fait pas passer dans la famille de leur mari ; il faudrait pour cela qu'au mariage se joignît la *conventio in manum,* alors les filles sortiraient de leur famille naturelle pour passer sous la puissance de leur mari ou sous la puissance de celui qui a leur mari en puissance. Mais réciproquement le père de famille acquiert la puissance paternelle sur les épouses de ses fils et de ses petits-fils, *nurus et pronurus,* lorsque leur mariage est accompagné de la *conventio in manum,* et, qui plus est, il a cette puissance même sur sa femme à lui, si elle est *in manu,* car la *manus* ne diffère en rien de la puissance paternelle ; la femme *in manu* est *loco filiæ,* elle est traitée au point de vue juridique comme la sœur de ses propres enfants. Règle bien étrange et bien destructive de la saine idée du mariage et de la famille !

Celui qui étant encore fils de famille s'est marié et a eu des enfants, n'a pas acquis sur eux la puissance paternelle ; nous l'avons vu. Elle appartient au père de famille seul ; elle ne passe au fils que lorsque la puissance du père a cessé, ordinairement par la mort du père. A la mort du père tous ceux qui se trouvaient sous sa puissance immédiate, c'est-à-dire n'étaient pas primés par leur père ou leur grand-père, deviennent *sui juris,* et acquièrent la puissance paternelle sur tous leurs enfants et descendants qui sont encore dans la famille. *Nepotes ex filio, mortuo avo, recidere solent in filii potestatem, hoc est patris sui : simili modo et pronepotes et deinceps, vel in filii potestatem, si vivit et in familia mansit, vel in ejus parentis, qui ante eos in potestate est* (1). Le même effet se produit lorsque la puissance paternelle s'éteint dans le chef de famille par une autre cause que la mort, c'est-à-dire la *maxima* ou la *media capitis deminutio : Si qua pœna pater fuerit affectus, ut vel civitatem amittat, vel servus pœnæ efficiatur : sine dubio nepos filii loco succedit* (2).

Mais il faut pour que cet effet se produise que la puissance paternelle cesse en même temps et par la même cause sur le fils et sur les petits-fils ou autres descendants. Si le fils a été émancipé seul, sans ses enfants, les liens entre lui et ses enfants sont rompus ; tout lien d'agnation même est rompu ; il ne reprendrait pas sa puissance sur eux à la mort de l'aïeul ; il ne la reprendrait même pas, si avant la mort de l'aïeul il était revenu dans la famille par une adrogation (3) ; il est devenu un étranger même pour ses propres enfants. De même aussi, si un de ses enfants ou tous ses enfants ont été émancipés ou donnés en adoption par le grand-père, qui peut le faire sans le consentement de leur père, le lien est encore rompu, et le père à la mort de l'aïeul ne reprend pas la puissance sur ses enfants.

§ 2. — La légitimation.

Il faut bien se garder d'attacher au mot légitimation en droit romain le sens que nous y attachons dans nos

(1) L. 5, De his qui sui vel alieni... D. 1, 6, Ulpien.
(2) L. 7, eod.
(3) L. 41, De adopt. D. 1, 7, Modestin.

mœurs modernes. L'idée de la réparation d'une faute passée, de la satisfaction due à l'honneur d'une femme, d'une tache à effacer sur des enfants, est tout à fait étrangère aux mœurs de Rome, qui, d'accord avec les lois, admettaient le concubinat comme un état sans doute moins honorable que le mariage, mais néanmoins étranger à toute réprobation. Et de fait, il n'y a pas lieu de s'en étonner ; car le concubinat tel qu'il était organisé ne différait pas profondément du mariage, puisque le mariage se formait par le seul consentement sans aucune formalité, comme cela doit arriver d'après le simple droit naturel, partout où le christianisme n'est pas venu l'élever à un état surnaturel. La seule différence pouvait être dans l'indissolubilité du lien ; mais les Romains en admettant, cette fois contrairement au droit naturel, le divorce, avaient presque détruit ce caractère distinctif. Quant aux enfants *spurii* ou *vulgo concepti*, conçus hors d'un concubinat légal, ne pouvant avoir de père certain d'après la loi, il n'était pas possible de les légitimer.

Il faut entendre par légitimation en droit romain, tout simplement l'acquisition de la puissance paternelle, sur des enfants qui n'étaient pas *legitime concepti*, et par *non legitime concepti* il faut entendre non pas illégitimes, mais non conçus légalement, non conçus dans les conditions légales pour que la puissance paternelle s'établît sur eux de plein droit dès leur naissance, en un mot non conçus dans le mariage romain, *justum matrimonium*, qui seul donnait la puissance paternelle. Aussi la légitimation pendant la durée presque entière du droit romain s'est appliquée à des enfants nés d'un mariage parfaitement licite et absolument complet en droit naturel, mais qui seulement n'était pas un mariage romain parce qu'il n'avait pas été contracté entre citoyens romains. Ce n'est qu'aux v° et vi° siècles de l'ère chrétienne, c'est-à-dire dans le siècle qui a précédé les travaux de Justinien, que la légitimation a pu s'appliquer aux enfants nés dans le concubinat.

Au fond, les modes de légitimation en usage pendant la plus grande partie de la durée du droit romain, ne sont que des modes de naturalisation, avec effet rétroactif quant à la puissance paternelle. Nous indiquerons maintenant en quoi ils consistaient. Ils étaient au nombre de trois :

1° *Causæ probatio.* Un Latin pouvait devenir citoyen romain s'il avait pris une femme avec l'intention annoncée devant sept témoins d'en avoir des enfants, et s'il en avait un enfant d'un an (1). En même temps sa femme et ses enfants devenaient citoyens romains, s'ils en avaient besoin, c'est-à-dire si la femme n'était pas une citoyenne, car alors ses enfants nés hors d'un *justum matrimonium* suivaient la condition de leur mère, et étaient citoyens dès leur naissance (2). Enfin dans tous les cas le Latin acquérait la puissance paternelle sur ses enfants conçus avant sa naturalisation.

2° *Erroris probatio.* Celui qui avait épousé par erreur une étrangère ou une Latine, pouvait, en prouvant son erreur, faire arriver sa femme et ses enfants à la cité, et rendre ainsi son mariage un *justum matrimonium*, et il acquérait en outre la puissance paternelle sur ses enfants déjà conçus qui devenaient ainsi citoyens. La femme romaine qui avait épousé par erreur un étranger

(1) Gaius, Comm. 1, 29.
(2) Gaius, Comm. 1, 30.

ou un Latin pouvait faire la même preuve, faisait arriver à la cité son mari et ses enfants, et faisait acquérir la puissance paternelle à son mari.

3° *Rescrit impérial* de naturalisation, pourvu que l'empereur expliquât formellement sa volonté de faire acquérir à l'étranger la puissance paternelle.

Ces trois modes de légitimation disparurent lorsque l'édit de Caracalla supprima les *peregrini* en rendant citoyens tous les habitants de l'empire, et lorsque Justinien supprima les Latins Juniens. Mais alors commença à apparaître la légitimation dans un sens plus rapproché du sens moderne, la légitimation des enfants nés dans le concubinat, quoique le but principal de cette légitimation fût toujours l'acquisition de la puissance paternelle. Elle pouvait sous Justinien avoir lieu de trois manières différentes :

1° *Par l'oblation à la curie* (1) : Pour recruter des membres de l'ordre des curiaux qui s'épuisait, à cause des charges énormes dont il était grevé et qui en éloignaient tout le monde, on permit, en donnant un fils naturel à la curie ou en mariant une fille naturelle à un curial, et en lui assurant une certaine fortune, de le rendre capable de recevoir par testament la totalité des biens de son père ; puis l'enfant acquit même des droits de succession *ab intestat* comme s'il était légitime. Enfin il passa sous la puissance paternelle de son père naturel ; ce devint alors une véritable légitimation. Mais l'enfant n'acquit de droits que vis-à-vis son père ; il ne devint pas l'agnat et le cognat des agnats ou des cognats de celui-ci.

____

(1) Inst. 1, 10, 13. — L. 3 et 4, De nat. liberis, C. 5, 27.

2° *Par mariage subséquent* (1). Après quelques hésitations et quelques variations dans la législation, ce mode de légitimation fut définitivement consacré par Justinien sous trois conditions : 1° *que le mariage des père et mère eût été possible au moment de la conception;* — 2° *qu'on dressât des instrumenta dotalia,* constatant la constitution d'une dot, ou des *instrumenta nuptialia* constatant le mariage ; — 3° *que les enfants consentissent* chacun pour soi comme toujours (2).

3° *Par rescrit de l'empereur* (3), quand le père ne pouvait pas épouser la mère; mais à la condition qu'il n'eût pas d'enfant légitime.

§ 3. — L'adoption.

L'adoption est un acte qui a pour but de faire acquérir à une personne la puissance paternelle sur une autre qui lui était étrangère.

Nous n'insisterons pas sur la manière dont se faisait l'adoption, et sur les diverses questions qui peuvent s'élever sur les conditions de l'adoption, contentons-nous de rappeler qu'on distinguait deux espèces d'adoption.

1° L'*adrogation* ou adoption des personnes *sui juris* qui se faisait primitivement par une loi des comices par curie, et sous l'empire par un rescrit du prince.

2° L'*adoption* proprement dite, ou adoption des personnes *alieni juris* qui se faisait primitivement par une

(1) Inst. 1, 10, 13. — L. 5, sq. De nat. liberis, C. 5, 27.
(2) L. 11, De his qui sui vel alieni... D. 1, 6,
(3) Nov. 74, cap. 1 et 2.

ou trois ventes que faisait le père pour éteindre sa puissance paternelle, suivies d'une remancipation du fils au père et d'une *in jure cessio* dans laquelle le père jouait le rôle de défendeur muet. Sous Justinien il suffisait d'un simple acte passé devant le magistrat. — Nous remarquerons seulement sur le mode d'adoption antérieur à Justinien, qu'il confirme ce que nous avons dit sur l'intransmissibilité du titre de la puissance paternelle par la vente : il n'aurait pas suffi que la dernière vente fût faite du père naturel au père adoptif, il fallait de plus une *in jure cessio;* parce que l'acheteur n'aurait pas eu sans cela la puissance paternelle, mais seulement le *mancipium* sur le fils.

Quant à l'effet de l'adoption ou de l'adrogation, il était radical dans tous les cas avant Justinien, c'est-à-dire que le père adoptif acquérait la puissance paternelle dans sa plénitude, et que le père naturel la perdait complétement. Justinien conserva le plein effet à l'adrogation; pour l'adoption proprement dite il le conserva encore quand le père adoptif était un ascendant ; mais il ne fut plus possible au père naturel de se dessaisir de la puissance paternelle pour la faire passer à un adoptant étranger, l'adoption dans ce cas créait seulement des rapports dans les mœurs et les usages, mais ne changeait rien aux rapports juridiques entre le père naturel et son enfant, et elle ne faisait acquérir aucune puissance au père adoptif.

CHAPITRE III.

DISSOLUTION DE LA PUISSANCE PATERNELLE.

On peut compter 6 causes de dissolution de la puissance paternelle :

1° *La mort* du père ou du fils. Nous avons vu qu'à la mort du père tous les descendants qui se trouvaient immédiatement sous sa puissance devenaient *sui juris*, et que les autres retombaient sous la puissance de leur père ou de leur grand-père resté dans la famille (1).

2° *La perte de la liberté* ou *maxima capitis deminutio* (2) du père ou du fils, car la puissance paternelle ne peut exister qu'au profit d'hommes libres et sur des hommes libres, l'esclave n'ayant aucun droit. En cas de perte de la liberté par la *captivité* chez l'ennemi, il y avait cela de spécial que, si le père revenait, il était censé n'avoir jamais été captif et par conséquent n'avoir jamais perdu la puissance paternelle (3).

3° *La perte de la cité* ou *media capitis minutio* (4) du père ou du fils, car la puissance paternelle ne peut exister qu'entre citoyens romains. Elle avait lieu par la déportation qui avait remplacé l'interdiction de l'eau et du feu, mais la rélégation ne faisait pas perdre la

(1) Inst. 1, 12, pr. 3ᵉ al.
(2) Inst. 1, 12, 3.
(3) Inst. 1, 12, 5.
(4) Inst. 1, 12, 1.

cité (1). Du reste l'Empereur en graciant le condamné pouvait lui rendre la puissance paternelle.

4° *La dignité du fils.* C'étaient seulement certaines dignités en nombre très-restreint : sous le paganisme, la dignité de vestale ou de flamine de Jupiter (2); — sous Justinien la dignité de patrice (3); plus tard toutes les dignités qui libéraient de la curie (4).

5° *L'émancipation du fils.*

L'émancipation est précisément l'acte qui a pour but d'éteindre volontairement et directement la puissance paternelle. Les lois n'admettaient aucun moyen de produire cet effet; mais on y arrivait indirectement grâce à la déchéance, qui, d'après la loi des XII Tables, frappait le père qui avait vendu 3 fois son fils : *Si pater filium ter venum duit, filius a patre liber esto* (5); et comme la loi ne parlait que du fils, on se contentait d'une seule vente pour les autres enfants et descendants. Après la dernière vente, le père se faisait remanciper son fils et l'émancipait lui-même afin de conserver sur lui les droits de tutelle et de patronage. — Justinien abolit ces formalités inutiles, et permit d'émanciper, par une simple déclaration devant le magistrat (6).

Le consentement du fils était nécessaire pour son émancipation (7); mais il suffisait pourtant qu'il ne contredît pas, quand même il était *infans.*

Le père ne pouvait pas en général être forcé d'éman-

(1) Inst. 1, 12, 3.
(2) Gaius, Comm. 1, 130; — Ulp. reg. 10, 5.
(3) Inst. 1, 12, 4.
(4) Nov. 81, præfatio.
(5) Gaius, Comm. 1, 132;— Ulp. reg. 10, 1.
(6) Inst. 1, 12, 6.
(7) Paul. Sent. 2, 25, 5.

ciper son enfant (1), il n'y avait d'exception que pour celui qui avait été adrogé étant encore impubère, et qui pouvait réclamer contre son adrogation (2). Mais lorsque l'on commença à limiter les droits du père sur ses enfants, on trouva la sanction des limites, que l'on posa, dans l'émancipation forcée ; ainsi le père était obligé d'émanciper son fils s'il abusait de son autorité, par exemple en maltraitant son enfant, en l'exposant, en prostituant sa fille (3). On admettait aussi que la condition mise à une hérédité ou à un legs, que tel enfant serait émancipé, n'était pas contraire à l'ordre public et aux bonnes mœurs, et que le père qui avait accepté cette hérédité ou ce legs pouvait être forcé d'émanciper son fils (4).

L'émancipation était essentiellement personnelle, elle ne s'étendait pas aux enfants de l'émancipé. Bien plus elle rompait tout lien d'agnation entre l'émancipé et sa famille naturelle, même avec son père, si l'émancipation venait de l'aïeul, et avec ses enfants.

6° *L'acquisition de la puissance paternelle par une autre personne* que le père faisait cesser la puissance du père. Cet effet se produisait lors de l'acquisition de la *manus* sur la femme, et lors de la dation d'un enfant en adoption. Avant Justinien l'acquisition de la *manus par coemption et l'adoption* ayant toujours lieu au moyen de ventes qui éteignaient par elles-mêmes la puissance paternelle, ce n'étaient pas des modes spéciaux d'extinc-

(1) Inst 1, 12, 10.
(2) L. 33, De adopt. D. 1. 7.
(3) L. 2. De infant. exp. C. 8, 52 ; — L. 12 De episc. audientia C. 1, 4 ; — L. 6 De spect. et scenicis, C. 11, 40.
(4) L. 92, De cond. et dem. D. 35, 1.

tion de cette puissance ; l'acquisition de la *manus* par la *confarréation* ou par l'*usus*, étaient les seuls modes spéciaux qui rentrassent sous le chef que nous examinons (1). Sous Justinien la *manus* est supprimée; mais *l'adoption* ayant lieu sans ventes, est devenue quand elle est faite à un ascendant un mode spécial d'extinction de la puissance paternelle.

(1) Ils n'existaient même plus sous Gaius, car l'*usus* était tombé en désuétude, et la confarréation ne produisait que ses effets religieux. Gaius, Comm. 1, 136.

LIVRE II.

Rapports personnels dans la famille romaine.

Nous nous efforçons dans tout ce travail et nous nous efforcerons toujours dans nos travaux ultérieurs d'unir intimement dans l'étude du droit l'histoire et la philosophie. Car nous croyons fermement que le droit, privé de toutes les deux ou privé seulement de l'une ou de l'autre, est une lettre morte. S'il est vrai de dire, avec Malebranche, rebuté par la manière dont on étudiait alors l'histoire, que l'histoire dépouillée de tout esprit philosophique est une profonde ignorance ; il n'est pas moins vrai que la philosophie, séparée de l'étude attentive des éléments de fait que lui fournit l'histoire et l'observation, est une science creuse et impuissante. Nous voulons une philosophie pratique, une philosophie vivante, agissante, une philosophie qui raisonne non sur des mots, mais sur des choses ; non pas une philosophie abstraite et nominaliste, mais une philosophie concrète et *réaliste* dans le vrai sens du mot. Nous croyons pouvoir réunir les deux méthodes, historique et philosophique, dans la division suivante qui nous permettra de suivre à peu de chose près le développement historique de la législation romaine, en gardant en même temps l'ordre logique des idées et en rangeant les différents droits sous les divers chefs auxquels ils appartiennent rationnellement et principalement.

Nous verrons dans un premier titre le droit de correction, caractérisé surtout par le droit de vie et de mort. — Dans un second titre nous examinerons les droits de puissance proprement dite d'abord dans l'intérêt du père même, comprenant surtout le droit de vente ; puis dans l'intérêt du fils, comprenant certains pouvoirs de protection chez le père et les précautions prises successivement par les lois en faveur des enfants. — Dans un 3° titre nous verrons le droit de garde, c'est-à-dire les diverses actions qui protégent et mettent en œuvre le droit de puissance paternelle. — Enfin dans un dernier titre nous étudierons divers droits qui survivent à la puissance paternelle, tels que les modifications que doivent subir les actions des enfants sortis de puissance contre leurs ascendants.

TITRE PREMIER.

DROIT DE CORRECTION.

Le droit de correction est, nous l'avons vu, la sanction des droits d'autorité du père. C'est un des droits de famille qui apparaissent le plus tôt dans les législations. Les droits d'autorité paternelle en eux-mêmes exigent, pour être rigoureusement définis, la connaissance réfléchie d'un grand nombre d'idées délicates à saisir qui n'appartiennent pas aux peuples primitifs. Aussi les lé- gislations primitives abandonnent souvent ces droits aux mœurs et aux coutumes ; mais le moins qu'elles puissent faire, c'est de mettre entre les mains du père les moyens de faire respecter son autorité et d'obtenir l'obéissance de ses enfants. En effet ce droit de correc- tion fut établi dès la fondation de Rome ; et il reçut de Romulus lui-même une extension sans exemple et vraiment exorbitante. C'est le témoignage que nous donne Denys d'Halicarnasse, qui compare avec étonne- ment cette puissance sans bornes avec la puissance modérée et vraiment paternelle qui existait en Grèce. Voici le passage principal que nous répétons ici, quoique nous l'ayons déjà cité, parce qu'il est fondamental pour l'étude que nous poursuivons : *At Romanorum legislator omnem, ut ita dicam, potestatem in filium patri concessit, idque toto vitæ tempore ; sive eum in carcerem conjicere, sive flagris cædere, sive vinctum ad opus rusticum detinere, sive occidere vellet* (1). A l'appui de ce témoignage, mais pour une époque moins reculée vient ce texte restitué des XII Tables : *Endo liberis jus vitæ necisque venum- dandique potestas ei esto* .Ainsi voilà deux droits im- menses accordés au père sur son fils sans restriction, sans contrôle ; le père ne doit compte à personne de ce qu'il lui plaît de faire subir à ses enfants ; aucune ma- gistrature, aucune dignité ne soustrait le fils à ce pou- voir souverain ; et Denys d'Halicarnasse rappelle plu- sieurs exemples de pères employant cette autorité dans des affaires politiques, et venant arracher à la tribune pour les punir chez eux leurs fils, favorables au peuple

____

(1) Denys d'Halic. Archæologia, II, 26.

et hostiles au sénat; tandis que personne dans l'assemblée, ni les tribuns du peuple, ni aucun magistrat de la république, ni le corps auguste du sénat, attaqué par eux, ni le peuple même qu'ils flattaient, n'aurait pu leur fermer la bouche (1). Ainsi ces deux droits sont exorbitants, contraires à la nature, non-seulement parce qu'en eux-mêmes ils excèdent tout ce qu'un père peut légitimement prétendre sur son fils, et sont directement opposés au sentiment qui fonde son pouvoir; mais encore parce que l'emploi à faire de ces droits, le but pour lequel on peut en user n'est ni déterminé, ni contrôlé.

Le père avait en outre deux autres droits qu'il pouvait employer pour la correction de ses enfants; c'était *l'exhérédation* et *l'abdicatio*. Par *l'exhérédation* le père dépouillait à sa mort son fils de la portion de ses biens qui lui serait revenue *ab intestat;* par *l'abdicatio* le père chassait son fils de sa présence et de sa maison, et le privait par là des biens de la famille et de toute espérance de succéder. Quoique *l'abdicatio* n'ait jamais été admise par les lois romaines, elle était si communément pratiquée, et nous en trouvons tant d'exemples dans les écrivains latins que nous ne pouvons nous dispenser d'en parler.

Ainsi l'on peut ramener à quatre les moyens de correction du père sur son fils : 1° Punitions corporelles pouvant aller jusqu'à la mort; — 2° Vente; — 3° Exhérédation; —4° *Abdicatio*. De ces quatre droits, le droit de vente viendra à une autre place où il se montrera plus rationnel ; l'exhérédation appartient proprement au droit des successions dont nous ne pouvons pas nous

(1) Denys d'Halic. Archæologia, II, 26.

occuper spécialement ici, nous n'en parlerons donc qu'en la comparant à *l'abdication*, et nous nous contenterons de faire remarquer l'efficacité et la légitimité de ce moyen de correction pour les cas extrêmes, et de rappeler les précautions que la législation romaine prit pour s'assurer d'une part que la volonté du père avait été formelle, en exigeant une exhérédation expresse ; et d'autre part qu'elle avait été juste en ouvrant la voie de la *querela inofficiosi testamenti*.

Il nous reste donc seulement à traiter ici de deux droits de correction :

1° *Abdicatio ;*

2° Punitions corporelles et droit de vie et de mort.

CHAPITRE PREMIER.

ABDICATIO.

Nous ne trouvons dans toute la compilation de Justinien qu'un seul texte relatif à *l'abdicatio;* ce texte, du reste, explique l'absence de tout autre; c'est celui qui nous dit que *l'abdicatio* n'a jamais été approuvée par les lois : *Abdicatio quæ Græco more ad alienandos liberos usurpabatur et* ἀποκήρυξις *dicebatur, Romanis legibus non comprobatur* (1). Mais il résulte de ce texte même que *l'abdicatio* était usitée et souvent pratiquée. En effet, nous trouvons dans les historiens romains plusieurs exemples de pères renvoyant leurs fils de leur maison et de leur présence. Voici un exemple tiré de Valère Maxime : Décius Syllanus, fils de Titus Manlius, étant accusé devant le sénat de prévarication dans le gouvernement de la Macédoine, son père demande au sénat la permission d'examiner lui-même l'affaire avant le jugement public, et après avoir pendant trois jours entendu les témoins et les dires des deux parties, il prononce ainsi : « *Cum Syllanum filium meum pecunias a sociis accepisse mihi probatum sit, et republica et domo mea indignum judico, protinusque e conspectu meo abire jubeo.* (2) » Ce texte nous donne en même temps la formule usitée dans *l'abditatio;* du reste, cette formule n'avait rien de sacramentel, nous en avons plusieurs autres revenant

(1) L. 9. De patr. pot. C. 8, 47.
(2) Valère Maxime, 5, 8, 3.

4

toutes au même sens : le père chasse son fils de sa présence et de sa maison, et par là, il rompt tous les liens qui l'unissaient à lui ; il le rend comme un étranger, *alienum facit*, et c'est dans le même sens que la loi 6 C. *De patriâ potest.*, que nous venons de citer, dit *ad alienandos liberos usurpabatur*.

Un des principaux effets de cette *abdicatio* était de priver le fils de la successsion de son père ; elle se rapprochait en cela de l'*exhérédation*, qui portait en grec le même nom ἀποκήρυξις, et Cujas compare longuement ces deux actes différents (1). L'*abdication*, outre qu'elle se fait entre-vifs d'une manière quelconque, au lieu que l'exhérédation ne peut se faire que dans un testament en règle ; outre qu'elle produit aussi des effets immédiatement et pas seulement à la mort du père ; l'abdication, dis-je, avait des effets bien plus étendus que l'exhédération : celle-ci ne portait que sur la succession du père ; au contraire l'*abdication* détruisait tous les rapports de parenté et tous les droits attachés à la cognation par les mœurs et les lois, tels que le *jus sepulcri*, le *jus osculi* et autres. Nous n'irons pas jusqu'à admettre qu'elle détruisît l'agnation ; il n'est nulle part question de cet effet et l'on comprend aisément qu'un lien essentiellement civil ne pût pas être rompu par un fait que les lois civiles ne reconnaissaient pas. Sous ce rapport l'*abdication* était moins grave pour le fils que l'émancipation, dont elle se rapprochait beaucoup ; et pourtant l'émancipation n'est jamais considérée comme une peine. C'est qu'en effet elle était ordinairement faite par intérêt pour le fils, et elle lui était avantageuse, parce qu'elle

______

(1) Cujas, Comm. in tit. 46, l. 47, Cod. —Ed. Neap., t. IX, c. 1307.

lui faisait acquérir une capacité qu'il n'avait pas; le texte même sur lequel on la fondait la présente comme un avantage fait au fils contre son père : *Si pater filium ter venum duit, filius a patre liber esto.* Cependant nous ne pouvons nous empêcher de faire remarquer qu'on a tort de ne pas faire attention à tout ce que perd le fils par l'émancipation, et d'aller chercher bien loin pourquoi on disait que l'émancipation était une *capitis minutio.* L'émancipation faisait sans doute acquérir au fils une capacité qu'il n'avait pas, mais la position d'une personne dans la cité, le *status,* le *caput,* ne consiste pas seulement dans la capacité, mais encore dans les titres de droits qui résident en elle, dans tous les rapports juridiques avec les autres citoyens, et dans les expectatives qui en naissent. Or le fils émancipé perdait tout cela. N'était-il pas à bon droit appelé *capite minutus,* puisqu'il n'acquérait en retour qu'une capacité encore vide, et qu'il lui fallait se créer tout à nouveau une position juridique dans la cité.

Mais je reviens à l'*abdicatio,* et je dis que, loin de s'étonner qu'elle ne rompît pas l'agnation, on pourrait plutôt s'étonner qu'elle enlevât même le droit de succession au patrimoine du père. Peut-être faut-il dire qu'elle était considérée comme impliquant une exhérédation; peut-être devait-elle être accompagnée d'une exhérédation expresse; nous n'avons aucun renseignement précis sur ce point. Je crois pourtant qu'on peut admettre avec Cujas que l'*abdicatio* emportait par elle-même privation de la succession paternelle, et qu'il faut interpréter par les mœurs et les idées communes du peuple une institution introduite tout entière par les mœurs. Or c'est un fait, d'accord avec la théorie, que

tous les peuples ont considéré la succession entre le
père et ses enfants comme dérivant d'une société entre
eux, d'une sorte de copropriété que nous avons appelée
propriété relative, et comme devant disparaître lorsque
cette société, cette copropriété était rompue. Cette idée
remonte jusqu'à l'époque patriarcale; nous voyons dans
la Bible Abraham renvoyer Agar et son fils, pour que
le fils de l'esclave n'ait pas de part avec le fils de l'é-
pouse légitime. A Rome cette idée de copropriété est
clairement manifestée par le mot *heres suus*, et elle a
été souvent invoquée pour expliquer les règles de
l'exhérédation. Si la société, la copropriété entre le
père et le fils étaient rompues par l'expulsion du fils,
sous l'empire des mêmes idées, les Romains sentaient
que le titre ordinaire à la succession n'existait plus;
peut-être même ce sentiment qu'ils avaient du droit
naturel était-il assez fort pour que des juges, en présence
de la disposition *cui suus heres nec escit*. .., se crussent
fondés à répondre légalement: *Suus heres non est*, il n'y
a plus d'héritier sien, le fils expulsé n'est plus *suus*, et
comme dit Cujas *suitas destructa est*.

C'est une question fort intéressante que de savoir si
l'*abdicatio* pouvait être faite par le père seul de sa propre
autorité ou s'il devait la faire prononcer par les tribunaux. Cujas n'hésite pas à admettre une *abdicationis
actio* qui devait être intentée devant les tribunaux.
*Erat quœdam abdicationis actio, nec licebat patri filium
non auditum abdicare, non narrata judici et probata
causa, non data filio respondendi potestute, ut sœpe
Fabius docet in declamationibus* (1). On le voit, il invoque

____

(1) Comm. in tit. 46, lib. 47, Cod. — Ed. Neap., t. IX, c. 1309, D.

l'appui de Quintilien (Fabius Quintilianus) ; et en effet nous avons trouvé six ou sept déclamations de Quintilien ou de Calpurnius Flaccus, qui roulent sur cette *abdicationis actio* , sans parler de maint endroit de l'Institution oratoire, et au moins deux déclamations de Sénèque sur le même sujet (1). Et pourtant, malgré l'autorité de Cujas, nous nous permettons encore de douter très-fortement de l'existence de cette action. D'abord c'est une chose bien singulière, qu'une institution qui n'a jamais été admise par les lois romaines (et par loi il faut entendre bien évidemment toutes les sources du droit), pût avoir donné lieu à une action. D'où serait dérivée cette action? Qui en aurait donné la formule? Qui aurait réglé la compétence? On ne pourrait même pas soutenir que ce fût une *cognitio extraordinaria*, puisque, si l'on invoque Quintilien, il dit partout *judices*. Ensuite j'avoue que je n'ai pas la confiance la plus aveugle, au point de vue juridique, dans les *controversiæ* de Sénèque ou de Quintilien ; il suffit de jeter les yeux sur ces controverses pour apercevoir immédiatement chez tous deux l'œuvre d'un rhéteur qui cherche surtout des sujets bizarres pour montrer son habileté, et qui ne s'efforce jamais de traiter aucune question à fond, et par des arguments solides, tirés du sujet même. La question de forme est ce qui le préoccupe; peu lui importe le fond de ses sujets, soit en fait, soit en droit. Peut-on faire un fondement solide sur de pareilles données? Je vois une des controverses de Calpurnius Flaccus, où l'on suppose des enfants abdiqués venant demander

---

(1) Quint., Decl. 9, 258, etc. — Calp. Flaccus, Decl. 18 ; — Sénèque, liv. 10, Decl. 2; liv. 5, Contr. 34.

au sénat de les rétablir dans leur position de fils (1).
Cela renverse toutes les idées que nous avons sur le rôle
du sénat ; jamais il n'a eu à s'occuper de pareilles matières ; si une pareille réclamation avait pu se faire,
c'était à l'Empereur qu'elle devait être adressée ; ceci
est élémentaire dans l'organisation des pouvoirs à Rome.
L'*abdicationis actio* a-t-elle quelque chose de plus juridique que cette espèce impossible ? Il est permis d'en
douter. Douter, c'est même beaucoup de bonté, car
Quintilien se charge lui-même de nous faire connaître
la valeur juridique de ces espèces, précisément en pre-
nant pour exemple cette *abdicationis actio.* |*Habemus
confitentem reum.* Ce texte est précieux, le voici dans
son entier ; après avoir parlé de nombreuses questions
traitées dans l'école auxquelles il applique un principe
qu'il vient de donner, il ajoute : *Quibus similia etiam
in* VERA RERUM QUÆSTIONE *tractantur : nam, quæ* IN SCHOLIS
ABDICATORUM, *hæc* IN FORO EXHEREDATORUM *a parentibus
et bona apud centumviros repetentium ratio est; quæ
illic malæ tractationis, hic rei uxoriæ, cum quæritur
utrius culpa divortium factum sit; quæ illic dementiæ,
hic petendi curatoris* (2). Voilà quelque chose de
clair, de précis ; quand Quintilien veut parler de
droit, il en parle de manière à être compris : une
querela inofficiosi testamenti, une *actio rei uxoriæ,*
une demande de curateur ; nous connaissons cela.
Mais une *actio abdicationis,* une *actio . malæ tractationis,* une *actio dementiæ,* nous ne connaissons pas cela,
et bien heureux sommes-nous de ne pas le connaître,

(1) Calp. Faccus, Decl. 18.
(2) Quint. Inst., orat. 7, 4, n° 11, éd. Lemaire,

puisque Quintilien nous indique lui-même que ce sont là des travestissements qu'on fait subir dans les écoles pour plus de simplicité aux véritables actions du *forum* et du droit.

Nous croyons donc pouvoir affirmer que cette *actio abdicationis* est une chimère. Peut-être y avait-il en cette matière un certain contrôle des tribunaux, analogue à la *querela inofficiosi testamenti*. Mais nous ne savons rien de sa nature. Et il est permis de supposer que le caractère non juridique de l'*abdicatio* n'avait pas appelé une réglementation, qui, ce semble, aurait impliqué une reconnaissance de cette institution par les lois.

Nous réservons d'ailleurs la question de l'intervention du tribunal de famille, dont l'existence sera discutée avec plus de lumière et plus à propos au chapitre suivant à propos du droit de vie et de mort.

Quant au caractère essentiellement correctionnel de l'*abdicatio*, il nous est attesté à chaque page de Quintilien, qui l'appelle *fulmen istud patrum, ira domestica, abdicationis emendatio*, et qui nous apprend qu'elle pouvait se faire de deux manières, soit péremptoirement, soit comminatoirement : *Abdicationum formæ sunt duæ : altera criminis perfecti, ut si abdicetur raptor, adulter : altera velut pendentis et adhuc in conditione positi ; quales sunt, in quibus abdicatur filius, quia non pareat patri* (1). J'ai plus de confiance ici au témoignage de Quintilien ; car, s'il ne reproduit pas fidèlement le droit, il doit du moins représenter avec exactitude les mœurs et les idées communes de son époque.

____

(1) Quint. Inst., or. 7, 4, 27., éd. Lemaire.

CHAPITRE II.

Le texte de Denys d'Halicarnasse que nous avons cité
au commencement de ce titre, nous indique plusieurs
des corrections corporelles les plus sévères que les pères
pouvaient, d'après les lois de Romulus même, infliger
à leurs enfants : ils pouvaient les mettre en prison, les
frapper de verges, les envoyer chargés de chaînes
aux travaux rustiques, et enfin les mettre à mort. On
voit que cette législation n'était pas douce envers les
enfants. Il serait peut-être curieux comme étude de
mœurs de rechercher les différentes peines corporelles
usitées à Rome, et même de les apprécier au point de
vue du droit rationnel ; mais nous n'avons pas de renseignements suffisants pour faire ces recherches avec fruit.
Ce qu'il importe surtout de savoir, c'est quel était le
maximum de peine jusqu'où pouvait aller le droit de
correction du père. Et l'histoire de ce maximum sera
toute l'histoire du droit de correction. Or le texte cité
nous montre que, dès l'époque de Romulus, ce droit
n'était limité par aucun maximum, le père avait sur ce
point l'arbitraire le plus absolu. Nous avons également-
ment cité un texte des XII Tables, restitué d'après des
témoignages authentiques, qui montre qu'à l'époque
de la rédaction de ces lois, le même pouvoir existait tout
aussi illimité. Un autre texte nous conduit jusqu'au
commencement de l'empire, c'est un fragment du livre
de Papinien *De adulteriis*, fragment cité dans la *Collatio*

legum Romanarum et Mosaïcarum : la loi *Julia de adulteriis* permettait au père de tuer sa fille, surprise en
adultère, et son complice avec elle ; quelqu'un demande à Papinien pourquoi cette permission, puisque
le père avait en vertu d'une loi des rois (*lex regia*), le
droit de vie et de mort sur tous ses enfants ; Papinien
répond qu'il ne faut pas tirer de là un argument *e contrario* pour soutenir que le père n'avait pas auparavant le droit de vie et de mort : *numquid e contrario
præstat nobis argumentum hæc adjectio ; ut non videatur
lex non habenti dedisse ;* mais que la loi a voulu forcer
le père à tuer ensemble sa fille et son complice, afin
de sauver la vie à tous deux, comme dit Cujas, ou afin
de montrer qu'il n'a été inspiré que par un sentiment
de justice offensée : *Ut videretur majore æquitate ductus
adulterum occidisse, cum nec filiæ pepercerit,* suivant
les propres termes de Papinien. Ce fragment prouve
bien évidemment que Papinien reconnaissait le droit
de vie et de mort comme existant encore dans toute sa
plénitude sous Auguste. Enfin deux autres textes établissent encore l'existence de ce droit d'une manière
générale, ce sont la L. 11, De lib. et post. D. 28, 2, de
Paul : *Nec obstat quod licet eos exheredare* QUOD ET OCCI-
DERE LICEBAT ; et la L. 10, De pat. pot. C. 8, 47 : *patribus quibus* JUS VITÆ *in liberos* NECISQUE *potestas erat
permissa.* Le droit illimité de correction chez le père,
le droit de vie et de mort, en un mot, sans restriction
est donc établi par les textes les plus nombreux et les
plus formels.

Mais une autre question très-importante et très-con-
troversée est celle de savoir si ce droit du père, ainsi
illimité, quant à son étendue, n'était pas soumis à une

certaine restriction, à un certain contrôle dans son exercice, c'est-à-dire de savoir s'il existait un tribunal de
famille dont le jugement fût en cette matière obligatoire
pour le père, et obligatoire dans les deux sens du mot,
c'est-à-dire si le père était tenu de le consulter, et s'il
était tenu de se soumettre à ses décisions, de façon à
n'être que l'exécuteur de ses volontés. Nous l'avons dit,
la question est fort délicate.

L'existence d'une certaine juridiction correctionnelle,
exercée sur les femmes par leurs parents, *propinqui, co-
gnati*, juridiction fort étendue et pouvant aller jusqu'à la
condamnation à mort et à l'exécution, ne paraît pas
pouvoir être mise en doute en présence des exemples
nombreux, que nous trouvons dans les écrivains, de
l'exercice de ce pouvoir. Encore sa nature précise et
son mode d'exercice sont-ils toujours un mystère
en l'absence d'aucun document juridique sur cette matière. Et l'on peut toujours se demander si ce pouvoir
était bien établi et reconnu par les lois, ou seulement
introduit par les mœurs et simplement toléré par les lois
et l'opinion publique. Ce sont là des questions qui me
paraissent insolubles dans l'état actuel de la science. Du
reste ce n'est pas là l'objet principal qui nous occupe.

Quand à l'existence d'une pareille juridiction sur les
hommes *sui juris*, l'opinion qui la soutient ne repose
que sur un texte que voici : Lucius Scipion, fils de l'Afri-
cain, ne se montre pas digne de la préture dont il est revêtu : *Quam quum propinqui ab eo pollui animadverte-
runt, id egerunt ne aut sellam ponere aut jus dicere
auderet. Insuperque e manu ejus annulum in quo caput
Africani sculptum erat detraxerunt* (1). Un seul texte est

____

(1) Valère Maxime, 3, 5, 2.

un appui bien faible pour une opinion d'une si grande portée. Mais encore ce texte est-il concluant? Je ne le crois pas; et j'en tire la preuve des termes mêmes qu'il emploie. Il dit : *propinqui id egerunt ne...*; cela signifie que ses parents *firent en sorte que...*; ce n'est pas ainsi qu'on parle d'une sentence rendue par un tribunal qui aurait droit d'ordonner ou de défendre. Les parents n'ont-ils pas eu mille moyens tout à fait extra-légaux pour empêcher Scipion de vaquer aux fonctions de sa charge? Le texte même se charge de nous indiquer celui qu'ils employèrent : *id egerunt ne... auderet*, ils firent en sorte qu'il n'osa pas. Cela est tout simple, ils procédèrent par voie d'intimidation. Il est impossible raisonnablement de voir rien de plus dans ce texte. Ils lui enlevèrent aussi son anneau, qui portait le portrait de son père ; sans doute par le même moyen. De pareils faits ne se voient-ils pas journellement chez-nous ? Des honnêtes gens faisant honte à un coquin, et lui imposant des humiliations méritées ; quelquefois un duel s'ensuit; mais le duel n'était pas dans les mœurs romaines. Là-dessus l'imagination s'échauffe et l'on dresse au foyer domestique un tribunal ayant droit de vie et de mort. Vraiment ce n'est plus de l'histoire, c'est du roman.

J'arrive maintenant à la question spéciale de savoir si le pouvoir du père était contrôlé et limité par l'existence d'un tribunal domestique, dont les sentences fussent obligatoires pour lui. Je remarque d'abord qu'aucun des textes fondamentaux que nous avons cités au commencement de ce chapitre ne parle de l'existence de ce tribunal ni d'aucun contrôle exercé légalement sur les actes du père. Or tous ces textes émanent soit de jurisconsultes qui devaient viser à la précision et à l'exactitude, soit d'historiens traitant spécialement de la législation romaine et devant par conséquent s'efforcer de dire tout ce qu'ils savaient, et de nous donner une image fidèle des lois romaines; une institution de l'importance de celle dont nous nous occupons ne pouvait pas leur échapper. J'insiste surtout sur le texte de Papinien où il cherche à expliquer la permission accordée au père par la loi Julia de tuer sa fille adultère. Il est certain que dans ce cas du moins le père pouvait et même devait tuer sa fille et le complice *immédiatement*, sans aucune forme de procès (1); or si le père avait été tenu en général de se soumettre au jugement d'un tribunal de famille, Papinien ne devait-il pas trouver là une explication bien simple de la permission donnée par la loi Julia, une dérogation très-importante au droit commun, bien plus utile à signaler que le but moral qu'il assigne à cette disposition de la loi? N'y a-t-il pas là un argument de la plus grande force contre l'existence de ce tribunal de famille, tel qu'on veut l'établir?

A ces graves autorités qu'oppose-t-on? Le témoignage d'historiens, pas un seul de jurisconsultes; or le langage des historiens, les détails des faits qu'ils racontent, n'ont certes pas une portée assez précise pour constituer des arguments bien concluants; d'autant plus que la plupart des exemples cités sont des anecdotes, intéressantes sans doute, mais dans lesquelles l'auteur même était loin de chercher avec une grande rigueur les détails juridiques. L'ouvrage de Valère Maxime notamment est un simple recueil d'anecdotes, une sorte de morale en action; je veux bien avoir foi en lui, mais je me per-

---

(1) Coll. leg., 4, 2, § 3, in fine.:—*Ita ut filiam in continenti occidat.*

mets de lui attribuer moins d'autorité qu'à Papinien, à Paul, à Constantin et même à Denys d'Halicarnasse. Quoi qu'il en soit, comme les anecdotes elles-mêmes peuvent être une peinture fidèle des mœurs, sinon des lois, je consens à suivre mes adversaires sur le terrain où ils se placent. Mais là encore je trouve des armes contre eux.

Je dirai d'abord la réponse générale que je fais à tous les textes cités et que je tire des textes mêmes, des mots mêmes invoqués contre moi : tous disent : CONSILIO *propinquorum* ou *necessariorum adhibito. Consilio adhibito*, c'est sur ces mots que l'on fonde l'existence d'un pouvoir de contrôle, supérieur au père, que le père serait tenu de consulter, et auquel il serait tenu de se soumettre. Mais, ce semble, la plus simple conclusion à tirer de là, c'est que les parents avaient tout au plus voix consultative ; c'est faire un étrange abus de mots, que de leur attribuer voix délibérative, et de leur faire primer la volonté du père lui-même. J'ajoute que les textes n'indiquent même nullement que le père fût obligé de convoquer ce conseil ; c'est encore dépasser beaucoup leurs termes que d'en tirer une pareille conclusion. J'entre immédiatement dans le détail de ces textes.

Voici d'abord l'histoire de la punition de Spurius Cassius. Des trois historiens (1) qui parlent de ce fait, Valère Maxime est le plus complet, c'est le seul qui parle du conseil des parents : *Cassius filium, qui. . . . , postquam potestatem deposuit adhibito propinquorum et amicorum consilio, affectati regni crimine domi damnavit, verberibusque affectum necari jussit, ac peculium ejus*

(1) Florus, 1, 26 ; — Tit. Liv., 2, 61 ; — Val. Max., 5, 8, 2.

Cereri consecravit. Là-dessus on dit que le père ne fait
que formuler l'avis du conseil comme un président formule l'avis du tribunal; et qu'il n'aurait pas pu prononcer
la peine, s'il s'était trouvé en présence d'opinions contraires à la sienne. J'avoue que je ne possède pas le mi-
croscope qui fait voir tant de choses dans ce texte; je
vois le père jouer le principal rôle, ou plutôt jouer seul
un rôle, agir seul, commander seul; il ordonne la mort
de son fils exactement comme il consacre son pécule à
Cérès, ce qu'apparemment il pouvait faire seul. Je vois
seulement qu'il agit en homme sage, qu'il ne veut pas
prendre un parti aussi grave et aussi pénible pour lui,
il faut le croire, sans s'entourer de toutes les lumières
possibles.

Je ne vois aussi rien de plus dans l'exemple de
Lucius Gellius : *Pene universo senatu adhibito in consi-
lium, expositis suspicionibus, defendendi se adolescenti potestatem fecit ; inspectaque diligentissime causa, absolvit
eum tum consilii, tum etiam sententia sua* (1). Ce texte,
dès le premier abord, semble inspiré par la pensée de
louer le père de toutes les précautions dont il s'entoure;
l'insistance de l'auteur sur ces précautions, sur sa con-
descendance rend cette pensée manifeste. Elle devient
évidente, si l'on cherche le passage en entier dans Valère
Maxime : il est sous la rubrique : *Qui moderati erga sus-
pectos liberos ;* et les mots que nous venons de citer sont
précédés de ceux-ci : *non ad vindictam procurrit continuo
sed adhibito,* etc. Comment! Valère Maxime fait un mérite
à un père d'avoir convoqué un conseil pour s'éclairer, et
vous en concluez qu'il y était obligé par les lois ! C'est

(1) Valère Maxime, 5, 9, 1.

bien plutôt le contraire qu'il faut conclure. Et puis quel
rapport ce texte a-t-il avec un conseil ou un tribunal de
famille ? Aucun ; il n'y est pas dit qu'un seul parent fût
appelé au conseil. Il ne contredit pas, si vous voulez, votre
assertion, mais il ne la prouve pas. Vous devez accorder
au moins que le père pouvait composer le conseil comme
il le voulait, sauf les proches parents que vous soutenez
y avoir été de droit ; mais ne dépendait-il pas alors de lui
de se donner la majorité ? Et puis, dans le premier texte
que nous avons cité, des mots : *propinquorum et amico-*
rum adhibito consilio, vous concluez qu'il était obligé
d'appeler ses proches, mais vous ne pouvez pas soutenir
qu'il fût obligé d'appeler ses amis ; pourtant si le texte
prouve son obligation pour les uns, il la prouve évidemment aussi pour les autres.

Pour prouver que les opinions émises dans le conseil liaient le père, on invoque un texte de Sénèque,
où Auguste, appelé à siéger dans un tribunal de famille,
exige que chacun écrive séparément son opinion, *ne ea*
omnium fieret quæ Cæsaris fuisset (1). Auguste voulait
que le vote fût sérieux ; apparemment, si le père consul-
tait un conseil de famille, c'était pour avoir l'avis de
tous. Voilà tout ce que voulait Auguste. Mais en conclure que l'avis du conseil liait le père, c'est sortir tout
à fait des prémisses posées. —Vraiment, en lisant cette
argumentation, je crois voir dans plusieurs siècles d'ici
un brave savant, découvrant un contrat de mariage de
notre époque, couvert des signatures de tous les parents
des deux futurs, et en concluant logiquement, d'une
manière irréfragable, que le contrat do mariage devait

(1) Sen. De clem., 15.

être discuté et arrêté en conseil général de la famille, et devait être approuvé à l'unanimité par tous les membres. Que serait-ce s'il découvrait que l'un des signataires est un enfant de six ans? Quel étonnement d'abord! Puis quelles théories splendides! Voyez la démocratie, cette reine souveraine du XIX\ siècle et de la France, pénétrer jusqu'au sein des familles, et établir entre tous les hommes l'égalité la plus absolue. Quelle précieuse découverte! Ce serait vraiment superbe.

Mais on nous aborde avec un texte plus formidable. Voici Manlius accusé par un tribun du peuple, de séquestration illégale de son fils, comme nous dirions maintenant : et Tite-Live nous donne tout au long l'éloquent développement que fait le tribun sur cette conduite odieuse (1). Comment lui reprochait-on cela si le père avait un droit absolu de vie et de mort sur son fils? — Lisons encore ici le chapitre entier de Tite-Live, et nous y verrons que cette accusation n'était pas seule : *Crimini inter cætera dabat;* ou plutôt qu'elle était tout à fait accessoire : le grief principal contre L. Manlius était que, pendant sa dictature, il avait fait une levée d'hommes par des moyens violents, et causé ainsi une agitation si forte qu'il avait été obligé de se démettre de sa charge. Voilà ce dont on l'accusait. Après cela quelle conclusion y a-t-il à tirer de la faconde d'un habile avocat, qui recherche les précédents de son adversaire, qui fait ressortir tout l'odieux de son caractère? Certainement aucune conclusion sur les règles du droit, d'autant que le texte même nous montre le parti que le tribun tire de ce fait, les mouvements d'éloquence auxquels

(1) Tit. Liv., 7, 4.

il se livre, sans dire un mot d'un droit violé, du tribunal qui aurait dû être consulté. Il est évident qu'il ne s'agit que d'un reproche moral et nullement d'une poursuite juridique, et la preuve c'est que le principal argument invoqué par le tribun est la futilité du motif de ces mauvais traitements. Enfin si l'on demande pourquoi Tite-Live a insisté surtout sur ce point; c'est tout simplement pour préparer le récit du dévouement un peu brutal de ce fils même, qui sauve son père, en menaçant le tribun de l'assassiner dans son lit, s'il ne lui jure pas de ne point continuer les poursuites.

Nous rencontrons pourtant un autre texte où réellement un père est non-seulement accusé, mais même condamné pour avoir tué son fils, et cela au temps de Marius, où la puissance paternelle était dans son intégrité. Voici ce texte qui est de P. Orose : *Q. Fabius Maximus filium suum adolescentem, rus relegatum, cum duobus servis parricidii ministris, interfecit; ipsosque continuo servos in pretium sceleris manumisit. Die dicta, Cneo Pompeio accusante, damnatus est* (1). Je vois bien là un frein mis à l'arbitraire absolu de la puissance paternelle; je constate un premier progrès de la législation sur ce point. Mais voir là une preuve que le père devait consulter un tribunal avant de tuer son fils, c'est avoir bien de l'imagination. Où a-t-on trouvé que c'était précisément l'absence d'intervention de ce tribunal qui constituait le crime reproché au père ? Le texte n'en souffle pas un mot. L'explication est plus simple, le père dans ce cas n'a pas agi comme un père, exerçant un droit sur son fils; s'il avait eu de bons motifs pour

____

(1) P. Orose. 5, 16.

le punir, il eût dû agir au grand jour, l'entendre avant
de le condamner. Mais il a agi ici dans l'ombre, sans
chercher à s'éclairer, sans permettre à son fils de se
défendre, sans même formuler un grief, il a agi en as-
sassin et non avec l'autorité d'un père, comme dit Adrien
à propos d'un autre fait analogue : *Quod latronis magis
quam patris jure eum interfecit* (1). Cette explication est
toute simple ; aussi l'exemple cité, non-seulement ne
prouve pas l'existence d'un tribunal, dont l'intervention
fût obligatoire pour le père, mais encore ne porte même
pas atteinte à la puissance paternelle, parce que Fabius
dans ce cas n'a pas fait acte de père ; c'est précisément
pour cela qu'on l'a condamné.

Enfin il y a l'exemple que nous avons déjà cité le
Titus Manlius, abdiquant son fils Syllanus, coupable de
concussion. Ici Valère Maxime (2) nous dit qu'il agit
seul : *solusque utrique parti per totum biduum vacavit.*
— Mais disent nos adversaires l'auteur a soin de nous
dire, *ne consilio quidem necessariorum indigere se credidit;*
il y eut dans ce cas une exception au principe, et c'est
parce que Manlius avait obtenu du sénat la permission
d'agir ainsi. —Non, ce n'est pas là le sens du passage
entier de Valère Maxime : c'est au commencement du
paragraphe que par comparaison avec l'exemple de
Cassius cité plus haut, et qui fait dans l'écrivain latin
l'objet du paragraphe précédent, il remarque que Manlius ne crut pas même avoir besoin du conseil de ses
parents (toujours le *conseil,* jamais un mot plus fort);
et s'il ne crut pas en avoir besoin et s'en dispensa, c'est

(1) L. 5, De lege Pompeia de parr. D. 48, 9.
(2) Val. Max. 5, 8, 3.

apparemment que cela dépendait de lui, et que la loi lui permettait de s'en passer. Ce n'est que plusieurs lignes plus bas que l'auteur parle d'une demande faite au sénat; et Manlius ne demande pas du tout la permission de juger seul, il demande seulement au sénat de surseoir jusqu'à ce que lui, Manlius, ait prononcé sur l'affaire : *A patribus conscriptis petiit,* « *ne quid ante de ea re statuerent quam ipse Macedonum filiique sui causam inspexisset.* » Son droit de juger est hors de cause, il est indubitable; il demande seulement la priorité, et elle lui est accordée. Où voit-on là encore l'obligation de consulter un tribunal de famille?

Non, disons-le hardiment, le tribunal de famille n'exsistait pas dans le sens où on veut l'établir, c'est-à-dire comme contrôlant le pouvoir correctionnel du père, comme pouvant imposer son jugement au père qui aurait été tenu de le consulter (1). Seulement il arrivait fréquemment qu'en fait des pères sages et prudents s'entouraient volontairement des lumières de leurs parents et de leurs amis.

Voyons maintenant les restrictions successives qu'a subies le droit absolu de vie et de mort dans la personne du père.

Il paraît que Romulus lui-même avait mis une restriction au droit de tuer les enfants. Denys d'Halicarnasse

---

(1) Aux textes cités par nous on peut joindre les suivants : Aulu-Gelle, 5, 19; où dans la formule de l'adrogation on voit compris sans restriction le droit de vie et de mort ; — Cic. *Pro domo sua,* 27 ; — Valère Maxime, 5, 8, 5, où Fulvius fait tuer son fils qui va rejoindre Catilina; — Quint. decl. 3, 17, qui cite l'exemple de Fabius Eburnus faisant mettre à mort son fils impudique, *cognita domi causa,* sans parler de l'intervention d'aucun parent.

nous dit (1) qu'il obligea les Romains à élever tous les
enfants mâles, et les aînées des filles, et qu'il défendit de
tuer aucun enfant au-dessous de trois ans, si ce n'est en
cas de difformité constatée devant 5 témoins, et alors on
devait l'exposer aussitôt après sa naissance. Mais, on le
voit, cette restriction n'était pas apportée au droit correctionnel de vie et de mort, resté intact, mais au droit
d'exposition, qui est tout différent. Denys d'Halicarnasse
nous indique aussi le motif tout politique de cette disposition, c'était afin de peupler la ville. Du reste les his-
toires nous montrent que cette restriction tomba en
désuétude, et les XII Tables, relativement à l'enfant dif-
forme, allèrent plus loin que Romulus; non-seulement
elles permirent, mais elles ordonnèrent même de l'exposer.

Il faut arriver jusqu'à l'empire et même jusqu'au
second siècle de l'empire pour trouver des restrictions
apportées au droit de correction du père. Nous trouvons
bien dans P. Orose (2) la condamnation sous le quatrième
consulat de Marius d'un père qui a tué son fils en secret, à
la campagne, par le ministère de deux assassins, et dont
le crime est qualifié de parricide. Cela paraît indiquer au
moins une tendance dans les mœurs à limiter le droit
absolu du père sur la vie de son fils au droit véritablement correctionnel, et à le punir, s'il tue son fils sans
cause et sans des formes qui justifient sa condamnation.
Mais ce texte est tout à fait isolé. Et la *L. Pompeia de
parricidiis*, portée quelque temps après, laissait encore
complétement impuni le meurtre du fils par son père,

(1) Archæol. 2, 15.
(2) P. Orose. 5, 16.

quoiqu'elle prononçât une peine contre la mère qui tuait son enfant. C'est ce que nous apprend Marcien dans la L. 1, *De lege Pompeia*, D. 48, 9.

Le progrès de la législation romaine relativement au droit de correction du père a deux phases principales : un premier pas a été de limiter strictement le pouvoir absolu du père à la correction du fils en lui enlevant l'arbitraire, le second a été d'abaisser peu à peu le maximum des peines corporelles que le père pouvait infliger à son fils. Le premier pas fut fait sous Trajan et Adrien au commencement du iie siècle de l'ère chrétienne ; le second fut commencé seulement sous Alexandre Sévère plus d'un siècle plus tard.

Nous n'avons pas de trace d'aucun document législatif de Trajan ou d'Adrien qui ait limité explicitement le droit du père sur ses enfants ; mais les jurisconsultes nous citent deux exemples de pères punis pour avoir abusé de leur autorité. Trajan oblige un père à émanciper son fils qu'il maltraitait, *quem male afficiebat*, et lui refuse les droits de succession comme *parens manumissor* (1); — Adrien condamne à la déportation un père qui a tué à la chasse son fils, quoique celui-ci fût coupable d'adultère avec sa belle-mère (2) et il donne pour motif que *latronis magis quam patris jure eum interfecit.* — Ainsi nous voyons un père privé de la puissance dont il abusait : un autre puni plus sévèrement pour un abus beaucoup plus grave. Mais ni dans un cas ni dans l'autre l'empereur ou le jurisconsulte qui le cite n'invoque pour motif que le père n'avait pas le droit de tuer son fils.

---

(1) L. 5, Si a parente quis manumis, D. 37, 12.
(2) L. De lege Pompeia, D. 38, 9.

Marcien nous cite le second exemple à propos de la loi Pompeia : il vient de dire dans la L. 1, *De lege Pompeia,* tirée du même livre 14 de ses Institutes, que la mère seule est punie pour le meurtre de son fils, et il montre une exception à cette règle ; s'il y avait eu une disposition législative générale, enlevant au père tout droit de vie et de mort, il n'aurait pas manqué de la citer et les compilateurs des Pandectes n'auraient pas manqué de la reproduire. Nous pouvons donc dire qu'à cette époque on punissait l'abus de la puissance paternelle; l'emploi des punitions corporelles, non justifié, ou entaché d'un caractère de vengeance et d'arbitraire, indigne de l'autorité paternelle ; mais que l'étendue du droit de correction n'avait encore subi aucune restriction.

Ceci nous paraît encore confirmé par le texte de Papinien tiré de la *Collat. leg. Rom. et Mos.,* où il compare la loi *Julia de adulteriis,* avec le droit ordinaire du père ; Papinien dit : *Cum patri lex regia dederit in filium vitæ necisque potestatem...;* sans indiquer nullement que ce droit n'existait plus de son temps ; il semble que si ce droit avait été aboli, il dirait au moins *olim dederit,* ou bien que dans sa réponse il ferait ressortir ce fait que le droit de vie et de mort n'existe plus d'une manière générale, et n'est plus maintenu que sur la fille adultère. Il semble donc que le droit de vie et de mort existait encore de son temps.

. Au contraire Paul et Ulpien nous parlent de ce droit comme n'existant plus. Paul (1) dit simplement : *quod et occidere licebat;* et non plus *licet.* Ulpien est plus explicite, il dit : *Inauditum filium pater occidere non potest : sed accusare eum apud præfectum præsidemve provin-*

______
(1) L. 11 in fin. De lib. et pot. D. 28, 2.

ciœ debet (1). En effet, tous deux ont vécu sous Alexandre Sévère et nous avons une constitution de ce prince qui pose expressément la limite du droit de correction du père, il ne peut infliger à son fils des châtiments un peu graves qu'en s'adressant au magistrat ; mais le père a encore un pouvoir très-étendu sous le contrôle du magistrat, car celui-ci doit prononcer la sentence que lui dictera le père. Voici le texte de cette constitution (2) qui est de l'année 228 de l'ère chrétienne : *Filium, si pietatem patri debitam non agnoscit, castigare jure patriœ potestatis non prohiberis : acriore remedio usurus, si in pari contumacia perseveraverit ; eumque prœsidi provinciœ oblaturus, dicturo sententiam quam tu quoque dici volueris.* Cujas entend de la manière que nous avons indiquée plus haut les derniers mots de cette loi : *ut judex,* dit-il, *in filium male moratum statuat quod pater ipse dictavit, nec acerbius quidquam vel mitius.* Pourtant il ne me paraît pas sûr que le texte ait toute cette portée ; s'il y avait simplement *quod tu dici volueris,* cela ne ferait pas de doute ; mais l'addition du mot *quoque* paraît indiquer qu'il faut un concours des deux volontés du père et du magistrat, et que celui-ci doit être du même avis que le père pour qu'il y ait condamnation. Cujas remarque du reste que cette disposition ne se retrouve nulle part, *qui locus est singularis.* Il est permis de supposer qu'au moins sous Justinien le père ne pouvait plus imposer sa volonté au magistrat et n'avait plus qu'un droit de correction modéré : *relicta tantum modica castigatio.* Cela paraît résulter de la L.

(1) L. 2, Ad Leg. Corn. De Sic. D. 48, 8.
(2) L. 3, De pat. pot. C. 8, 47.

un. de emend. propinq. C. 9, 15, où Valentinien et Valens, parlant du droit de correction des proches parents les plus âgés sur les mineurs, disent : *neque potestatem in immensum extendi volumus, sed* JURE PATRIO *auctoritas corrigat propinqui juvenis erratum, et privata animadversione compescat. Quod si atrocitas facti jus domesticæ emendationis excedat, placet enormis delicti reos dedi judicum notioni.* Il paraît résulter de là que le *jus patrium* ne s'étendait plus alors au delà d'une correction modérée, *domestica emendatio;* et que les fautes plus graves, demandant des peines plus fortes, revenaient au juge de droit commun.

Enfin, ce qui complète l'anéantissement du droit de vie et de mort du père, c'est une constitution de Constantin qui punit de la peine du parricide celui qui tue son fils, comme celui qui tue son père : *Si quis parentis aut filii... fata properaverit* (1).

Quant aux peines plus modérées que les pères peuvent infliger à leurs enfants, nous en voyons le droit toujours conservé par plusieurs textes qui exemptent de l'action d'injure et des autres actions résultant de coups, le père qui corrige son enfant (2). L'injure fut-elle même du genre que l'on appelait *atrox*, l'enfant en puissance n'a aucune action contre son père (3).

Un droit tout à fait spécial est le droit pour le père de tuer sa fille adultère avec son complice. Ici le droit du père se présente bien plutôt comme une délégation de la puissance publique, motivée par le besoin d'une

______

(1) L. un. De his qui parentes vel liberos occiderunt, C. 9, 17.

(2) L. 16, § 2, De pœnis D. 48, 19 ; — L. 7, § 3, De injur. D. 47, 10 ; — L. 5 in fin., L. 6, ad leg. Aq. D. 9, 2.

(3) L. 7, § 3, injur. D. 47, 10.

répression prompte, efficace et capable de détourner du crime, que comme un droit naturel du père que la loi n'aurait fait que reconnaître. C'est ce que sentent les jurisconsultes romains eux-mêmes, notamment Papinien, lorsqu'il explique pourquoi on a donné ce droit au père plutôt qu'au mari dont on a craint l'emportement (1). Ils ont mieux aperçu et mieux réalisé dans ce cas particulier le principe unique sur lequel peut reposer un droit de vie et de mort pour le père sur ses enfants. Nous avons vu qu'il était absolument contraire à l'essence de l'autorité paternelle, qui doit toujours être tournée vers le bien de l'enfant, et ne peut le punir que pour l'améliorer. Ce droit ne peut donc être fondé que sur une délégation expresse de la puissance publique, délégation nécessitée par l'état des mœurs ou de l'organisation sociale. C'est ce qu'il y avait au fond de l'institution de ce droit par Romulus ; mais on ne peut pas dire si les jurisconsultes romains s'en sont bien rendu compte.

Le texte le plus complet sur le meurtre de la fille adultère est de Paul, tiré de la *Collatio leg. Rom. et Mosaïcarum : secundo vero capite (lex Julia de adult.) permittit patri, si in filia sua quam in potestate habet, ut in ea quæ eo auctore, cum in potestate esset, viro in manum convenerit, adulterum dòmi suæ generive sui deprehenderit, isque in eam rem socerum adhibuerit, ut is pater eum adulterum sive fraude occidat, ita ut filiam in continenti occidat* (2). Ainsi le père peut tuer sa fille surprise en adultère, à trois conditions :

---

(1) L. 22, § 4, ad leg. Jul. de adult. D. 48 , 5.
(2) Collat. leg. Rom. et Mos. 4, 2, 3.

1° *Que sa fille soit sous sa puissance ou si elle est* in manu *qu'elle soit passée directement de sa puissance sous celle du mari.* Ceci montre déjà que ce droit n'était pas regardé comme une simple conséquence de la puissance paternelle, puisqu'il existait même sur la fille qui n'était plus en puissance, pourvu que cette puissance n'eût été éteinte que par l'acquisition de la *manus* par le mari. Du reste ce droit n'appartient qu'à l'aïeul qui a la puissance ou l'aurait s'il n'y avait pas de *manus ;* il n'appartient pas au père ou même au grand-père qui est lui-même *in potestate* (1).

2° *Que l'adultère soit commis dans la maison du père ou dans celle du gendre.* Ce qui doit s'entendre uniquement de la maison d'habitation (2). Le motif qu'on donne de cette condition, c'est que la faute est plus grande, cela dénote une perversité plus audacieuse, quand la femme reçoit son amant dans la maison de son père ou de son mari (3). — Du reste cette condition n'est exigée que pour l'application de la loi Julia ; il ne faut pas croire qu'elle exclue le droit commun de vie et de mort, si la fille est restée dans la puissance de son père. Le texte se place en effet plutôt au point de vue du droit de tuer le complice, que de celui de tuer la fille.

Le texte nous indique que le mari peut faire venir son père pour qu'il punisse les coupables. En effet le mari n'a pas le droit de tuer sa femme adultère ; et il n'a droit de tuer le complice que si c'est un homme de basse condition, ou un esclave, ou enfin un affranchi du

(1) L. 20, 21 ; ad leg. Jul. de adult. D. 48, 5.
(2) L. 22, § 2; 23, § 3, ad leg. Jul. de adult. D. 48, 5.
(3) L. 23, § 2, ibid.

mari ou de la femme ou de ses parents au 1ᵉʳ degré (1).
Hors de ces cas le meurtre est seulement excusable, la
peine est abaissée (2).

3° *Que la mort soit donnée immédiatement et en même
temps au complice*. Le père ne peut pas tuer un seul des
deux coupables, il doit les tuer tous deux et en même
temps, sinon son acte n'est pas innocenté, il encourt les
peines de l'homicide (3). Papinien nous apprend que
cette règle avait été introduite dans un sentiment d'humanité pour le complice, afin d'arrêter le bras du père
par l'affection qu'il aura pour sa fille, ou bien afin de
montrer qu'il n'a agi que par un sentiment de justice :
*Ut videatur majore æquitate ductus, cum nec filiæ peper-
cerit* (4). Mais Papinien nous avertit en même temps
qu'il ne faut pas argumenter *e contrario* de ce texte, et
que cette disposition ne porte nullement atteinte au
droit commun de vie et de mort en dehors des règles de
la *lex Julia*.

(1) L. 24, ibid.—Paul. ex Collat. leg. Rom. et Mos. 4, 4.
(2) Papinien, ex coll. leg. Rom. et Mos. 4, 10.
(3) Papinien, ex coll. leg. R. et M. 4, 9. — Paul. ex coll. 4,2, 6.
(4) Papinien, ex coll. 4, 8.

TITRE II.

DROIT DE PUISSANCE PROPREMENT DIT.

Nous avons vu que l'autorité paternelle s'exerce, d'abord et surtout en vue de l'intérêt de l'enfant, et ensuite jusqu'à une certaine mesure en vue de l'intérêt du père, subordonné en général à celui de l'enfant. En droit romain le contraire a lieu ; on considère avant tout l'intérêt du père, celui du fils ne vient que dans un ordre tout à fait inférieur ; il paraît même entièrement négligé au premier abord, et il ne semble pas avoir été jamais l'objet d'une attention particulière et raisonnée du législateur. Aussi le droit du père mérite plutôt le nom de puissance, qu'on lui donne toujours et qui désigne un droit exercé surtout dans l'intérêt de son titulaire, que le nom d'autorité qui désigne un pouvoir exercé surtout dans l'intérêt de celui sur lequel il est établi. Cependant certaines institutions ont encore protégé, à Rome, l'intérêt des enfants. Aussi nous verrons dans deux chapitres :

1° Le droit de puissance dans l'intérêt du père ;

2° Le droit de puissance dans l'intérêt du fils.

CHAPITRE I.

Le père pouvait tirer parti de la personne de son fils
de plusieurs manières, qui ne sont pas toutes également
légitimes en raison, et qui ne furent pas toutes également
ment approuvées par les lois. Nous examinerons successivement les cinq suivantes :

1° Droit d'employer directement les services de l'enfant ;

2° Droit de louer ces services ;

3° Droit de vente;

4° Abandon noxal;

5° Mise en gage du fils.

§ 1ᵉʳ — Droit aux services du fils.

Le père a toujours eu à Rome le pouvoir le plus large
pour employer son fils aux travaux, qu'il lui plaisait de
lui imposer. Jamais ce pouvoir ne fut réglementé;
jamais la loi ne vint se placer entre le fils et le père pour
modérer l'exercice du droit de celui-ci. Aussi pouvait-
il employer son fils aux plus rudes travaux des esclaves;
sous ce rapport, il n'y avait dans les lois aucune différence
entre le fils et l'esclave. Nous trouvons de nombreuses
traces de l'emploi des fils de famille pour des services
d'un ordre plus élevé, quoiqu'ils leur fussent aussi
communs avec les esclaves ; c'est dans les textes relatifs
aux actions *exercitoria, institoria, quod jussu.* Nous y

voyons que le père employait ses fils aussi bien que ses esclaves et ses affranchis pour faire le commerce de terre ou de mer ou d'autres opérations civiles. Ainsi par exemple, l'interdit relatif à l'action exercitoire dit, d'une manière générale : *Si is, qui navem exercuerit in aliena potestate erit...* (1).

Certes cette fonction de la puissance paternelle était la plus importante, la plus usuelle, celle qui était en jeu tous les jours et presque à chaque instant de la journée, et qui comportait une infinité d'applications aussi bien aux choses les plus ordinaires et les plus légères qu'aux plus graves et aux plus pénibles pour le fils. La variété même de ces applications, la grande latitude qui doit rester aux pères, et en outre la disparition fréquente du caractère juridique de ces rapports, font que ce droit du père échappa à la réglementation des lois, comme il y échappera toujours tant qu'il ne donnera pas lieu à des abus trop grands ou que les lois ne seront pas arrivées à un très-haut degré de perfection.

§ 2. — Louage des services des enfants.

Paul nous dit (2) en parlant des enfants : *Operæ tamen eorum locari possunt.* Ce droit de location est, après le droit d'employer les services de l'enfant, le plus naturel et le plus légitime du père, en supposant qu'il soit exercé avec une juste mesure, c'est-à-dire de manière à ne pas compromettre les grands intérêts de l'enfant; et dans un but légitime, étranger à toute idée d'une basse spéculation ou d'une avarice dénaturée. Le droit romain

(1) L. 1, § 19, De exercitoria actione, D. 14, 1.
(2) Sentent. 5, 1, 1, in fin.

est sur ce point, comme sur beaucoup de cette matière, caractérisé par l'absence de réglementation. Je ne connais pas d'autre texte relatif à ce droit après celui que nous avons cité. Sans doute on avait cru pouvoir se fier à la tendresse naturelle des pères pour ne faire ce contrat de location que dans des conditions favorables à leurs enfants. De plus les rapports créés par ce louage de service sont naturellement temporaires. Autrement il y aurait eu vente de l'enfant, et quand même les parties auraient qualifié leur contrat de *location*, on aurait su démêler son vrai caractère et lui appliquer les règles de la vente. Il ne pouvait pas être question non plus de ces *operæ officiales*, de ces promesses de services très-étendus et requérables à volonté, que les affranchis promettaient à leurs patrons; ces services avaient un caractère tout spécial et ne pouvaient pas être l'objet d'une location de droit commun, faite moyennant un prix à un étranger. Les services des enfants que le père pouvait louer étaient des services ou des travaux déterminés d'avance, et qui par conséquent ne sont pas un enchaînement étroit pour la liberté, qui respectent complétement la dignité de la personne humaine. Ce louage de service rentre donc parfaitement dans les limites de la puissance paternelle. Ce qu'il y a seulement d'exorbitant dans la législation romaine, c'est que le droit du père subsistait, sans variation, sans restriction aucune, toute la vie du fils, quel que fût son âge, quels que fussent l'intérêt et la capacité qu'il eût pour choisir lui-même des travaux en rapport avec ses goûts et ses facultés.

§ 3. — **Droit de vente**.

Les textes, qui établissent l'existence du droit de vente du père sur ses enfants dès les premiers temps, sont les mêmes que ceux qui établissent le droit de vie et de mort. C'est d'abord le texte de Denys d'Halicar-, nasse, déjà cité (1), qui fait remonter ces deux droits à une institution expresse de Romulus. Il paraît seulement que Numa avait excepté de ce droit les enfants mariés du consentement de leur père (2). C'est ensuite le texte des XII Tables également cité : *Endo liberis jus vitæ necisque venumdandique potestas ei esto*. — Il faut y joindre un autre texte des XII Tables qui établit le même droit au moins implicitement : *Si pater filium ter venumduit, filius a patre liber esto* (3). J'observe que ce texte, que l'on regarde ordinairement comme renfermant une extension considérable du droit du père, paraît plutôt conçu dans une forme restrictive. Il ne dit pas que le père pourra jusqu'à trois fois vendre son fils, mais que s'il le vend trois fois il perd sa puissance sur lui, il en est déchu. Je crois qu'en effet, dans l'esprit des rédacteurs de la loi des XII Tables, la chose se présente ainsi : la vente n'est pas en elle-même une aliénation du droit du père ; ce droit est essentiellement intransmissible, et le père en vendant son fils n'a pas la pensée de donner à l'acheteur les droits d'un père sur son fils, ni l'acheteur la pensée d'acquérir ces droits ; ce que veulent faire les parties, c'est de transmettre ou d'acquérir un droit très-

(1) Denys d'Hal. Archæologia, 2, 26.
(2) Denys d'Hal. ibid.
(3) Vid. Ulp. reg. 10, 1. — Gaius, Comm. 1, 132.

large aux services de l'enfant, le droit qu'on avait sur
un individu libre *in mancipio*. Aussi la vente n'entraine
pas nécessairement la perte de la puissance paternelle;
seulement l'exercice de celle-ci est suspendu en fait tant
que dure le droit de l'acheteur; car la convention con-
sentie par le père l'oblige à respecter ce droit, tant qu'il
dure, et la coexistence de deux puissances, aussi larges
que la puissance paternelle le et *mancipium*, n'est pas possible. Ainsi donc la puissance paternelle était suspendue
pendant la durée du *mancipium*, mais après cela il n'y
avait plus aucune raison pour l'empêcher de reparaître
dans son intégrité; aucune raison, dis-je, si ce n'est la
considération de l'abus de cette puissance. Or dans l'état
des mœurs et vu les quelques protections qui entouraient
l'individu *in mancipio*, on pouvait considérer que la
vente du fils n'était pas en elle-même abusive; en tenant
compte de la tendresse du père qui devait reculer autant
que possible devant cette mesure, et des nécessités de la
vie qui pouvaient l'obliger à retirer des services de son
fils tout le prix possible. La vente du fils fut donc permise une première fois. Même par un grand respect pour
les droits du père, et parce que dans certains cas cela
pouvait se justifier, on permit une seconde vente. Mais
si le père venait à vendre encore une troisième fois son
fils; on dut considérer cela comme un abus manifeste;
on reconnut là que le père ne savait pas tirer un sage
parti du droit qui lui était donné, ou qu'il spéculait sur
son fils, puisque deux ventes successives n'avaient pas
suffi pour satisfaire à ses besoins; et on déclara le père
déchu de sa puissance: *si pater filium ter venum duit filius a patre liber esto*. Je crois que c'est bien là le vrai
sens de cette disposition. Et cela nous montre (ce que

nous avons déjà fait observer) que le législateur, en se
fondant sur les mœurs, sous-entendait dans les lois bien
des tempéraments qui n'y étaient pas exprimés : ainsi,
bien que le droit de vente fût absolu, il était bien entendu
que le père ne l'emploierait qu'en cas d'un besoin
extrême à moins que ce ne fût comme punition du fils;
c'est en effet seulement alors que la vente pouvait se
justifier.

Plus tard, les idées avaient encore marché, et l'interprétation du *droit civil*, sentant combien ce droit devait
être restreint, et argumentant du silence des XII Tables
qui ne parlaient que du fils, admit qu'une seule vente
ferait perdre la puissance paternelle sur les filles et les
petits-enfants des deux sexes. Ainsi le père ne pouvait
vendre ses filles et ses petits-enfants qu'en renonçant
par là a tous ses droits de père sur eux. La vente était
permise, mais restreinte, comme on le voit, par une sanction fort grave. On comprend du reste que la vente des
filles qui pouvait être fort dangereuse pour leur moralité fut regardée avec bien plus de défaveur que celle
des fils ; et que pour les petits-enfants on jugeât qu'il
y avait aussi abus à les vendre lorsqu'on avait pu vendre
jusqu'à deux fois leurs pères impunément ; peut-être
aussi protégeait-on instinctivement, par cette menace,
l'intérêt du fils qui devait les avoir un jour sous sa
puissance.

La vente des enfants se faisait par la *mancipation* ou
vente solennelle *per æs et libram* (1). Cette vente des enfants ou de la femme *in manu* par le chef de famille,
plaçait ces personnes dans un état tout à fait spécial à

______
(1) Gaius, Comm. 1, 117 sq.

elles que l'on appelait *mancipii causa* et qui tenait le milieu entre l'esclavage et la puissance paternelle. Le *mancipium* tenait à ces deux institutions par les points qui leur étaient communs : l'obligation de faire pour le maître tous les travaux qu'il lui plaisait d'imposer avec la plus grande latitude ; et le droit de vente. Seulement ici la vente était bien comme celle de l'esclave la transmission du droit même qu'avait le vendeur, et non la création d'un droit nouveau sensiblement différent, comme dans la vente des enfants par leur père. Le *mancipium* se rapprochait beaucoup de l'esclavage ; Gaius nous dit des mancipés : *Servorum loco constituuntur* (Comm. 1, 123); *nam et is servi loco est* (Comm. 3, 114). Il en différait en ce qu'il n'enlevait pas la liberté, ne préjudiciait pas à l'ingénuité : *Libertati a majoribus tantum impensum est*, nous dit Constantin (1), *ut patribus quibus jus vitæ in liberos, necisque potestas olim erat permissa, libertatem eripere non liceret.* On pouvait dire que l'individu *in mancipio* était *in servitute*, mais n'était pas *servus ;* le *mancipium* était un état de fait qui suspendait bien l'exercice des droits, mais qui n'en faisait pas perdre la capacité ; ils restaient intacts en eux-mêmes et étaient recouvrés dans leur intégrité à la cessation du *mancipium.* Ainsi l'individu *in mancipio* conservait à la fois la jouissance du *commercium* et du *connubium ;* il en perdait seulement l'exercice actuel. La perte de l'exercice actuel du *commercium* faisait qu'il ne pouvait agir en droit que comme représentant la personne du maître, et par conséquent uniquement pour ce qui pouvait profiter à celui-ci ; c'est pourquoi son adstipulation était

(1) L. 10, De pat. pot. C. 8, 47.

nulle (1) et il faut très-probablement en dire autant des dettes contractées par lui. Il est probable aussi que l'individu *in mancipio* ne pouvait pas contracter valablement un *justum matrimonium* pendant qu'il était en cet état ; cela est indiqué par les analogies des divers textes qui le placent, quant à l'exercice du droit, dans la même position qu'un esclave. Mais comme il conservait la jouissance de ce droit, son mariage antérieurement contracté restait valable, et était un juste titre d'acquisition de la puissance paternelle, sur les enfants conçus alors, soit pour lui-même, soit pour son père, suivant qu'il devait ou non à la fin du *mancipium* devenir *sui juris* (2). Le mancipé ne pouvait aussi recevoir par testament que si on lui donnait la liberté par le même testament (3), et il était héritier sien et nécessaire (4). Pourtant il différait encore de l'esclave et se rapprochait du fils de famille en ce qu'il n'avait pas seulement le bénéfice de la séparation des patrimoines, mais pouvait éviter l'infamie, résultant de la vente des biens héréditaires sous son nom, au moyen du *jus abstinendi* (5). Enfin le mancipé fut protégé plus tôt que l'esclave contre les mauvais traitements ; déjà, du temps de Gaius, il était défendu de le maltraiter outre mesure sous peine d'être poursuivi par l'action d'injure : *In summa admonendi sumus adversus eos quos in mancipio habemus,*

(1) Gaius, Comm. 3, 114.

(2) Gaius, Comm. 1, 135 : Si le père devait devenir *sui juris*, tant qu'il était *in mancipio*, l'état de ses enfants était en suspens. On n'avait pas admis l'opinion de Labéon qui voulait que les enfants fussent sous le même *mancipium* que le père.

(3) Gaius, Comm. 1, 123.

(4) Gaius, Comm. 2, 160.

(5) Gaius, ibid.

nihil nobis contumeliose facere licere; alioquin injuria-
rum actione tenebimur (1).

Le *mancipium* finissait en général par les mêmes modes
que l'esclavage; notamment *vindicta, censu, testa-*
mento (2); mais avec cette différence que les prohibitions
de la loi Ælia Sentia, relatives à l'âge du *manumissor* et
de *l'affranchi*, et celles de la loi Furia Caninia, relatives au
nombre des affranchissements, ne s'appliquaient pas
ici (3). En outre le mancipé avait le droit de se faire affranchir *censu*, en se faisant inscrire sur les livres du cens, malgré même la volonté du maître (4). De la sorte il devait, ce
semble, arriver que tous les cinq ans, tous les individus
in mancipio redevenaient libres, et que le *mancipium* ne
durait pas en général plus de cinq ans. Il est probable
alors que dans les mancipations sérieuses le prix était
calculé en tenant compte de cette probabilité d'affranchissement forcé au plus prochain cens. Cela paraît aussi
résulter de la fin du paragraphe où Gaius nous parle de
ce mode d'affranchissement : il y avait deux cas où il ne
pouvait avoir lieu, d'abord lorsque le père avait stipulé
que son fils lui serait remancipé; ensuite lorsque la
mancipation n'avait été faite que comme abandon
noxal. Pour ce dernier cas, Gaius nous explique l'exception en disant : *Nam hunc pro pecunia habet.* Il semble
que celui qui a acheté l'enfant n'en a aussi que pour son
argent, à moins que le prix ne fût calculé en tenant
compte de cette éventualité ; en cas d'abandon noxal on
comprend qu'on n'ait pas admis cet affranchissement

(1) Gaius, 1, 141.
(2) Gaius, 1, 138.
(3) Gaius, 1, 139.
(4) Gaius, 1, 140.

forcé parce que le dommage causé pouvait être bien au-
dessus de la valeur des services de l'enfant, même pendant toute sa vie, et que la partie lésée souffrait déjà
assez de voir restreindre ses dommages et intérêts à cet
abandon du fils; en effet le père ne faisait, sans doute, cet
abandon que s'il y trouvait un grand avantage.

Le maître conservait sur le mancipé affranchi les
mêmes droits de succession *ab intestat* que le patron sur
l'affranchi ; c'est-à-dire qu'il venait à la place des agnats
après les héritiers siens. Plus tard seulement le prêteur
lui préféra d'autres parents du mancipé affranchi, par
la *bonorum possessio unde decem personæ* (1). Mais les sti-
pulations d'*operæ*, qui avaient lieu lors de l'affranchissement des esclaves, ne paraissent pas avoir été admises
ici, puisqu'on refuse toute validité à celles faites par le
père émancipateur, dont la position était pourtant plus
favorable que celle de l'*extraneus manumissor* (2).

Voilà quelle était la portée du droit de vente du père
pendant toute la durée de la république. Nous pouvons
supposer que les mœurs empêchaient qu'on ne l'em-
ployât hors des cas de nécessité extrême chez le père ou
d'une faute du fils ; mais nous n'avons aucun renseignement sur ce point, et il est à peu près certain en tout cas
qu'il n'y eut aucune restriction dans les lois. Au temps
des jurisconsultes nous ne trouvons pas non plus de restriction légale ; mais nous trouvons des indications sur
les limites mises par les mœurs au droit de vente.
Gaius (3) nous dit que la vente n'était plus *en général*
sérieuse de son temps, mais qu'on l'employait seulement

(1) Inst. 3, 9, 3.
(2) L. 4, Si a par. quis manumissus. D. 37, 12.
(3) Comm. 1, 118ª.

pour arriver à la mancipation : *Plerumque solum a parentibus mancipantur, quum velint parentes suo jure eas personas dimittere.* Paul nous indique les cas où la vente était pratiquée, mais sans nous marquer qu'elle fut interdite adsolument dans les autres cas : *Qui contemplatione extremæ necessitatis aut alimentorum gratia filios suos vendiderint, statui ingenuitatis eorum non præjudicant : homo enim liber nullo pretio æstimatur* (1).

Sous Justinien, le *mancipium,* déjà peu usité sous Gaius, est complétement tombé en désuétude, et il n'en est plus aucunement question dans les compilations de ce prince, même pour l'abroger. Cette désuétude du *mancipium* paraît même remonter assez haut. De la sorte, il se trouva qu'il n'y eut plus de différence essentielle entre la vente d'un homme libre et la vente des enfants par leur père. Et en effet, il nous paraît qu'elles furent à peu près assimilées jusqu'à Constantin. La liberté et l'ingénuité étant essentiellement inaliénables, comme Paul vient de nous le dire, et comme Constantin le marque encore à propos des enfants dans la L. 10, *De pat. pot.,* C. 8, 47 ; il s'en suit que la vente ne peut pas donner un droit de maître sur les enfants vendus et qu'au moyen de la *liberalis causa,* ouverte à toute personne, on peut toujours les ramener à la liberté de fait. C'est ce que dit la L. 1, *De liberali causa.* C. 7, 16 : *Rem quidem illicitam et inhonestam admisisse te confiteris, quia proponis filios ingenuos a te venumdatos. Sed quia factum tuum filiis obesse non debet, adi competentem judicem, si vis, ut causa agatur secundum ordinem juris.* On pourrait s'étonner que cette constitution soit d'An-

____

(1) Paul. Sent., 5, 4, 1.

tonin, c'est-à-dire d'une époque où le *mancipium* existait encore, et où le droit de vente ne paraît pas encore
absolument aboli, puisque Gaius et Paul, qui sont pos-
térieurs, en parlent comme existant encore. Mais il est
très-possible que cette constitution ait été rendue dans
une espèce où le père avait vendu ses fils comme étant
des esclaves, à un acheteur de bonne foi, vente qui était
certainement illicite. Les compilateurs de Justinien auront généralisé ses termes pour les accommoder à la
législation alors en vigueur. Le même principe est posé
de la manière la plus générale par la L. 1, *De patrib. qui
filios suos distraxerunt*, C. 4, 43 : *Liberos a parentibus
neque venditionis, neque donationis titulo, neque pigno-
ris jure, aut alio quolibet modo, nec sub prœtextu igno-
rantiœ accipientis in alium transferri posse manifestis-
simi juris est.* Le même principe existait à l'égard de
tout homme libre. Pourtant nous trouvons des textes (1)
qui nous disent que la vente d'un homme libre, faite à
un acheteur de bonne foi est valable. Cela paraît con-
tradictoire; néanmoins la conciliation est facile. Cette
vente est valable seulement en ce sens qu'elle donne
lieu à l'*actio empti* pour l'acheteur qui peut ainsi obtenir des dommages-intérêts pour l'éviction qu'il souffre : *Qui liberum hominem sciens vel ignorans tanquam
servum vendat evictionis nomine tenetur. Quare etiam
pater si filium suum tanquam servum vendiderit evictionis
nomine obligatur* (2). Mais il fallait, bien entendu, que
l'acheteur fût de bonne foi, autrement la vente était nulle;
comme portant sur un objet qui n'était pas *in commer-*

---

(1) L. 4, 70, De contrahenda empt., D. 18, 1.
(2) L. 39, § 3, De evict. D. 21, 2.

cio. Tel fut l'état de la législation jusqu'à Constantin.

Constantin vint, en sens inverse de ce qui s'était fait jusque-là, permettre la vente des enfants, mais dans une hypothèse tout à fait restreinte, en cas d'extrême misère et au moment même de leur naissance, pas après. Voici sa constitution qui forme la L. 2. *De patribus qui fil. distrax.* C. 4, 43 : *Si quis propter nimiam paupertatem egestatemque, victus causa, filium filiamve sanguino‑lentos vendiderit, venditione in hoc tantummodo casu valente, emptor obtinendi jus servitii habeat facultatem. Liceat autem ipsi, qui vendidit, vel qui alienatus est, aut cuilibet alii ad inegnuitatem eum propriam repetere : modo si aut pretium offerat, quod potest valere, aut mancipium pro ejusmodi præstet.* Il faut d'abord déterminer l'hypothèse où la permission est accordée : la loi exige d'abord que l'enfant soit vendu juste au moment de sa naissance, sortant du sein de sa mère, *sanguinolentus;* ensuite il faut que le père soit dans une extrême pauvreté, et que la vente soit faite *victus causa.* Ces derniers mots peuvent s'entendre : pour procurer des aliments soit au père, soit au fils; l'interprétation des Basiliques paraît plutôt favorable au second sens, car elle nous apprend que s'il y avait quelqu'un qui voulût bien se charger de l'éducation de l'enfant, la vente ne pouvait avoir lieu. Quoi qu'il en soit du sens de ces mots, la légitimité de la vente dans ce cas est manifeste, soit qu'elle ait lieu directement pour procurer des aliments à l'enfant, soit qu'elle ait lieu pour en procurer au père; car dans ce dernier cas, il est bien évident qu'ayant lui-même besoin d'aliments il ne pourrait nourrir son enfant; dans les deux cas la vente a pour but de conserver la vie à l'enfant. Et la Constitution de Constantin paraît

avoir été faite pour empêcher l'exposition en pareil cas.
— Maintenant quelle était la portée de cette vente ?
Elle n'avait pas un effet complet et absolu; pourtant
elle avait plus de portée que n'en avait auparavant
la vente d'un enfant faite à un acheteur de bonne
foi. Cette dernière vente était nulle à l'égard de tous
autres que le vendeur, et encore à l'égard de celui-ci,
elle produisait bien l'action de garantie, mais elle ne
produisait pas l'exception de garantie : le vendeur
pouvait sans restriction revendiquer en liberté l'enfant
vendu, sauf à l'acheteur de lui demander des dommages
et intérêts. Cela résulte évidemment de la L. 1, *De libe-*
rali causa, C. 7, 16, citée plus haut. Dans le cas au contraire qui nous occupe, la vente même faite à un acheteur de mauvaise foi est valable à l'égard de tout le
monde, et elle produit à l'égard de toute personne une
sorte d'exception de garantie. Ce n'est pas sans doute
une exception péremptoire : l'acheteur ne peut pas empêcher la *vindicatio in libertatem* en disant : Vous seriez
tenu de m'indemniser, ne me causez donc pas le dommage ; il peut seulement exiger qu'on l'indemnise avant
que l'enfant vendu ne soit rendu à la liberté. Et à cet
égard la position du père vendeur lui-même est la même
que celle de tous les autres; il n'est pas tenu même vis-à-
vis d'un acheteur de bonne foi à une garantie plus étroite.
On ne pourrait pas considérer le droit qui appartient à
toute personne de provoquer la mise en liberté de l'enfant vendu, comme un droit de résolution de la vente;
car le texte dit expressément que ce qui devra être payé
en retour, ce n'est pas le prix de la vente, ce n'est pas
non plus la valeur de l'enfant à ce moment-là ; mais la
valeur au moment de la poursuite, et par cette valeur il

faut entendre la valeur d'un esclave de même âge et qualité, car un homme libre n'a pas par lui-même de valeur. Du reste on peut donner aussi un esclave en place.

Une autre question est celle de savoir quelle portée il faut attribuer aux mots *venditione in hoc tantummodo casu valente*. Cujas y voit une abrogation de la législation antérieure relative à l'acheteur de bonne foi ; d'après lui, la vente à un pareil acheteur hors des termes de la loi, ne lui donnerait même pas l'action *cmpti* pour se faire indemniser : *Filius non potest emi ab ignorante,* dit-il (1). Je ne sais pas si le texte a toute cette portée ; il peut vouloir dire seulement que la vente n'aura, que dans ce cas, l'effet plus large qu'il vient de lui attribuer ; l'Empereur n'a probablement pas pensé au cas de vente de bonne foi, et au faible effet qu'elle produisait ; et d'ailleurs on ne voit pas pourquoi il aurait abrogé cette législation équitable ; rien dans les circonstances, qui ont amené la loi ne provoquait cette abrogation.

Tel était l'état de la législation sous Justinien ; car la Constitution de Constantin, abrogée par Théodose (2), avait été rétablie par Valentinien (3), pour empêcher l'exposition.

§ 4. — Abandon noxal.

L'abandon noxal se faisait de la même manière que la vente, par une mancipation (4), et la position de

---

(1) Comm. in l. 18. tit. 1, lex. 4 sq., D.—Ed. Neap. t., VII, c. 692, A.

(2) Cod. Théodos. III, 3, 1.

(3) Cod. Théod. Nov. Valent. XI.

(4) Gaius, Comm. 1, 140 ; — 4, 79.

l'enfant abandonné en noxe était en général la même que celle de l'enfant vendu, tous deux étaient *in mancipio*. Il y avait entre eux une seule différence que nous avons déjà signalée et dont nous avons donné l'explication, c'est que l'enfant abandonné en noxe ne pouvait pas se faire affranchir *censu* malgré son maître, parce que celui-ci ne l'avait reçu qu'en l'acquit d'un droit antérieur qu'il avait, et qu'il avait déjà assez souffert de voir réduire à cet abandon des dommages-intérêts, peut-être très-considérables, auxquels il avait droit (1).

Gaius (2) nous apprend qu'il y avait eu une discussion entre les Proculéiens et les Sabiniens sur le point de savoir combien on devait faire de mancipations pour l'abandon noxal des fils. Les Proculéiens en voulaient trois, car, disaient-ils, sans cela le fils n'est pas affranchi de la puissance paternelle ; les Sabiniens se contentaient d'une en soutenant que la disposition de la loi des XII Tables, à laquelle on faisait allusion, ne s'appliquait qu'aux mancipations volontaires. Il semble qu'il y avait une bien meilleure raison pour décider en faveur de l'opinion des Sabiniens : c'est que peu importait à celui qui avait le fils *in mancipio*, qu'il fût ou non affranchi de la puissance paternelle, puisque cette puissance était suspendue pendant toute la durée du *mancipium* et ne pouvait reparaître qu'après un affranchissement volontaire.

L'abandon noxal dura plus longtemps que la vente volontaire ; il était encore en pleine vigueur du temps de Gaius (3). C'est que l'on tendait à exempter le père

(1) Gaius, Comm. 1, 140.
(2) Comm. 4. 79.
(3) Gaius, Comm. 1. 140; — 4. 75, sq.

de la responsabilité des délits de ses enfants ; Gaius nous
dit (1) : *Erat enim iniquum, nequitiam eorum ultra ipsorum
corpora parentibus damnosam esse.* Il semble qu'il était
encore plus inique qu'une personne, qui avait souffert
un très-grand dommage par la faute du fils et au moins
par la négligence du père, ne pût recevoir rien de plus
que l'auteur ,même du dommage. Mais les romains ne
fondaient pas la responsabilité du père sur la faute qu'il
pouvait y avoir de sa part ; mais uniquement sur sa qualité de maître ; ils ne le regardaient comme tenu que
propter rem. Ils ne pouvaient donc pas distinguer entre
les cas où il y avait faute du père et les cas contraires ;
et ils n'avaient d'autre alternative que de le rendre responsable de tous les faits du fils, quels que fussent son âge,
sa méchanceté, et quels que fussent les moyens employés
par le père pour l'empêcher de délinquer ; ou bien autrement de le décharger de toute responsabilité. Ce qu'il y
avait d'onéreux pour le père dans la première alternative,
et la considération presque exclusive de l'intérêt du père
dans le rapport de puissance paternelle poussaient naturellement vers la seconde. On y était complétement arrivé sous Justinien, qui nous dit dans ses Institutes (2)
que l'abandon noxal était complétement tombé en désuétude. C'est alors par inadvertance que l'abandon noxal
se trouve encore mentionné dans un texte du Digeste
tiré d'Ulpien, la L. 3, § 4, *De libero homine exhibendo,* D.
43, 29. Justinien fait bien ressortir aux Institutes ce
qu'il y avait dans l'abandon noxal de mauvais et de contraire à l'esprit de la puissance paternelle ; il était pire

(1) Gaius, Comm. 4, 75.
(2) Inst. 4, 8. 7.

que la vente, puisque la condition du fils mancipé dans
ce cas était plus dure. Il ne pouvait pas non plus se justifier par le droit de correction sur le fils ; car il pouvait
être tout à fait disproportionné avec la faute commise.
Il n'avait pas le caractère essentiel des peines paternelles
qui doit être l'amélioration de l'enfant. Il pouvait souvent faire beaucoup de mal à l'enfant livré à la merci
d'un maître, animé peut être de sentiments de vengean-
ces. S'il s'agissait d'une fille, le danger était encore plus
grand. La disparition de l'abandon noxal fut un grand
progrès dans la législation ; seulement il amena cette
conséquence que le père fût tout à fait irresponsable des
faits de ses enfants ; et qu'il ne resta à la partie lésée
que la poursuite souvent illusoire ou indéfiniment dif-
férée de l'enfant lui-même pour ses délits.

§ 5. — Mise en gage du fils.

Les mêmes raisons qui firent proscrire l'abandon noxal
militaient avec encore plus de force contre la mise en
gage de l'enfant. Sans doute du côté du père la mise en
gage de l'enfant était un moyen, comme un autre, de tirer parti de la personne de son enfant. Mais ce moyen
était très-dangereux pour l'enfant, ce qui devait le faire
proscrire absolument : en effet la mise en gage de l'enfant n'était pas la même chose qu'un gage ordinaire.
L'enfant peut souffrir et le créancier souvent animé de
sentiments peu bienveillants envers son débiteur, et porté
à employer tous les moyens possibles pour recouvrer sa
créance, ne se sentait que trop enclin à abuser de la possession de l'enfant pour torturer et l'enfant et le père par
cela même. En outre dans un pareil gage la possibilité

de la vente à l'échéance n'était pas le principal objet du contrat, à cause des incertitudes qu'offrait la vente d'un homme libre et par suite de la vilité du prix que l'on aurait pu en obtenir; ce qu'on avait surtout en vue c'était précisément cette possession de l'enfant qui pouvait à chaque instant devenir si pénible pour l'enfant et pour le père; c'était aussi le profit à tirer de l'enfant dans l'intervalle, chose étrangère au gage ordinaire et dont le créancier pouvait aussi facilement abuser. Il y avait une grande différence entre la vente et la mise en gage : dans la vente, le père voyait immédiatement la portée de son acte; la mise en gage est, au contraire, toujours plus dangereuse parce qu'on se fait illusion sur les facilités que l'on aura pour payer. De plus, dans la vente, l'acheteur a tout ce qu'il doit avoir, il n'a plus qu'à user sagement de l'enfant, il n'a plus, comme dans le gage à spéculer en quelque sorte sur la tendresse paternelle pour obtenir le plus qu'il peut. Toutes ces raisons devaient faire écarter la mise en gage de l'enfant. Aussi nous voyons que du temps de Paul, à un moment où la vente se pratiquait encore, où l'abandon noxal était en pleine vigueur, la mise en gage de l'enfant était déjà prohibée et sévèrement punie. Paul nous dit : *Idem [liberi] nec pignori ab his aut fiduciæ dari possunt; ex quo facto sciens creditor deportatur* (1). Ce même texte est reproduit au Digeste : L. 5, *Quæ res pignori* (20, 3) : *Creditor qui sciens filium familias a parente pignori accepit relegatur.* (Paulus, 1. 5, Sentent.). On le voit, la peine de la déportation a été remplacée sous Justinien par la peine plus douce de la rélégation, qui notammont

____

(1) Paul. Sent. 5, 1, 1.

n'entraîne pas la perte de la cité. La prohibition du *pi-gnus* sur les enfants, se trouve encore dans la L. 1, *De patrib. qui liberos*, C. 4, 43. déjà citée, et dans la L. 6, *Quæ res pignori*... C. 8, 17. Enfin Justinien lui-même, dans la Novelle, 137, c. 7, renouvelle la prohibition et modifie la peine : le créancier qui reçoit sciemment un enfant en gage, avec ou sans un droit à ses services, non-seulement perd sa créance, mais encore doit rendre à l'enfant et à ses parents la même somme, sans préjudice de peines corporelles, qui lui seront infligées par le juge du lieu.

CHAPITRE II.

Le caractère essentiellement désintéressé de la puissance paternelle, la prédominance, que doit avoir dans le gouvernement du père, l'intérêt de l'enfant sur l'intérêt du père, n'a jamais été aperçue par les légistateurs et les jurisconsultes de Rome. Il n'appartenait qu'au christianisme, en commandant aux enfants une obéissance plus grande et fondée sur des motifs plus élevés, de montrer aux pères en première ligne les graves obligations qui leur incombent et de les ramener à l'exécution complète de leurs devoirs, antérieurs à leurs droits. L'intérêt des enfants n'a tout au plus été considéré dans la législation romaine qu'à une époque assez avancée, et seulement pour modérer les droits du père, nullement pour lui imposer des devoirs positifs, ni même pour lui reconnaître les droits correspondant à ces devoirs. Tout au plus voyons-nous apparaître assez tard un droit aux aliments réciproque entre le père et les enfants. A côté de cela nous ne voyons établir ni le devoir ni le droit d'éducation, si important pourtant ; ni le devoir ni le droit général d'assister l'enfant encore incapable dans ses actes judiriques. Il n'y a pas de tutelle ni rien d'analogue sur les enfants mineurs ; il est vrai que cela s'explique jusqu'à un certain point par l'incapacité du fils de famille, qui ne pouvait acquérir ou conserver aucun droit pour lui-même, mais comme il était capable de faire les actes juridiques, sauf à faire acquérir à son père le profit de ses actes, il pouvait se présenter des cas, où un pouvoir tutélaire du père eût été utile, si l'on avait tenu compte de l'intérêt du fils. Il n'y a d'exception à ces règles que pour un seul cas, pour le mariage du fils : voilà un acte fort important pour l'enfant, que l'enfant est capable de faire et pour lequel la protection du père vient s'exercer par la nécessité pour l'enfant d'obtenir son consentement. Et encore faut-il dire que nous présentons la chose ainsi pour nous conformer aux principes rationnels, et par suite du parti que nous avons pris de montrer l'application des vrais principes dans les législations positives, même à l'insu de leurs auteurs. Car pour les Romains la chose se présentait tout autrement : ils étaient dominés uniquement, au moins dans le principe, par la pensée du pouvoir absolu du père, du droit entier de gouvernement et de disposition qu'il avait sur sa famille, du contrôle suprême qu'il devait exercer sur tous ses membres et sur tout ce qui pouvait l'augmenter ou la diminuer. Cela était tellement dans les idées des Romains que dans le commencement le père pouvait même forcer ses enfants au divorce. Etudions avec quelque détail ce droit de consentement au mariage.

D'abord la nécessité du consentement de l'enfant a toujours été reconnue, et est établie par une foule de textes (1) avec autant de force que la nécessité du consentement du père : *Nuptiæ consistere non possunt, nisi*

____

(1) Ulp. reg. 5, 2 ; — L. 2, De ritu nupt. D. 23, 2, — L. 16, § 2, L. 21, ibid. — L. 12, 14 De nuptiis, C. 5, 4.

consentiant omnes; id est qui coeunt quorumque in potestate sunt; nous dit Paul dans la **L. 2,** *De ritu nuptiarum,* **D. 23, 2.** Toute la question qui pouvait être agitée était celle de savoir quel degré de liberté pouvait et devait avoir le consentement de l'enfant. A cet égard il semble qu'il fallait distinguer entre le fils et la fille : le fils ne pouvait jamais être forcé légalement à consentir (1); seulement, s'il consentait, quand même il l'aurait fait sous l'empire de la crainte et même de la contrainte, *si patre cogente ducit uxorem,* le mariage était valable; le consentement paraissait suffisant, *maluisse hoc videtur* (2). A l'égard de la fille, on regardait son consentement comme suffisant, si elle ne se refusait pas à la volonté de son père (3); et, qui plus est, on ne lui permettait de s'y refuser que si l'époux qu'on lui proposait était *indignus moribus* ou *turpis* (4). Ainsi la fille doit consentir, mais son consentement peut être contraint, sauf dans un seul cas ; la différence sur ce point entre le fils et la fille est clairement manifestée par l'opposition des termes entre la **L. 12,** § **1,** *De spons.* **D,** et la **L. 13,** au même titre, qui suit immédiatement; la première relative à la fille, la seconde au fils. La **L. 20,** *De nupt.* **C. 5, 4,** paraît aller plus loin et n'exiger le consentement de la fille que si elle est *sui juris,* c'est-à-dire dans un cas où la nécessité du consentement du père a été plus difficilement et plus tard admise.

Quant à la nécessité du consentement du père elle est

---

(1) L. 13, De sponsalibus, D. 23, 1.
(2) L. 22, De ritu nupt., D. 23, 2.
(3) L. 12, pr. De sponsalibus. D. 23, 1.
(4) L. 12. § 1. De sponsalibus, D. 23, 1.

établie par une foule de textes (1); tous s'accordent à reconnaître au père la plus grande latitude sur ce point; sa décision a toujours été absolue et sans appel. Nous ne trouvons à ce pouvoir qu'une seule restriction établie par Auguste dans la loi Julia : c'est que le père ne pouvait pas se refuser d'une manière générale à marier ses enfants, et qu'il pouvait être forcé à le faire, par les présidents des provinces et les proconsuls (2). Ainsi sa volonté était toujours entièrement libre sur le choix d'un époux; ce qu'il ne pouvait pas, c'était de se refuser à tout mariage de son enfant. Il est probable pourtant que s'il se refusait absolument à faire un choix, il fallait bien que le choix fût fait par le magistrat; autrement la disposition de la loi Julia eût été illusoire. On entendait même largement la disposition de la loi Julia, et l'on considérait comme un refus de marier, la négligence à chercher un parti.

Les Institutes nous disent que le consentement du père doit précéder le mariage, *in tantum ut jussus parentis præcedere debeat*. Ainsi le consentement donné au mariage après coup ne pourrait pas effacer le vice résultant du défaut de consentement pour le passé, il validerait seulement le mariage pour l'avenir, à partir du moment même où le consentement serait donné. Les enfants conçus avant ne seraient pas *legitime concepti*.

Il y a un texte qui pourrait sembler contraire à cette doctrine, c'est la L. 5, *De nuptiis*, C. 5,4 : *si (ut proponis) pater quondam mariti tui, in cujus fuit potestate, co-*

(1) Les principaux sont : Inst. 1,10, pr.; — Ulp. reg. jur. 5. 2 ; — Paul. Sent. 2, 19, 2. — L. 2, 35, De ritu nupt. D. 23, 2.

(2) L. 19, De ritu nupt. D. 23, 2.

gnitis nuptiis vestris, non contradixit : vereri non debes ne nepotem suum non agnoscat. Il semble bien en s'en tenant aux termes de la loi que le consentement tacite a été donné après coup : après avoir connu le mariage le père n'a pas protesté; et le texte reconnaît néanmoins sans distinction de temps la validité de ce mariage. Il ne faut pas néanmoins admettre facilement une antinomie, il est probable que, dans l'espèce proposée à la décision impériale, se trouvait un élément qui n'a pas été reproduit dans la réponse : soit que le père eût connu le mariage d'avance, ou au moment même de la célébration, parce qu'il y était, mais sans donner un consentement formel; soit qu'il fût absent au·moment du mariage, comme nous le verrons tout à l'heure; soit enfin que l'enfant, à propos duquel la question est posée, ne fût né qu'après la connaissance que son grand-père avait eue du mariage de ses parents.

Du reste nous voyons qu'aucune forme, aucune solennité n'était exigée pour le consentement du père, lequel pouvait fort bien être tacite : *Si nuptiis pater tuus consensit, non oberit tibi, quod instrumento ad matrimonium pertinenti non subscripsit* (1).

On peut se demander si un consentement général du père au mariage de son enfant, sans désignation du conjoint, pouvait suffire. Cette question paraît au premier abord résolue négativement par la L. 34 *De ritu nuptiarum* D. 23. 2 : *Generali mandato quærendi mariti filiæ familias, non fieri nuptias rationis est. Itaque personam ejus patri demonstrari, qui matrimonio consenserit, ut nuptiæ contrahantur necesse est.* Ainsi le mandat

______

(1) L. 2, De nuptiis, C. 5, 4.

général donné à la fille de se chercher un mari ne la dispense pas de demander à son père un consentement spécial pour le mari qu'elle aura trouvé. Mais il faut faire attention à la teneur du mandat, c'est seulement de se chercher un mari. Mais si le père avait dit *ut cui vellet nuberet,* nous ne serions plus dans la même hypothèse, la volonté du père serait beaucoup plus formelle, et la précision du langage des jurisconsultes est assez grande habituellement pour que nous ne soyons pas autorisés à conclure de la première espèce à la seconde. N'ayant donc aucun texte sur le consentement général donné par le père, il faut résoudre la question d'après les principes ; et, comme la nécessité du consentement du père était fondée essentiellement, non sur une idée de protection, mais sur l'idée de sa puissance, il est probable qu'il lui était permis de renoncer simplement au contrôle qu'il pouvait exercer sur le mariage de sa fille. C'est la solution qu'adopte Cujas sur la loi qui nous occupe.

Si le père était dans l'impossibilité de consentir ; s'il était fou ou absent, on avait hésité longtemps entre le respect pour l'autorité paternelle, et le désir de voir les enfants se marier. A l'époque des jurisconsultes, relativement au père absent, il paraît que l'on s'accordait unanimement pour admettre qu'au bout de trois ans d'absence proprement dite du père, c'est-à-dire trois ans de non-présence jointe à l'incertitude de l'existence, le fils ou la fille pouvaient se marier sans le consentement du père absent (1), et l'on donnait la même solution pour le père captif chez l'ennemi (2). Julien même allait

(1) L. 10, De ritu nupt., D. 23, 2.
(2) L. 9, § 1, De ritu nupt., D. 23, 2.

plus loin, il admettait la validité du mariage contracté
même avant l'expiration des trois années (1), pourvu
seulement que le choix de l'enfant fût de nature à ne pas
être réprouvé par le père, s'il était présent. Cette différence d'opinion entre Julien et les autres jurisconsultes
n'a rien d'étonnant en elle-même; mais on peut se
demander ce que signifie l'insertion simultanée au
Digeste dans deux fragments consécutifs de deux opinions qui paraissent opposées. Il ne peut pas y avoir là
une antinomie causée par une inadvertance des compilateurs. On pourrait être tenté de concilier les deux
textes en disant que l'empêchement résultant de l'absence du père pendant les trois premières années était
purement prohibitif, mais non dirimant, car Julien ne
dit pas que le mariage est permis, mais que s'il a été
fait il sera valable. Mais je ne pense pas qu'il faille tirer
une conséquence aussi importante d'une simple différence de rédaction qui ne paraît pas faite exprès; la
distinction des empêchements prohibitifs et dirimants
n'était pas faite en droit romain. Faire du défaut de
consentement en ce cas un empêchement purement prohibitif est contraire aux habitudes et aux idées romaines,
attendu que le consentement était fondé sur la puissance
du père qui était absolue, et n'admettait pas de moyen
terme. Enfin pour un empêchement purement prohibitif
il faut une autre sanction puisqu'il n'y a pas la nullité,
et nous ne trouvons nulle part cette sanction. Non, il
faut dire, je crois, tout simplement que l'opinion des
jurisconsultes a été relatée par Justinien uniquement
comme renseignement historique; et d'ailleurs les deux

(1) L. 14, De ritu nupt., D 23, 2.

opinions ne sont pas contraires si l'on n'argumente pas *a contrario* de la première : la première dit « on peut se marier après les trois années; » la seconde dit « on peut se marier même avant les trois années. » Il faut prendre ces deux opinions dans ce qu'elles ont de positif et écarter ce qu'elles ont de négatif.

Quant au cas où le père est fou, on avait admis assez facilement que la fille pourrait se marier sans consentement; mais pour le fils on hésitait à cause de la plus grande gravité de son mariage qui donnait à son père des nouveaux héritiers siens, sans sa volonté. Justinien tranche la controverse et admet le mariage du fils comme de la fille sans consentement, moyennant certaines formalités pour faire déterminer la dot ou la donation *propter nuptias*, d'une manière convenable, et sans frais (1).

Quant à la sanction de l'obligation d'obtenir le consentement du père, tous les textes sont unanimes pour nous dire que le mariage contracté sans ce consentement est nul, n'existe pas comme mariage romain ; Ainsi Paul dit formellement dans la L. 2, *De ritu nupt.* D. 23, 2, *Nuptiæ consistere non possunt nisi consentiant omnes.* Et cette nullité est une nullité absolue ; cela résulte du *principium* du titre *de nuptiis* aux Institutes, qui exige que le consentement du père précède le mariage ; ce qui prouve que le père ne peut pas ratifier le mariage contracté sans son consentement, de manière à lui faire produire des effets dans le passé et à sa date. L'ombre d'un doute ne serait pas possible sans un passage des

____

(1) Inst. 1.10, pr.; — L. 25, De nupt. C. 5, 4 ; — L. 28, De episcopali audient. C. 1, 4.

Sentences de Paul, dont une fausse interprétation a tiré une contradiction à tous les principes exposés ci-dessus. Voici le texte : *Eorum qui in potestate patris sunt, sine voluntate ejus matrimonia jure non contrahuntur, sed contracta non solvuntur* (1). Le sens naturel et véritable de ces derniers mots, c'est qu'un mariage *jure contractum,* contracté avec le consentement du père, ne peut pas être dissous par la volonté de celui-ci. Et cela était utile à dire parce que dans le principe le père avait pu forcer son fils au divorce ; cette faculté avait été abolie à bon droit par la raison de justice absolue et d'intérêt social qui demande la stabilité des mariages ; comme dit Paul : *Contemplatio enim publicæ utilitatis privatorum commodis præfertur.* Au lieu d'entendre la chose ainsi, on a voulu conclure des mots, *sed contracta non solvuntur,* que le mariage conclu sans le consentement du père ne pouvait pas être annulé. Mais cette opinion, contraire à tous les textes, et reposant sur une fausse intelligence du mot *contracta,* puisqu'on l'entend du cas précisément pour lequel Paul vient de dire, *non contrahuntur,* paraît généralement abandonnée maintenant et nous n'entrerons pas dans toutes les subtilités par lesquelles Cujas essaie de la soutenir.

Si l'enfant qui se mariait avait encore plusieurs ascendants paternels, c'était celui sous la puissance duquel il était, dont il devait obtenir le consentement; et, s'il s'agissait d'une fille, ce consentement suffisait. Mais, si c'était un fils, il devait obtenir en outre le consentement de tous ceux, sous la puissance de qui il devait retomber à la mort de son aïeul (2) ; le motif

(1) Paul. Sent. 2, 19, 2.
(2) L. 16, § 1, De ritu nupt., D. 23, 2.

était qu'on ne voulait pas qu'il pussent avoir de nouveaux héritiers siens, dans les enfants du fils, sans y avoir consenti : *Ne ei invito suus heres agnascatur* (1). Pour la fille ce motif-là n'existait pas ; car ses enfants ne devaient jamais retomber sous la puissance de leur aïeul maternel.

Cette nécessité du consentement du père, découle uniquement de la puissance paternelle ; aussi ne voit-on jamais exiger le consentement de la mère qui n'avait pas de puissance. On finit pourtant par exiger le consentement, soit du père s'il existait, soit de la mère et des proches à défaut du père, pour le mariage de toutes les filles *sui juris*, mineures de 25 ans (2). Cette règle ne dérivait plus de l'idée de puissance, c'était un acheminement vers les idées modernes de protection pour les enfants encore peu capables à raison de l'âge. Aussi le lien de puissance n'était-il plus considéré dans cette matière ; le père, même lorsqu'il existe, n'a plus un droit de décision absolu ; en cas de dissentiment avec sa fille, le juge doit prononcer après avoir consulté les proches parents. C'était là un droit tout à fait nouveau et anomal dans la législation romaine.

A la même idée de puissance paternelle exercée dans l'intérêt de l'enfant, on peut rattacher le droit pour le père de nommer, par testament, un tuteur à ceux de ses enfants qui vont en avoir besoin à sa mort, c'est-à-dire à ses enfants impubères, qui vont devenir *sui juris* (3) ; et de plus à ses filles même pubères, du moins pendant toute la période où a duré la tutelle perpétuelle des

(1) Inst. 1, 11, § 7.
(2) L. 1, 18, De nupliis, C. 25, 4.
(3) Inst., 1, 13, 3. — L. 1, sq , De testamentaria tutela, D. 26, 2.

femmes (1). Ce droit dans toute sa latitude était inhérent à la puissance paternelle. — Il fut accordé, mais avec moins d'extension au père sur ses enfants émancipés, à la mère et même à d'autres personnes qui avaient droit, sous certaines conditions, de désigner un tuteur, mais sans lui conférer eux-mêmes le pouvoir : le tuteur désigné par eux devait être confirmé par le magistrat avec ou sans une enquête, et ses pouvoirs ne commençaient qu'à la date de cette confirmation (2).

Enfin, une troisième institution que nous rangerons sous le même chef, est le droit, pour le père, de faire d'avance, en même temps que le sien, le testament de son fils pour le cas où celui-ci mourrait après lui, encore impubère ; c'est ce qu'on appelle la *substitution pupillaire* (3). Ce droit était encore une conséquence de la puissance paternelle, car il ne pouvait être exercé que par le père *sui juris* pour les enfants qu'il avait en sa puissance.

(1) Gaius, Comm. 1 ; 144.
(2) L. 1, sq., De confirmando tutore, D. 26, 3.
(3) Inst. 2, 16.

TITRE III.

DROIT DE GARDE.

Les diverses actions qui peuvent compéter au père pour protéger son droit de puissance paternelle sont énumérées dans un texte d'Ulpien, la L. 1, § 2 *De rei vindicatione*, **D.** 6, 1 : *Per hanc autem actionem liberæ personæ quæ sunt juris nostri, utputa liberi qui sunt in potestate, non petuntur. Petuntur igitur aut præjudiciis aut interdictis aut cognitione prætoria ; et ita Pomponius libro 37 ; nisi forte, inquit, adjecta causa quis vindicet. Si quis ita petit « filium suum » vel « in potestate ex jure Romano, » videtur mihi et Pomponius consentire recte eum egisse; ait enim adjecta causa ex lege Quiritium vindicare posse.* On le voit la *rei vindicatio* qui paraissait d'abord écartée absolument est admise avec une certaine modification de la formule, et il y a en outre les *interdits*, la *cognitio prætoria* et les *præjudicia*. Nous allons examiner successivement ces divers moyens après avoir indiqué sommairement dans quels cas chacun d'eux pouvait s'employer.

La première distinction à faire, c'est que la revendication et les interdits ne s'employaient que contre les étrangers retenant l'enfant; tandis qu'au contraire, la *cognitio* et le *præjudicium* ne s'employaient que contre l'enfant lui-même. Ensuite la différence entre la revendication et les interdits, est, comme toujours, que la revendication a directement pour but d'établir le droit du père à l'encontre du défendeur, tandis que les interdits avaient surtout pour but direct de faire reprendre au père la détention de son enfant, dans des cas plus urgents. La différence entre la *cognitio* et le *prœjudicium* c'est que la *cognitio* est la réclamation du droit du père sur son fils, lorsqu'elle doit avoir une conséquence pratique immédiate, laquelle devra être prononcée par la même sentence ; tandis que le *prœjudicium* est surtout un moyen de précaution par lequel le père fait reconnaître son droit pour pouvoir l'invoquer dans un autre procès dans un avenir plus ou moins éloigné, peut-être très-prochain ; c'est-à-dire que pour le *prœjudicium* il n'y a pas besoin d'avoir un intérêt né et actuel. Nous reviendrons, du reste, sur ces explications.

CHAPITRE PREMIER.

REVENDICATION.

Le texte, que nous avons cité, indique la manière de faire la revendication des enfants par le père, en ajoutant quelques mots à la formule pour déterminer le sens de l'action qu'on intente, *adjecta causa*. Mais ce texte n'est pas parfaitement clair et il a donné lieu à une difficulté sérieuse. Quels sont les mots qui doivent être ajoutés à la formule ordinaire pour la revendication des enfants ? Cujas (1) et Pothier (2) disent qu'on doit seulement ajouter *ex jure Quiritium*, car les deux formules *ex jure Romano* ou *ex lege Quiritium* paraissent des altérations triboniennes de la formule *ex jure Quiritium*. Nous proposerons avec d'excellents auteurs de dire qu'on doit indiquer qu'on revendique telle personne comme fils, comme étant *in potestate*.

Cujas nous dit que, la puissance paternelle étant du droit civil et non du droit des gens, on devait préciser qu'on ne réclamait l'enfant qu'en vertu du droit civil romain ; et que c'est là le sens des mots *adjecta causa ex jure Quiritium*, pris de Pomponius et reproduits avec approbation par Ulpien.

Mais il nous semble d'abord que l'emploi de ces mots *ex jure Quiritium* n'aurait pas été une addition à la formule ordinaire ; car la formule ordinaire de la revendi-

(1) Comm. in Dig. l. 6, tit. 4, l. 4, § 2. — Ed. Neap. t. VII ; c. 229, D.

(2 Ad l. 4, § 2, De rei vindicatione, D 6, 4 .

cation, telle qu’elle nous est conservée, contient ces mots *ex jure Quiritium*. En supposant même, ce qui n’est nullement démontré, que l’emploi de ces mots ne fût pas ordinairement obligatoire ; il paraît au moins qu’il était habituel, et ce n’était pas réellement ajouter quelque chose à la formule que de les employer. Et comment, dans le système de Cujas, le jurisconsulte aurait-il pu commencer par dire que la formule ordinaire de la revendication ne pouvait pas être employée pour les enfants en puissance?

Le fond de la question, c’est l’interprétation du texte d’Ulpien ; or voici, je crois, le sens qu’une lecture attentive de la loi montrera clairement avoir été celui du jurisconsulte : Ulpien examine précisément la question qui nous divise ; Pomponius avait dit qu’on pouvait revendiquer *adjecta causa ;* ces mots n’étaient pas clairs, et Ulpien cherche à les interpréter. Il donne les formules, qui, suivant lui, répondent à la pensée de Pomponius : *Si quis ita petit « filium suum » vel « in potestate ex jure Romano »*. J’ajoute des guillemets pour bien montrer sa pensée ; ils ne sont pas dans le texte parce que c’est là un procédé moderne, mais il suffit d’être un peu familier avec les tournures de phrase des jurisconsultes pour saisir du premier coup d’œil que c’était la pensée d’Ulpien. Il veut dire : Si quelqu’un se sert de cette formule (*ita petit*), « *filium suum* » ou « *in potestate ex jure Romano* », il me semble que Pomponius est d’avis que son action est correcte ; car il dit qu’on peut revendiquer *ex lege Quiritium*, en ajoutant le motif.

Dans le système contraire, comment peut-on entendre cette phrase? *Si quis ita petit. Ita* se rapporte alors à ce qui précède, et veut dire *si quis petit adjecta causa*, selon la phrase même de Pomponius citée immédiatement avant. Mais alors comment Ulpien s'exprime-t-il d'une manière dubitative, sur l'approbation que Pomponius donnerait à cette manière d'agir ? *Videtur mihi Pomponius consentire recte eum egisse.* Comment ? Ulpien reproduit les termes mêmes de Pomponius, n'y ajoute rien, et doute de son approbation. Cela n'est pas possible. Il faut admettre qu'Ulpien fait un pas en avant, dit plus que n'a dit Pomponius, précise sa pensée, en proposant les deux formules « *filium suum* », « *in potestate ex jure Quiritium* » ; alors il est tout naturel qu'il dise : Je crois que c'est là la pensée de Pomponius lorsqu'il dit *adjecta causa*, et qu'il reproduise de nouveau les termes employés par celui-ci, afin de mieux montrer la conformité de sa pensée avec la sienne. Toute la marche de cette phrase est incompréhensible dans l'autre système. J'ajoute que la première proposition, dans ce système, est boiteuse, tout à fait contraire à la construction latine : *si quis ita petit*, si on demande ainsi, *filium suum vel in potestate ex jure Romano ;* à quoi se rapporte *in potestate* à rien, il faudrait dire *aliquem in potestate* ou *eum qui est in potestate ;* mais il est de toute impossibilité en latin, comme dans toute langue un peu formée, que *in potestate* soit le régime direct d'un verbe actif. Je sais bien qu'on supprime le *vel*, mais c'est un moyen trop commode de se donner raison, malgré les manuscrits. Enfin notre opinion est encore confirmée par un passage de Gaius, où il décrit l'adoption qui se fait par une *vindicatio* fictive, et nous dit : *Is qui adoptat vindicat apud prætorem* « *filium suum esse* ». Ici les guillemets sont indiqués d'une manière indubitable par le sens de la phrase, de sorte que notre interprétation du texte d'Ulpien se trouve vérifiée par là, et quant au fond, et quant à la forme.

Disons donc que la revendication des enfants par le père est possible, pourvu que celui-ci précise par la formule le droit exact, qu'il prétend sur eux, et qui n'est pas un simple droit de propriété quiritaire ; en ajoutant *filium meum* ou bien *in potestate mea ex jure Quiritium*.

Cette action en revendication devait être employée contre les tiers détenteurs de l'enfant qui prétendaient avoir un droit sur lui, soit un droit de propriété comme esclave, soit le *mancipium* ou la *manus*. Dans le cas d'un fils vendu pour la première ou la seconde fois par son père, il est probable que l'acheteur ou ses ayants-cause avaient une exception analogue à l'exception *rei venditæ et traditæ*. A l'égard du fils vendu pour la troisième fois, ou des autres enfants vendus même pour la première fois, comme à l'égard de la femme tombée *in manu*, leur légitime détenteur n'avait pas besoin d'exception, car il n'avait qu'à nier la prétention du demandeur et à prouver qu'il n'avait plus la puissance paternelle sur son enfant.

CHAPITRE II.

INTERDITS.

Le père a, relativement à ses enfants en puissance, deux interdits, qui font l'objet du titre 30, du livre 43, du Digeste, tiré presque tout entier du livre 71 d'Ulpien *ad Edictum*. Ce sont les interdits *de liberis exhibendis* et *de liberis ducendis*. L'économie de ces deux interdits est facile à saisir; le premier a pour but de faire exhiber les enfants, pour préparer le second, par lequel le père réclame le droit de les emmener avec lui (1). Tous deux appartiennent à celui qui a une personne en puissance, pour la reprendre contre celui qui la détient (2).

Voici la formule du premier interdit *de liberis exhibendis : Qui quæve in potestate Lucii Titii est, si is eave apud te est, dolove malo factum est, quominus apud te esset, ita eum eamve exhibeas* (3). Ulpien nous fait remarquer (4) que le préteur n'admet pas comme dans l'Interdit *de libero homine exhibendo* que le défendeur puisse avoir de justes causes de retenir l'enfant, il ne dit pas *si dolo malo apud te est,* ou *dolo malo retines.* Aussi, dès qu'il est certain que le réclamant a la puissance paternelle sur l'enfant, l'exhibition doit avoir lieu. Il n'y aurait donc qu'une exception péremptoire en cette matière, ce serait l'exception de la chose jugée, qui ne

---

(1) L. 3, § 1, De liberis exhibendis, item ducendis, D. 43, 30.
(2) L. 1, § 1; 2, § 1 De liberis ducendis, D. 43, 30.
(3) L. 1 pr. eod.
(4) L. 1, § 2, eod.

permettrait pas d'examiner la prétention du revendi-
quant, s'il avait déjà été jugé qu'il n'a pas la puissance
paternelle sur cet enfant (1). Dans un cas, cependant, il
y avait une exception spéciale en cette matière, c'était
au profit de la mère à qui les enfants avaient été remis
après le divorce : plusieurs constitutions, dont la dernière de Dioclétien et Maximien est au Code, permet-
taient au juge de lui remettre les enfants; et Ulpien
décide qu'il faudra lui donner une exception, si le
père demandait contre elle l'interdit *de liberis exhibendis* (2). Enfin Ulpien se pose une dernière question (5) :
Donnera-t-on au mari une exception contre son beau-
père qui voudrait se faire exhiber sa fille et l'emmener?
Le jurisconsulte paraît assez timide dans sa réponse; il
pose comme un principe certain que le père ne peut pas
venir troubler par l'exercice de son autorité un mariage
bien uni : *Bene concordans matrimonium*. La conclusion
à déduire de ces prémisses serait qu'on va donner une
exception au mari; d'autant mieux que les rédacteurs
des Pandectes ont intercalé immédiatement, après cette
phrase un passage d'Hermogénien formant la L. 2 du
titre, qui donne même au mari contre son beau-père un
interdit *de uxore exhibenda ac ducenda* ; en supposant,
ce qu'il faut toujours supposer ici pour qu'il y ait
doute, que la femme n'est pas *in manu*, qu'elle est restée sous la puissance de son père. Pourtant Ulpien ne
donne pas l'exception, il dit : *Quod tamen sic erit adhi-
bendum, ut patri persuadeatur, ne acerbe patriam potestatem exerceat.* On devra agir seulement sur le père par

(1) L. 1, § 4, cod.
(2) L. 1. § 3, eod.
(3) L. 1, § 5, cod.

la persuasion ; cela paraît un moyen souvent peu efficace et en tout cas extrajudiciaire. Pourtant on peut encore entendre cela en un sens assez satisfaisant : le père
a toujours la puissance paternelle sur sa fille, il a droit
de l'exercer au moins pour tout ce qui ne trouble pas
son ménage ; pour cela il peut exiger d'être mis en rapport avec sa fille, il peut en demander l'exhibition ; et
certes il n'est pas difficile de trouver bien des cas où
cette exhibition ne serait nullement onéreuse pour le
mari quoique le père y eût beaucoup d'intérêt. Le mari
ne pourra donc pas se refuser à exhiber la fille ; le père
mis en rapport avec elle pourra exercer ses droits de père,
peut-être par des remontrances, par une correction légère, etc. Mais, si jamais l'exercice de ses droits mena-
çait de troubler le ménage, on donnerait alors au mari
l'interdit *de exhibenda et ducenda uxore*. De plus il faut
remarquer qu'Ulpien, à moins que son texte n'ait été
bouleversé, fait cette observation à propos de l'interdit
exhibitoire seulement ; et quoiqu'il dise : *Si quis filiam
velit abducere vel exhiberi sibi desideret*, il est probable
qu'il pensait principalement à l'exhibition plutôt qu'à
l'abduction de sa fille. Sa décision ne s'appliquera donc
en général que pour l'exhibition ; et alors, elle est encore plus rationnelle. Quelle qu'ait été la pensée d'Ulpien sur ce dernier point, la place donnée à ce paragraphe dans la L. 1, consacrée à l'interdit exhibitoire,
rend l'opinion que nous avons émise encore plus probable sous la législation de Justinien.

La formule du second interdit *de liberis ducendis*
était la suivante : *Si Lucius Titius in potestate Lucii
Titii est, quominus Lucio Titio ducere liceat, vim fieri*

veto (1). Cet interdit est aussi général et absolu, il n'admet pas de défense valable de celui qui détient l'enfant : du moment que la puissance paternelle est prouvée, le père a le droit d'emmener son fils. Pourtant il faut faire ici la même exception que pour l'interdit exhibitoire : la mère divorcée à qui auraient été remis les enfants (ce qui ne porte nullement atteinte à la puissance paternelle) pourra se défendre par une exception contre le père (3). Ulpien ne reparle pas ici du concours entre le père et le mari relativement à la femme mariée ; nous renvoyons à ce que nous avons dit plus haut.

Maintenant nous devons voir dans quelles circonstances se donnait cet interdit. Il ne se donnait jamais contre le fils lui-même ; contre lui on devait employer la *cognitio prætoria* ou le *præjudicium*. Pour qu'il y eût lieu à l'interdit, il fallait que quelqu'autre personne s'opposât à la prétention du père : *Sed utique esse debet is qui eum interdicto defendat* (3). Peu importe du reste que ce défenseur prétendît ou non avoir lui-même un droit sur le fils ; ainsi notamment ce défenseur pouvait très-bien être le tuteur de l'enfant impubère prétendant qu'il est *sui juris* (4). Cujas soutient même (5) que les interdits ne peuvent être employés que si l'état du fils et la puissance paternelle du demandeur ne sont pas contestés ; que s'il y a contestation sur ces points on doit

(1) L. 3, pr. eod.
(2) L. 3, § 5, eod.
(3) L. 3, § 3, eod.
(4) V. un exemple, l. 3, § 4, — Item. si is..., eod.
(5) Comm. in Dig. l. 6, tit. 1, l. 1. § 2. — Ed. Neap. t. 7, c. 229.

recourir aux autres actions. Il argumente par analogie de ce qui a lieu pour l'interdit *de libero homine exhibendo,* qui n'est pas donné, dit-il, quand il y a contestation sur l'état de l'homme qui en fait l'objet. D'abord je n'admets pas l'analogie ; car les interdits sont loin d'être rédigés de la même manière : dans l'un le préteur dit *quem liberum dolo malo retines,* la question de liberté n'est pas posée ; ici au contraire, dans l'interdit *de liberis ducendis,* il dit : *si L. T. in L. T. potestate est ;* il y a bien là une question posée au juge qui peut donc être controversée par les parties. Mais il y a plus, et on ne comprend pas comment Cujas a pu formuler cette assertion en présence de textes formels contraires. Ces textes sont fort nombreux : la L. 1 au § 1, dit : *Quem in potestate sua esse dicit;* au § 5, *ne de hoc quæratur* AN SIT IN POTESTATE, *sed an sit judicatum;* — La L. 3, § 4.—*Item si is....* suppose un tuteur prétendant, contre le demandeur, que le fils est *pupillus,* c'est-à-dire *sui juris.* Enfin la L. 5, est encore plus formelle, s'il est possible ; elle dit que l'interdit ne se donne pas, quand le fils est de son plein gré chez le défendeur, et elle ajoute *nisi inter duos qui se patres dicerent controversia esset ;* ici l'interdit ne se donne précisément que dans le cas où il y a discussion sur l'état de l'enfant. L'erreur de Cujas est donc tout à fait inexplicable.

Nous avons dit que les interdits dont nous nous occupons ne se donnaient pas contre le fils lui-même. La L. 4, paraît contredire cette doctrine ; car supposant une personne qui se dit *sui juris,* elle dit qu'on donnera l'interdit contre elle. Pothier (1), et Cujas (2), dans un pas-

(1) L. 4, De lib. exhib. D. 43, 30.
(2) Tom. 1, c. 1325, C.

sage, proposent d'expliquer cette loi en disant qu'on donne l'interdit contre le fils lui-même lorsque la question d'état est incidente; et en effet, dans la loi citée, elle se présente comme accessoire à une question d'hérédité. Mais cette explication est elle-même inexplicable, on ne voit nullement pourquoi la manière incidente dont se produit la question donnerait ouverture à l'interdit; il n'y a aucune analogie qui nous conduise à cette supposition. Mais Cujas lui-même au même passage donne une autre explication, qu'il répète ailleurs sans hésitation (1), et qui est beaucoup plus plausible; il suffit de supposer que le prétendu fils a un défenseur étranger, par exemple que c'est un pupille défendu par son tuteur comme dans la L. 3, § 4. Cette explication est certainement beaucoup plus simple et plus probable.

La L. 3, § 4, s'occupe du cas où l'enfant est encore impubère, et elle décide qu'on ne devra juger l'affaire immédiatement que si l'autorité et les mœurs du demandeur ou du défendeur créent de fortes présomptions de justice dans leurs prétentions; dans le cas contraire, si aucune des parties n'offre des garanties suffisantes, on devra remettre l'affaire au moment de la puberté pour ne pas faire tort à l'enfant; et décider seulement provisoirement qui élèvera l'enfant. La même loi au § 6 veut que, pendant tout le temps du procès sur cet interdit, la personne réclamée, si c'est une femme ou un enfant encore revêtu de la robe prétexte, soit remise à une *mater familias*, c'est-à-dire à une matrone, à une femme respectable.

Il est à remarquer que ces interdits ne sont donnés

____

(1) T. 7, c. 230, A.

qu'à celui qui a la puissance paternelle, de sorte que le père qui les emploie doit prouver tout son droit pour les exercer. Ainsi ces interdits n'ont, pas, comme beaucoup d'autres interdits, un caractère provisoire et en quelque sorte purement possessoire; mais ils ont un caractère plus définitif, ils décident le fond même du débat, ils sont en quelque sorte au pétitoire, et la preuve à faire est celle du droit complet de propriété ou de quasi-propriété, de puissance, du réclamant. C'est dans ce sens que Paul nous dit de ces interdits : *Veluti proprietatis causam continent* (1) ; ce qui veut dire à la fois, comme l'explique très-bien Cujas, que la puissance paternelle est presque un droit de propriété ; et que la question posée dans ces interdits est une question de propriété et non une question de possession. Dès lors on peut se trouver embarrassé pour déterminer là sphère réciproque de l'interdit et de la revendication; car ils semblent alors se confondre. Pour résoudre cette difficulté, il faut remonter au caractère général des interdits ; ils étaient employés ordinairement dans des cas d'urgence, dans des cas où il y avait un état de fait à régler immédiatement. Or il faut bien remarquer qu'autre chose est avoir à régler un état de fait; autre chose décider la question d'après des éléments de fait seulement. Il est très-possible de régler immédiatement un état de fait en se fondant sur des éléments de droit. Et c'est ce qui avait lieu pour les interdits qui nous occupent ; sans doute on devait toujours faire la preuve en droit; mais il est de toute probabilité que les interdits étaient employés lorsque c'était surtout un état de fait

(1) L. 2, § 2, De interdictis, D. 43, 1.

qu'il s'agissait de modifier avec plus ou moins de promptitude, et cela devait se présenter souvent, de sorte que les interdits étaient la sanction la plus efficace du droit de garde, qui porte avant tout sur un état de fait. La revendication au contraire devait s'employer dans les cas plus rares où les prétentions opposées n'amenaient pas directement des conflits de fait, mais où il s'agissait de déterminer en principe et en général à qui appartenait l'ensemble des droits dérivant de la puissance paternelle.

CHAPITRE III.

COGNITIO PRÆTORIA.

Lorsque le débat sur la puissance paternelle s'agitait entre le père et le fils, on ne pouvait pas employer les interdits (1) ni la revendication qui supposent toujours un objet litigieux placé entre deux prétendants opposés ; tandis qu'ici l'objet en litige était l'état même de l'une des parties. Lorsqu'il n'y avait pas d'action spéciale organisée, comme dans ce cas, le préteur statuait lui-même sans renvoyer devant un *judex*.

Il n'y a rien de spécial à observer sur cette *cognitio extraordinaria*, ou tout, se passant devant le préteur, était réglé quant au fond et quant à la forme par le pouvoir discrétionnaire du magistrat sans aucune procédure déterminée d'avance, du moins sans aucune que nous connaissions.

La seule question à résoudre, c'est de savoir à qui incombait le fardeau de la preuve. Dans la revendication et les interdits il n'y avait pas difficulté : c'était le demandeur qui devait faire la preuve, comme toujours. Ici, où l'on n'était pas lié par une formule, on avait décidé par respect pour l'autorité paternelle que c'était le fils qui devait faire la preuve : *Si filius in potestate patris se esse neget, prætor cognoscit, ut prior doceat filius, quia et pro pietate, quam patri debet præstare, hoc statuendum est ; et quia se* LIBERUM ESSE *quodam modo*

____

(1) L. 3, § 3, De liberis exhibendis, D. 43, 30.

contendit. Ideo enim et qui ad libertatem proclamat, prior docere jubetur . Ce texte paraît supposer que la qualité de père n'est pas déniée, que le fils prétend seulement qu'il n'est plus en puissance. Dans cette hypothèse les deux motifs donnés par la loi sont très-bons : il doit le respect à son père, et il a 'la présomption contre lui, *se liberum esse contendit,* car il est naturel qu'un fils soit en puissance, si aucun événement spécial n'est survenu. Ces motifs s'appliquent moins bien, si la qualité même du père est déniée. On pourrait en induire que la *cognitio* ne s'employait que si le fils reconnaissait sa qualité de fils. Je n'oserais cependant pas tirer une aussi grave conséquence d'un texte au moins assez vague. On peut dire que le respect dû aux parents doit entraîner la présomption en faveur du père prétendu, même lorsque sa qualité n'est pas certaine. Quant au second motif que le fils se prétend libre, il n'a aucune force ; car, dans tout procès, le défendeur prétend aussi quelque chose. Du reste il devrait suffire au prétendu fils, s'il ne se connaissait aucun père de prouver qu'il n'avait jamais été traité comme fils par le prétendu père ; car il ne pouvait pas prouver plus ; c'était à ce dernier de prouver alors sa paternité.

CHAPITRE IV.

PRÆJUDICIUM

Le *præjudicium* différait beaucoup de la *cognitio extraordinaria*, d'abord quant à la forme, car la *cognitio extraordinaria* avait lieu devant le magistrat, tandis que le *præjudicium* avait lieu par le renvoi devant un *judex* avec une formule qui se réduisait à une *intentio* sans *condemnatio* : *si paret illum in hujus potestate esse;* ou *si paret illum patremfamilias esse.* Aussi jusqu'à l'abolition de l'*ordo judiciorum* par Dioclétien, il y avait une très-grande différence entre la procédure de ces deux moyens d'action.

Il est beaucoup plus difficile de déterminer quand on devait employer l'une, et quand on devait employer l'autre. Je n'ai vu nulle part cette question examinée, pourtant elle est fort intéressante. Voici la solution que je proposerais : on sait que les *præjudicia* sont des instances judiciaires ayant pour objet de déterminer certains points de droit fort intéressants pour les parties, mais sans que la décision entraîne directement des conséquences pratiques, au moins dans la même instance; cette décision sera invoquée plus tard quand le besoin se présentera. Peut-être servira-t-elle immédiatement dans un procès pendant, que l'on aura suspendu précisément pour obtenir la solution d'une question qui doit influer sur sa décision et mérite, vu son importance, d'être examinée à part. Mais en tout cas le juge du *præjudicium* n'a aucune condamnation à prononcer. Voilà donc les cas où l'on emploiera le *prœjudicium an quis filius sit ;* ce sera lorsqu'on voudra faire résoudre la question d'une manière purement théorique pour s'en servir plus tard, ou lorsque la question se présentera in-cidemment à un autre procès dont la solution dépen-drait de celle de cette question. Au contraire la *cognitio* sera employée lorsqu'on agitera la question de puissance paternelle pour en tirer immédiatement dans le procès même une application pratique ; par exemple lorsque le père voudra reprendre la garde de son enfant qui se prétend *sui juris* et n'a pas de *defensor*.

Ainsi pour résumer l'ensemble des applications des quatre moyens d'action qui compètent au père : *L'in-terdit* et la *revendication* se donnent contre des étran-gers, la *cognitio* et le *prœjudicium* contre le fils même ; *l'interdit* et la *cognitio* sont employés pour obtenir im-médiatement un résultat pratique, ce sont les deux actions par lesquelles spécialement le père exerce son droit de garde proprement dit, la *revendication* et le *prœjudicium* ont pour but de réclamer l'ensemble des droits de la puissance paternelle pour s'en servir à l'occasion.

Quant à la preuve dans le *prœjudicium ;* il faut dire qu'elle incombait tantôt au père, tantôt au fils suivant la rédaction de la formule, et que le préteur rédigeait, sans doute, la formule suivant ce qui lui semblait le plus probable, ou suivant la nature du fait qu'il s'agissait d'établir. Ainsi si la formule était : *si paret illum filium* ou *in potestate hujus esse,* c'était le père qui devait faire la preuve, et l'on donnait, sans doute, cette formule lorsque la prétention du père était moins probable, ou lorsque la question de paternité était elle-même contestée, sans que le prétendu fils pût désigner son véritable père, car dans ce dernier cas la preuve complète par le fils n'était pas possible. Au contraire, si la formule était : *si paret illum patremfamilias* ou *sui juris esse*, c'était au fils de prouver, et on donnait sans doute cette formule quand le père avait les présomptions pour lui, quand le fils ne niait pas la paternité, et prétendait seulement qu'il avait été émancipé. Cujas résume très-bien ces principes : *In præjudicio probat qui habet formulam secundum id quod intendit* (1).

(1) Comm. in Dig. l. 6, tit. 1.; § 2. — Ed. Neap. t. 7, c. 230, E.

TITRE VI.

DEVOIR PERPÉTUEL DE RESPECT ET DE RECONNAISSANCE.

Nous sortons maintenant des applications de la puissance paternelle proprement dite; nous devons dire quelques mots des devoirs existant pour les enfants envers leurs parents, indépendamment de tout lien de puissance entre eux. Il y a même cela de remarquable qu'en droit romain ces devoirs ne produisent guère d'effet vraiment juridique qu'en dehors de la puissance paternelle; par la raison que, tant que dure cette puissance, il ne peut guère y avoir de rapports juridiques entre un enfant et les ascendants. De ce que ces devoirs sont indépendants de tout lien de puissance, il s'ensuit qu'ils existent à l'égard de tous les ascendants, aussi bien la mère que le père, aussi bien les ascendants les plus éloignés que les plus proches (1).

Ces devoirs sont les devoirs de respect et de reconnaissance perpétuelle dont le principe est posé dans la *L. 9 De obsequiis parentibus præstandis. D.* 37. 15 : *Filio semper honesta et sancta persona patris videri debet.* La L. 1 au même titre nous montre la sanction directe de ces devoirs dans les peines qu'elle ordonne d'infliger aux enfants qui manquent de respect envers

(1) *Pietas enim parentibus, etsi inæqualis est eorum potestas, æqua debetur. L.* 4, De curat. fur. D. 27, 10.

leurs parents. Elle nous dit notamment que le fils *soldat* qui manque de respect à ses parents doit être jugé indigne du service militaire et en outre puni. Elle nous apprend aussi au § 1, que ce devoir est le même envers la mère qu'envers le père, et qu'on tient compte de la parenté même formée pendant l'esclavage, lorsque le père ou la mère et l'enfant sont tous deux affranchis. Ce sont là des conséquences de ce que l'on considère uniquement le lien naturel, indépendamment de toute idée de puissance.

Aux peines citées par la L. 1 *De obsequiis*, il faut ajouter la révocation de l'émancipation par *l'actio ingrati*, qui appartient au père, si le fils manque à ses devoirs : *L.* un. *De ingratis liberis.* C. 8. 50.

Ces devoirs de respect et de reconnaissance produisent, en outre, deux ordres d'effets juridiques : d'abord ils obligent à modifier la forme des actions du fils pour en écarter tout ce qui pourrait être irrespectueux; ensuite ils empêchent que le fils puisse jamais poursuivre trop rigoureusement l'exécution des obligations contractées par ses parents envers lui, et réduisent la condamnation qui sera prononcée contre eux à ce que leur fortune leur permet de faire ; cette dernière faveur accordée aux parents est appelée *bénéfice de compétence.*

Nous ferons donc deux chapitres :

1° Modifications dans la forme des actions du fils;

2° Bénéfice de compétence des parents actionnés par leurs enfants.

CHAPITRE PREMIER.

La première condition pour que le fils puisse action-
ner ses parents, condition qui est la garantie de l'accomplissement de toutes les autres, c'est qu'il obtienne
la permission du magistrat. *Prætor ait* : *Parentem.....
in jus sine permissu meo ne quis vocet* (1). La même
règle existe pour les patrons et les ascendants et descendants du patron. Modestin nous donne également le
principe général avec son motif : *Generaliter eas personas, quibus reverentia præstanda est, sine jussu prætoris
in jus vocare non possumus* (2).

Ce principe s'applique à tous les ascendants sans
aucune distinction de sexe (3), ni de degré. Ulpien (4)
écarte l'interprétation, qui voudrait restreindre le
mot *parentem* aux ascendants jusqu'au trisaïeul, en
disant que c'est le mot *majores* qui désigne les parents
plus éloignés (5).

La règle s'applique aussi sans aucune considération
des liens civils qui existent ou n'existent pas entre les

(1) L. 4, § 1, De in jus vocando, D. 2, 4.

(2) L. 13, eod.— Vid. Inst. 4, 16, 3;—4, 6, 12. — Gaius, Comm.
4, 46.

(3) L. 4, § 3, in fine, De in jus voc., D. 2, 4;— L. 3, in fin. eod.
tit., C. 2, 2.

(4) L. 4, § 2, De in jus voc., D. 2, 4.

(5) V. dans le sens d'Ulpien : L. 51, De verb. signif., D. 50, 16; —
L. 1, § 1, De leg. præst., D. 37, 5. — Dans lo sens contraire, mais
pour une autre matière, la L. 10, §7, De gradibus et aff., D. 38, 10,
Paul.

parents et les enfants; ainsi on tient compte même de la parenté commencée dans l'esclavage; même de la parenté naturelle, à l'égard du père et de la mère s'il y a eu concubinat, à l'égard de la mère seule si l'enfant est *spurius;* car alors la mère seule est certaine, le père ne l'est pas et ne peut pas l'être (1). A l'égard de la parenté adoptive, elle ne produit d'effet que vis-à-vis de l'adoptant, mais non vis-à-vis des parents de l'adoptant avec qui l'adopté n'a aucun rapport, ni civil, ni naturel; mais d'autre part d'adoption n'empêche pas que la prohibition ne continue d'exister à l'égard de toute la famille naturelle de l'adopté (2).

Ulpien (3) nous fait d'ailleurs remarquer que cette prohibition n'a pas d'effet tant que l'enfant est en puissance, parce que le lien de puissance empêche toute action entre le père et le fils, si ce n'est à raison du pécule *castrense.* C'est donc surtout après la dissolution de la puissance que cet effet se produit.

La peine contre ceux qui ne se conforment pas à cette disposition de l'édit est de 50 sous d'or. Mais l'action à raison de cette violation de la loi ne dure pas plus d'un an; et elle ne passe pas aux héritiers du défendeur, ni du demandeur; car c'est une espèce d'action d'injure (4). C'était une action *in factum* (5).

Maintenant il faut voir quelles règles suivra le préteur pour accorder ou refuser la permission; ou en d'autres termes quelles sont les actions qui ne pourront pas être

---

(1) L. 4, § 3; L. 5, De in jus vocando, D. 2, 4.
(2) L. 7, L. 8, pr. eod.
(3) Ibid. — Cf. L. 3, De in jus vocando, C. 2, 2.
(4) L. 24, De in jus vocando, D. 2, 4; — Inst., 4, 16, 3.
(5) Inst. 4, 6, 12; — Voyez la formule dans Gaius, Comm., 4, 46.

données aux enfants contre leurs parents. Ulpien nous le dit encore : *Permissurus est, si famosa actio non sit, vel pudorem non sugillat* (1). Ainsi les enfants ne peuvent diriger contre leurs parents aucune action infamante; voilà le principe général. On l'entend même très-largement, car on leur refuse même les actions qui n'entraînent pas une infamie légale, et qui sont, seulement par le fait même et dans l'opinion, infamantes pour celui qui est condamné, c'est ce qu'indique Ulpien en disant *vel pudorem non sugillat. Licet enim verbis edicti non videantur infames ita condemnati, vi tamen ipsa et opinione hominum non effugiunt infamiœ notam* (2), nous dit Julien à propos d'un cas particulier. Ulpien nous dit aussi : *Sed nec famosœ actiones adversus eos dantur : nec hœ quidem quœ doli vel fraudis habent mentionem, licet famosœ non sint* (3).

L'énumération des actions infamantes est faite dans les Institutes (4) : ce sont les actions *furti, vi bonorum raptorum, injuriarum, de dolo;* les actions directes *tutelœ, mandati, depositi;* l'action *pro socio* (5). Ces actions sont toutes infamantes pour le défendeur qui est condamné. De plus les quatre premières sont infamantes, même si le jugement a été prévenu par une transaction; car la transaction n'empêche pas que le fait coupable n'ait eu lieu, elle en est même la reconnaissance. Les actions *tutelœ, mandati, depositi*, ne sont

(1) L. 10 § 12, De in jus vocand , D. 2, 4.
(2) L. 2, De obseq. parent., D. 37, 15.
(3) L. 5, § 1; L. 7, eod.
(4) Inst. 4, 16, 2.
(5) Il y a quelques autres actions infamantes, comme l'action *servi corrupti : L. 56, pro socio, D. 17, 2.*

infamantes que comme actions directes, c'est-à-dire
contre le tuteur, mandataire, dépositaire, défendeur,
parce qu'il y a dol à se laisser poursuivre pour l'exécution de ces obligations qui sont toutes de confiance.
L'action contraire n'est pas infamante, parce que le
pupille, le mandant ou le déposant peut fort bien igno-
rer ce qu'il redoit et vouloir le faire régler en justice :
*Nam in contrariis non de perfidia agitur, sed de calculo
qui fere judicio solet dirimi* (1). L'action *pro socio*, qui
est la même pour tous les associés, est infamante à cause
de la bonne foi qui doit régner entre associés. On voit
que, dans ces actions, il n'y a mauvaise foi qu'à se laisser condamner; aussi l'acquiescement ou la transaction
en évitant la condamnation font éviter l'infamie.

Le refus de ces actions infamantes aux enfants contre
leurs ascendants n'avait pourtant pas pour effet de
mettre ceux-ci à l'abri de toute poursuite ; une pareille
conséquence eût été souverainement injuste ; d'autant
plus injuste que les actes qui motivaient ces actions
étaient plus graves, puisque d'ordinaire ils étaient punis
par l'infamie. On modifiait seulement la forme des
actions, on les rédigeait *in factum* (2) de manière à en
faire disparaître toute allégation déshonorante pour la
personne de l'ascendant, sans ôter néanmoins aux faits
toute leur portée. Par exemple pour l'action de dol au
lieu de dire : *Si paret N. Negidium in ea re dolo malo
fecisse,* on disait : *si paret eam rem non ex bona fide ges-
tam esse;* et ainsi des autres. Cicéron dit très-bien de
ces formules : *Eadem est actio vi ipsa, sed tectior* (3).

(1) L. 6, §7, qui notantur infamia, D. 3, 2.
(2) L. 11, De dolo malo, D. 4, 3.
(3) Ad Attic., 6, 1.

Nous trouvons, citées dans le titre *De obsequiis parentibus præstandis*, D. 37, 15, plusieurs actions ou
exceptions, qui ne sont pas infâmantes légalement, mais
qui néanmoins ne seront pas données aux enfants contre
leurs ascendants.

Ainsi les actions qui sont infamantes par leur nature,
ne sont plus infamantes lorsque le défendeur agit par
procureur : l'édit du préteur portait toujours *qui* suo
NOMINE *damnatus erit;* et pourtant, même lorsque les
parents agiront par procureur, on ne donnera pas
contre eux l'action de dol ou d'injure, parce que si
dans ces circonstances ces actions ne sont pas infamantes légalement, elles le sont dans l'opinion (1).

Ainsi encore l'interdit *Unde vi* ou *quod vi* n'est pas
infamant, et pourtant on ne le donnera pas contre les
parents, parce que l'emploi de la violence a toujours
quelque chose d'odieux et de peu honorable (2).

Il en est de même des exceptions correspondantes
aux actions qui sont refusées aux enfants, quoique les
exceptions n'entraînent pas d'infamie légale. Telles
seront, par exemple, les exceptions de dol ou *quod metus
causa* (3).

Enfin on nous dit qu'on ne donne pas contre les parents l'action *servi corrupti* (4), ni l'action *in factum*
qui frappe ceux qui ont reçu de l'argent pour faire ou
ne pas faire quelque chose (5), ni l'action *de calumnia* (6).

(1) L. 2, De obseq. par., D. 37, 15.
(2) L. 2, § 1; L. 7, § 2, cod.
(3) L. 7, § 2, eod.
(4) L. 6, eod. — Cette action était infamante : L. 56, pro socio
D. 17, 2.
(5) L. 5, pr., eod.
6) L. 7, § 4, cod.

En outre lorsqu'ils défèrent le serment, ils ne sont pas tenus de jurer *de calumnia* (1).

En général dans tous ces cas on remplaçait, comme dans les actions réellement infamantes, l'action ou l'exception refusée par une action ou une exception rédigée *in factum* (2). Seulement nous ne savons pas comment on remplaçait l'action déjà rédigée *in factum* contre ceux qui s'étaient laissés corrompre par de l'argent ; peut-être la formulait-on d'une manière plus respectueuse ; peut-être aussi ne donnait-on aucune action pour ce fait.

Enfin la règle, qui proscrivait toute action infamante des enfants contre leurs parents souffrait exception, lorsque la faute commise par ceux-ci était très-grave : ainsi la violence à main armée, *vis armata*, donnait lieu à l'interdit *unde vi* même contre les parents (3). Aussi la L. 10, § 12, *De in jus vocando*, D. 2, 4, nous dit que le préteur ne prononce jamais sur la demande de permission que lui adressent les enfants qu'après un examen de l'affaire, *cognita causa*, parce que quelquefois il y a lieu à accorder l'action infamante, lorsque l'injure est très-grave.

(1) L. 7, § 3, cod.

(2) Voyez, par exemple, pour l'interdit unde vi, la L. 1, § 43, De vi et vi armata, D. 43, 16.

(3) L. 1, § 43, De vi et vi armata, D. 43, 16.

CHAPITRE II.

Ce que les commentateurs ont appelé du nom plus
ou moins barbare de *bénéfice de compétence* est l'avantage qu'ont certaines personnes, lorsqu'elles sont con-
damnées, de ne pouvoir être poursuivies pour plus que
ce qu'elles peuvent actuellement payer. Les parents
actionnés par leurs descendants sont du nombre des
personnes qui jouissent de ce bénéfice : *Si quis cum parente suo agat, non plus actor consequitur quam adversa-
rius ejus facere potest* (1).

L'exception résultant de ce bénéfice pouvait être opposée avant la sentence, pour que la condamnation fût
limitée *in id quod facere potest*. Si elle n'avait pas été
opposée avant la sentence, ce bénéfice n'était pas perdu
et l'exception pouvait encore être invoquée dans l'*actio
judicati* par laquelle le gagnant réclamait l'exécution de
la sentence.

Ceux qui avaient ce bénéfice pouvaient du reste y renoncer ; et s'ils payaient sans l'invoquer, ils étaient
censés y avoir renoncé, ils n'avaient pas la *condictio indebiti* (2).

Il faut même aller plus loin : le bénéfice, même invoqué, ne libérait pas absolument le défendeur. Sous
Justinien du moins, s'il acquérait de nouveaux biens, il
pouvait être encore poursuivi jusqu'à concurrence de

(1) Inst., 4, 6, 38.— L. 16, De re judicata, D, 42, 1.
(2) L. 8, 9, De cond. indeb., D. 12, 6.

ses nouvelles facultés (1). Avant Justinien la rigueur des principes empêchait de reproduire une action déjà introduite en justice; aussi le défendeur revenu à une meilleure fortune aurait pu opposer l'exception *rei in judicium deductœ*. Mais il paraît qu'avant d'accorder au défendeur le bénéfice de compétence, on lui faisait promettre qu'il payerait le surplus, s'il parvenait à une meilleure fortune; cela n'est dit expressément que pour l'action *pro socio* (2) et pour l'action *rei uxoriœ* (3); mais il est fort probable que cette règle était générale. Et la conservation au Digeste et au Code des textes relatifs à ces promesses semble montrer que l'usage s'en était conservé, même du temps de Justinien.

On peut dès lors se demander quel avantage le bénéfice de compétence pouvait produire pour celui qui en jouissait, notamment pour les parents, puisque c'est d'eux que nous nous occupons. L'avantage qui résultait pour les parents de ce bénéfice, c'est que les voies d'exécution sur les biens épuisaient complétement le droit des enfants; et que ceux-ci ne pouvaient pas avoir recours aux voies d'exécution contre la personne, c'est-à-dire à la contrainte personnelle. Ce bénéfice de compétence avait donc le même effet en droit romain que la prohibition qui existe dans nos lois de la contrainte par corps entre ascendants et descendants. C'est ce qui explique pourquoi nous en parlons à propos des rapports personnels entre les parents et les enfants.

Telle fut pendant longtemps la seule utilité du béné-

(1) L. 8, Soluto matrim., C. 5, 18.
(2) L 63, § 4, pro socio, D. 17, 2. — L. 47, § 2, De peculio, D. 15, 1.
(3) L. unic., § 7, De rei uxoriæ, C. 5, 13.

fice de compétence pour les parents actionnés par leurs enfants ; car on ne leur appliquait pas les extensions que ce bénéfice avait reçues à l'égard du donateur, poursuivi par le donataire. Le donateur avait deux avantages, comme accessoires du bénéfice de compétence, tel que nous venons de le décrire : d'abord on ne devait même pas lui prendre tous les biens qu'il avait actuellement ; on devait lui laisser de quoi vivre : *Nec totum quod habet extorquendum ei puto: sed et ipsi ratio habenda est ne egeat* (1) ; — en outre on devait aussi lui laisser de quoi payer ses créanciers : *et quidem is solus deducto œre alieno* (2).

Sous Justinien, le premier de ces deux avantages paraît avoir été généralisé à toutes les personnes qui jouissent du bénéfice de compétence ; la L. 173 *De regulis juris*, D. 50, 17, nous dit d'une manière générale : *In condemnatione personarum quœ in id quod facere possunt damnantur, non totum, quod habent extorquendum est, sed et ipsarum ratio habenda est, ne egeant.* Cette loi pourrait paraître une antinomie avec la L. 19 *De re judicata*, dont nous avons cité les termes plus haut, s'il n'était pas évident qu'elle a été mise au Digeste expressément pour modifier la législation sur ce point. En effet, elle est manifestement un abrégé de la L. 19 *De re judicata*, dont *l'inscriptio* est exactement la même : *Paulus, L.* 6 *ad Plautium ;* abrégé dont le sens a été changé dans le dessein clair de changer la législation. Il est donc bien établi que, sous Justinien, les parents jouissaient vis-à-vis de leurs enfants de l'avantage de ne

(1) L. 19, § 1 in fine, De re judicata, D. 42, 1.
(2) Ibid.

pouvoir pas être dépouillés complétement de ce qu'il
leur fallait pour vivre. Cet avantage est alors devenu
pour les commentateurs le trait principal du bénéfice
de compétence, quoique ce ne fût pas là son caractère
originaire.

Quant à l'autre avantage qu'avait le donateur de déduire ce qu'il devait à ses autres créanciers à titre
onéreux, tous les textes sont unanimes pour le restein-
dre au donateur et le refuser aux autres personnes qui
avaient le bénéfice de compétence. La L. 19 dit à son
§ 1er déjà cité : *Is solus deducto œre alieno ;* et dans son
principium : *Sed et si cum patre patronove agetur, non
est deducendum œs alienum ; maxime quod ejusdem con-
ditionis personis debetur, ut liberis, libertis.* Ces textes
sont formels, il est impossible de nier que ce deuxième
avantage ne fût refusé au père ; aussi est-on maintenant unanimement d'accord sur ce point. Nous nous
dispenserons donc de faire connaître toutes les tortures
que Cujas fait subir à notre loi pour généraliser cet
avantage de déduire les dettes. Suivant lui le père,
comme le donateur, aurait le droit de déduire tout ce
qu'il doit à titre onéreux ; la seule différence entre eux
serait que le second peut déduire aussi ce qu'il doit à
d'autres donataires, quoiqu'il eût pu aussi leur opposer
le bénéfice de compétence, tandis que le premier ne
peut pas déduire ce qu'il doit à d'autres enfants, attendu que son bénéfice de compétence le met complétement à l'abri des poursuites de leur part, du moment
qu'il a payé tout ce qu'il pouvait payer sans se réduire
à l'indigence. Dans ce système on comprend bien la position du père, l'avantage que lui procure le bénéfice de
compétence est bien évident, puisqu'il le conserve à

l'encontre de toutes personnes par suite de la déduction qu'il fait de tout ce qu'il doit à ceux qui pourraient méconnaître ce bénéfice. Mais on comprend moins
la position du donateur et pourquoi le premier donataire,
qui le poursuit, doit lui laisser de quoi satisfaire les
autres, à qui pourtant le donateur pourrait opposer
son bénéfice de compétence; de sorte qu'en définitive
l'avantage qui paraît fait au donateur ne lui profite pas,
mais profite uniquement aux autres donataires. De
plus nous avons montré que ce système est contraire
au texte formel de la loi, qu'il est obligé de torturer de
mille façons pour le plier à son sens.

Admettons donc avec l'universalité des commentateurs modernes que le père, poursuivi par son fils, ne
peut pas déduire ce qu'il doit à d'autres, soit à des
étrangers, soit à plus forte raison à d'autres enfants.
S'il n'a que des enfants pour créanciers, le bénéfice
opposé à l'un d'eux lui sera utile à l'égard des autres,
qui ne pourront pas lui demander plus que le premier
n'aura demandé ; les autres enfants en souffriront, mais
c'est leur faute de n'avoir pas été assez diligents : *Inter
eos quibus ex eadem causa debetur*, nous dit Paul toujours dans la même loi, *occupantis melior conditio est*.
Au contraire si le père a pour créanciers des étrangers à
qui il ne puisse pas opposer le bénéfice de compétence,
ceux-ci viendront lui prendre ce que son fils lui aura
laissé. Et cela va rendre tout à fait illusoire l'avantage
qui lui est fait de ne pas pouvoir être réduit à l'indigence par son fils. Pour que cet avantage fût sérieux,
il faudrait que, comme le donateur, il pût déduire aussi
ce qu'il doit à des étrangers, quoiqu'il ne déduise pas
ce qu'il doit à ceux contre qui il a son bénéfice ; de la

sorte il garderait ce *modicum quid ne egeat,* soit à l'encontre de ces derniers en vertu de son bénéfice même, soit à l'encontre des autres, parce qu'il aurait de quoi les payer sans entamer cette petite réserve alimentaire. Telle n'est cependant pas la décision des lois romaines; l'éminent professeur qui a le premier fait ressortir cette contradiction ne croit pas néanmoins qu'on doive pour cela abandonner le système formellement consacré par ces lois. Nous irons plus loin et nous chercherons quelle pouvait être, dans les idées romaines, la justification de cette contradiction apparente. Voici je crois, comment il faut considérer la chose : le fils, qui actionne son père, et qui voudrait le dépouiller pour se faire payer, doit d'autre part à son père des aliments, alors il est tout simple qu'il soit contraint à lui laisser de quoi vivre. Le père lui dirait : « Ne me causez pas un dommage que vous seriez immédiatement obligé de réparer; laissez-moi ce que vous devriez me rendre immédiatement après me l'avoir pris. » C'est quelque chose d'analogue à ce qui se passe dans l'exception de garantie. Après cela, que les autres créanciers viennent enlever au père ce que son fils lui a laissé; c'est une fâcheuse circonstance contre laquelle la loi n'a pas cru devoir garantir le père, parce qu'elle n'oblige jamais ses créanciers à lui laisser de quoi vivre : le père ne peut pas plus se plaindre que l'acheteur qui a opposé l'exception de garantie, et qui un moment après se voit exproprié du bien acheté par ses créanciers. J'ajoute qu'il n'aurait pas été juste de déduire aux enfants ce que le père doit à des étrangers; les plus diligents doivent être payés les premiers, la déduction que l'on ferait subir aux enfants serait de l'argent qu'on prendrait dans leur poche pour le mettre dans celle des autres créanciers. Les enfants ne peuvent pas consommer eux-mêmes la ruine de leur père, rien de plus équitable et de plus conforme à la morale ; mais après cela ils ne sont pas responsables si leur père s'est grevé de dettes outre mesure ; ils devront quand il sera dans le besoin lui payer les aliments, mais rien de plus.

La position du donateur est toute différente ; et je ne crois pas que ce soit surtout par faveur pour lui qu'on lui permet de déduire ses dettes, c'est surtout par égard pour ses créanciers ; c'est une conséquence des adages : *Bona non intelliguntur nisi deducto ære alieno ; — nemo liberalis nisi liberatus.* C'est une suite de la distinction entre ceux *qui certant de damno vitando,* et ceux *qui certant de lucro captando.* On conçoit qu'on permette au donateur de se réserver de quoi payer ses créanciers et de ne payer ses donataires qu'autant qu'il le peut sans faire de tort à ses créanciers envers, lesquels certainement son obligation est plus stricte. Il en résulte, sans doute, un avantage pour le donateur sur le père ; c'est que, par là, il peut mettre parfaitement à l'abri sa réserve alimentaire ; mais je ne crois pas que cette conséquence ait été voulue directement par la législation romaine. Paul (1) paraît bien entrer dans notre pensée, car il n'indique la réserve alimentaire qu'après avoir parlé de la déduction des dettes, et d'une manière beaucoup plus dubitative.

Concluons donc en disant que le bénéfice de compétence empêchait que les enfants n'exerçassent aucune

____

(1) Ead. L. 19, § 1, De re judicata, D. 42, 1.

contrainte personnelle sur leurs parents, et qu'ils ne fussent la cause directe de leur ruine totale et de leur indigence, eux qui étaient obligés au contraire de leur fournir des aliments dans leurs besoins.

ANCIEN DROIT FRANÇAIS.

Le droit romain est en général regardé, à juste titre comme une des sources les plus importantes de notre droit français. En effet il a régné seul en Gaule pendant trois siècles et demi. Après l'invasion barbare, il est resté le droit positif de toute la moitié méridionale de la France ; et, dans la partie septentrionale, il a eu au moins l'autorité de la raison écrite. Mais relativement à la matière qui nous occupe, c'est-à-dire à la famille, son influence est beaucoup moindre que dans les autres parties du droit ; on peut presque dire qu'elle est nulle. En effet, nous avons déjà vu que pendant la durée même de la domination romaine, pendant toute la période de l'empire, la famille romaine, sous l'influence du progrès des idées, et surtout sous l'influence du christianisme, avait subi une désorganisation presque complète, de telle sorte que sous Justinien elle n'était plus que l'ombre d'elle-même. Le droit de vie et de mort aboli, la vente prohibée sauf dans un seul cas très-exceptionnel ; l'intervention du magistrat dans le droit de correction, toutes les fois que son exercice dépassait certaines limites fort étroites ; enfin l'introduction progressive et en dernier lieu complétement triomphante, de la considération des liens du sang dans les successions, avaient fait disparaître presque totalement la constitution antique de la famille romaine. Elle ne conservait plus d'autre effet important que l'incapacité perpétuelle du fils de famille d'exercer aucune puissance, aucune propriété; et encore l'introduction des pécules avait battu en brèche ce dernier rempart de l'antique puissance paternelle.

Mais ce n'est pas tout : les nouveaux éléments, qui vinrent se mêler à l'élément romain pour constituer la civilisation moderne, apportèrent sur la famille des principes totalement différents des principes romains. De la sorte non-seulement il se produisit sur ce point, entre les pays coutumiers et les pays de droit écrit, une opposition plus tranchée que partout ailleurs, mais encore le droit écrit fut lui-même modifié par l'influence de l'esprit nouveau.

L'ancien droit gallique, autant que nous pouvons le connaître, se présente à nous avec le caractère d'un sentiment très-énergique des rapports de famille ; et les traits épars que nous pouvons en recueillir paraissent être les éléments d'une très-forte constitution de la famille, mais sur une base toute différente de celle du droit romain. Un trait commun entre les deux législations, c'est l'énergie de la puissance du père, caractérisée par le droit de vie et de mort sur les enfants. Ce fait nous est enseigné expressément par César : *In liberos vitæ necisque habent potestatem* (1); et Gaius nous dit aussi que les Galates, colonie gauloise, ont une puissance sur leurs enfants semblable à la puissance romaine : *Nec me præterit Galatarum gentem credere in potestate parentum liberos esse* (2). Mais, tandis qu'à Rome cette puissance du père est dominante et exclusive, en Gaule un autre

(1) Comm., 6, 19.
(2) Comm., 1, 55.

principe se pose à côté d'elle et vient la limiter sur un grand nombre de points ; c'est une affirmation très-forte du lien social entre les proches, des droits de tous les parents, même les plus éloignés. Nous avons deux vestiges très-importants de ce sentiment des droits de la famille à l'encontre du chef actuel. C'est d'abord l'émancipation par le mariage ; ce principe, dont on trouve des traces dans le nord de la Gaule, en Belgique et en Celtique, pendant la durée même de la domination romaine, paraît remonter très-probablement à l'époque gauloise. Le fils forme ainsi en se mariant une nouvelle famille, dont il est le chef, et ne reste pas indéfiniment soumis à la puissance de son père. — D'autre part, dans l'ordre des biens, nous trouvons le sentiment d'une sorte de copropriété entre tous les membres d'une même famille, en prenant ce mot dans son sens le plus large. Ce sentiment se traduit par la prédominance de la succession *ab intestat* sur la succession testamentaire ; principe directement contraire à celui du droit romain, où la volonté du chef passait avant tout. Ce principe, qu se perpétuera dans notre droit coutumier, nous est attesté par Symmaque dans cette phrase, où il fait évidemment allusion aux mœurs de son pays : *gignuntur heredes, et non scribuntur* (1). Du même principe découlait encore la nécessité du consentement des héritiers à l'aliénation des propres ; le retrait lignager, lorsque ce consentement n'avait pas été donné ; enfin le principe de la conservation des biens dans les familles, les réserves coutumières et le retour des propres dans la ligne d'où ils viennent. Toutes ces règles, si caractérisques

____

(1) Symmaque, Epist. 1, 15.

dans notre ancien droit coutumier, viennent, selon toutes les probabilités, des idées gauloises sur la constitution de la famille et les droits des parents entre eux. Ces idées ont un large fondement dans les principes rationnels; mais elles étaient exagérées. Il fallait qu'elles fussent bien tenaces dans l'esprit de nos ancêtres; car tandis que le droit de vie et de mort du père disparaissait par suite des progrès du droit romain avec lequel il s'était confondu, les principes de la famille gauloise ne faisaient que sommeiller au fond des esprits pour refleurir après avoir survécu au cataclysme de la conquête germanique.

Les mœurs et les idées germaniques apportaient encore sur le sol de la Gaule un nouvel élément opposé au droit romain. Les Germains avaient sur la puissance paternelle des idées diamétralement opposées aux anciennes idées romaines et gauloises : tandis que chez ces derniers l'intérêt du père était primitivement seul considéré, chez les Germains c'était l'intérêt des enfants qui passait avant tout. Le *mundium* était uniquement un pouvoir de protection sur la personne des enfants mineurs et de la femme; le père était tout simplement le tuteur légal de ses enfants; à peine avait-il quelques droits de plus qu'un tuteur ordinaire. C'était là certainement un élément excellent pourvu qu'il n'arrivât pas à dominer seul : il faut que le père sache que son autorité s'exerce surtout dans l'intérêt de ses enfants, c'est ce qui manquait au droit romain et peut-être au droit gallique; mais il ne faut pas pour cela méconnaître les droits qui naissent de la génération, et ne donner au père sur ses enfants que les pouvoirs que pourrait avoir un étranger pendant leur minorité. Malheureusement le principe germain sur la puissance paternelle se développa seul, dans les pays coutumiers ; l'autorité des pères se trouva presque anéantie, et la règle célèbre, « puissance paternelle n'a lieu », est le triste héritage que nous avons recueilli de nos ancêtres germains. Il est encore vrai aujourd'hui que le père n'a sur ses enfants qu'un pouvoir du même genre, quoiqu'un peu plus étendu, que celui d'un tuteur étranger ; tout ce qu'il y a de spécial à l'autorité paternelle est laissé de côté. — Relativement aux biens, nous trouvons aussi le droit des enfants efficacement protégé : les Germains ne connaissaient pas le testament, mais ils pratiquaient l'institution contractuelle ou transmission entre-vifs de l'hérédité future ; eh bien ! cette institution contractuelle n'était possible que si l'on n'avait pas d'enfants ou de descendants. Il ne paraît pas qu'il y eût aucune espèce de réserve en faveur des ascendants ou des collatéraux ; de sorte que le principe de la conservation des biens dans les familles et toutes ses applications ne sont pas d'origine germanique, mais d'origine purement celtique. Il y avait seulement en Germanie un principe, qui devait favoriser le développement des idées gauloises sur la famille quoique le principe lui-même disparut assez promptement (1) ; c'était le principe de la solidarité des parents entre eux pour la vengeance des crimes commis par l'un d'eux, solidarité qui emportait la nécessité du consentement des proches à l'aliénation des biens patrimoniaux, sur lesquels devaient être payées les compositions en cas de délit commis par un des membres de la famille. Seulement cette société dans la famille paraît avoir été moins étendue qu'en Gaule, et

(1) Décret de Childebert II.

chacun de ses membres pouvait en sortir en accomplissant certaines cérémonies.

Tels sont les divers éléments apportés par les différentes sources de notre ancienne législation dans la constitution de la famille au moyen âge, et dans les temps modernes avant la révolution française. Il n'entre pas dans notre plan actuel d'étudier le développement et les combinaisons diverses de ces éléments pendant toute la durée de notre histoire. Nous nous promettons bien de faire un jour ce travail, comme partie d'une histoire générale de la famille ; nous y trouverons mille faits et mille aperçus intéressants. Pour le moment nous nous contenterons d'esquisser à grands traits l'état des lois et des mœurs sur ce point, à la fin de notre ancienne monarchie.

La division se fait tout naturellement entre les pays de droit écrit et les pays de droit coutumier.

Dans les pays de droit écrit, le droit romain régnait encore à peu près dans l'état où nous l'avons vu à la fin de l'empire. Seulement la nature intrinsèque de la puissance paternelle s'était légèrement modifiée sous l'influence du *mundium* germanique ; on la considérait plus comme un pouvoir de protection : le droit de correction avait été soumis à un contrôle très-efficace du juge, qui décidait souverainement sur les corrections un peu graves, si bien qu'il pouvait même prononcer une peine plus forte que celle demandée par le père, et en prononcer une, même malgré le désistement du père. Le droit de vente, longtemps encore toléré pour empêcher l'exposition des enfants nouveau-nés, avait totalement disparu. Enfin, en cas d'abus de la puissance paternelle, on permettait aux enfants de recourir devant le juge. Néanmoins la législation romaine conservait encore plusieurs de ses caractères distinctifs : la perpétuité de la puissance paternelle, sauf dans le ressort du Parlement de Paris, où le mariage émancipait ; par suite l'impossibilité pour le fils d'exercer aucune puissance sur ses enfants tant que vivait son père ; la faculté pour le père en émancipant son fils seul ou ses petits-enfants seuls de priver pour toujours son fils de toute puissance sur ses enfants ; et enfin l'exclusion absolue de la mère de toute participation à la puissance paternelle. Dans l'ordre des biens, se conservait toujours l'incapacité perpétuelle du fils de famille, et l'attribution au père de l'usufruit, quelquefois même de la propriété de tout ce que le fils acquérait, sauf la législation des pécules, qui n'avait pas été modifiée depuis Justinien.

Dans les pays coutumiers, les principes du *mundium* germanique avaient complétement et exclusivement triomphé : la puissance paternelle n'était qu'un pouvoir de protection sur l'enfant mineur, un devoir et à peine un droit pour les parents. Aussi, contrairement aux principes romains, elle finissait, non-seulement par l'émancipation volontaire, mais encore par la majorité et par le mariage de l'enfant ; le fils de famille marié avait donc toujours la puissance sur ses enfants à lui ; enfin elle était commune au père et à la mère, quoique celle-ci ne l'exerçât qu'à défaut du premier. La puissance paternelle entraînait : 1° un droit de garde pendant toute la minorité, avec une seule exception pour l'engagement militaire ; 2° un droit de correction, en vertu duquel le père pouvait faire enfermer son enfant de sa seule autorité, s'il n'était pas remarié ; le père remarié et la mère dans tous les cas devaient obtenir une décision

du juge qui exerçait un droit de contrôle ; 3° le droit de
consentir au mariage , constituant un empêchement
dirimant jusqu'à l'âge de 25 ans ; un empêchement
prohibitif absolu pour les garçons de 25 à 30 ans ; et
enfin un empêchement purement prohibitif et pouvant
être levé par des actes respectueux, pour les garçons au-
dessus de 30 ans et les filles au-dessus de 25 . Enfin on
rattachait encore à la puissance paternelle le droit per-
pétuel des parents à être nourris dans l'indigence par
leurs enfants.

A l'égard des biens, la règle romaine paraît avoir pré-
valu bien plus longtemps : les enfants en puissance ac-
quéraient pour leurs père et mère. Il paraît qu'au XV°
siècle encore, malgré quelques attaques, cette règle existait encore. C'est au XVI° siècle seulement que la règle
puissance paternelle n'a lieu, formulée pour la première fois dans la coutume de Senlis de 1539, se répan-
dit et devint le droit commun de la France coutumière,
si bien que Loysel en fit une des règles de ses *Institutes coutumières*. Dès lors les parents n'eurent plus que
l'administration comptable des biens de leurs enfants
mineurs (1), sauf l'application de la garde noble ou
bourgeoise. Quant aux successions qui se lient si intimement à la constitution de la famille, il nous suffira
de rappeler la prédominance de la succession *ab intestat*
sur la succession testamentaire ; les nombreuses applications du principe de la conservation des biens dans
les familles : réserves coutumières, retrait lignager,
retour des propres dans la ligne d'où ils viennent, etc.;

(1) Bourjon, *Droit commun de la France*, liv. 1 , tit. 5 , chap. 1,
sect. 1. — Pothier, *Cout. d'Orléans*, tit. 9 , art. 178.

et enfin l'admission du droit d'aînesse et de masculi-
nité, et des substitutions.

DROIT INTERMÉDIAIRE.

Le droit français au xviii⁰ siècle peut se caractériser
de la manière suivante : d'une part la correction à peu
près complète des anciens excès de la puissance paternelle, mais d'autre part l'affaiblissement de cette puissance (1), la négation de tous les caractères, de tous les
droits qui la séparent des autres puissances (2), et enfin
la méconnaissance totale de l'élément social de la famille,
si ce n'est pour quelques conséquences lointaines et
abusives dans le régime des biens. Les idées du xviii⁰ siècle, ennemi de toute autorité ; l'esprit de la révolution,
tendant à absorber tout dans l'État, n'étaient nullement
aptes à remettre en vigueur l'autorité paternelle ou à
reconstruire la société de la famille. Tout, au contraire,
se tournait contre elles. Les faits ne tardèrent pas à
le prouver.

(1) « La puissance paternelle n'est que superficiaire en France ; et par
» nos coutumes en ont été seulement retenues quelques petites mar-
» ques avec peu d'effet. » Guy-Coquille , *Inst. au droit français, de
l'état des personnes*.

(2) Denizart et Pothier disent que les père et mère n'avaient pas plus
de pouvoir sur leurs enfants que les tuteurs sur leurs pupilles. V. Denizart, tit. 6, v⁰ *Puissance paternelle*, n⁰ 1. — Pothier, Int. au tit. 9
de la coutume d'Orléans, n⁰ 2.

Un an à peine après la fameuse nuit qui avait vu l'a-
bolition des anciens abus féodaux, le 16 août 1790, un
décret dépouillait la puissance paternelle du droit le
plus important qui lui restait, du droit de *correction*.
Ce droit ne pouvait plus être exercé que par un tribunal
de famille, établi juge entre le père et son enfant. Par
là l'autorité du père était détruite ; à peine lui restait-il
le même pouvoir qu'à un simple tuteur, les droits de la
paternité étaient totalement méconnus.

Peu de temps après, les décrets du 28 août 1792 et
du 31 janvier 1793 sur l'âge de la majorité, suppri-
mèrent presque tout ce qui restait du système romain.
Cette suppression était juste et utile sans doute, puisque la perpétuité de la puissance sur l'enfant était
certainement un abus ; mais elle eût demandé, pour être
sagement faite, que l'on remplaçât par une autorité
sainement entendue le droit abusif de puissance que l'on
supprimait. Mais les esprits étaient bien loin de concevoir alors une semblable innovation.

Telle était la situation de la puissance paternelle,
lorsque l'on s'occupa de la rédaction du Code Napoléon.

Les lois révolutionnaires sur les successions sont trop
connues pour qu'il soit besoin d'y insister ; et d'ailleurs
elles ne rentrent pas dans notre sujet actuel.

SECONDE PARTIE.
DROIT FRANÇAIS

Nous ferons ici les mêmes divisions générales qu'en droit romain, c'est-à-dire que nous aurons ici aussi deux livres :

1° Organisation générale de la famille;
2° Rapports personnels dans la famille.

LIVRE PREMIER
Organisation générale de la famille.

Si l'on rapproche l'organisation de la famille dans le droit romain, et l'organisation de la famille dans notre droit français moderne, on est frappé de la puissante énergie qui caractérise la première, et au contraire de ce qu'il y a de faible, de timide, presque d'incohérent dans la seconde. Nous sommes loin de regretter l'organisation romaine en elle-même, car nous avons montré que sur bien des points elle violentait la nature humaine et contredisait directement l'essence même de l'esprit de famille. Mais nous ne pouvons nous empêcher de souhaiter que notre législateur eût apporté une attention

plus sérieuse, des vues plus profondes et plus philosophiques, enfin une conception d'ensemble mieux coor-
donnée et mieux digérée dans le règlement des rapports
de famille parmi nous. Sans doute il respecte plus la
nature humaine, il ne la contredit pas, il lui laisse son
libre cours ; mais ce rôle purement négatif n'est pas le
terme des efforts du législateur ; autrement il lui suffirait
de se taire et de laisser faire l'esprit et les mœurs de son
époque. S'il ne doit pas en général s'occuper des rapports
qui sont de pure morale, il ne doit pas non plus négliger
aucun rapport vraiment juridique partout où il se
trouve ; il doit sanctionner tous les droits comme il doit
faire respecter toutes les libertés ; il doit concilier les
uns avec les autres ou plutôt marquer avec soin les limites naturelles qui doivent les séparer, sans sacrifier ni
les uns ni les autres. Esquiver le problème, ou supprimer un des termes, ce n'est pas le résoudre. Or je ne
saurais disculper notre législateur du reproche d'avoir
traité un peu légèrement cette matière. Il ne paraît pas
s'être posé le problème dans toute sa grandeur, en avoir
senti toute la difficulté, et avoir apporté à le résoudre
tout le soin qu'il demandait. Préoccupé avant tout des
idées de liberté et d'indépendance, et de la crainte des
abus d'autorité, il a posé comme un principe absolu
l'indépendance des enfants pendant la majeure partie
de leur vie en réduisant le rôle du père à celui d'un
tuteur pendant leur minorité ; tout ce qu'il a accordé
de plus à la dignité du nom de père, paraît lui être arra-
ché comme des concessions faites à un sentiment in-
stinctif dont il ne se rend pas bien compte, dont il ne
voit pas clairement le fondement rationnel, et auquel,
pour un peu, il se reprocherait de céder.

Il est facile d'assigner les causes de cette imperfection au moins relative de notre législation sur ce point. D'abord cette matière est en elle-même très-difficile, elle demande pour être traitée à fond une délicatesse d'analyse et une sûreté de principes, auxquelles on n'arrive pas sans des études longues et profondes.

Ensuite tout était à renouveler, ou plutôt même à créer sur ce sujet. Le premier soin des législateurs de 1804 fut et devait être de se débarrasser de toutes les traditions soit romaines, soit coutumières ; tous les orateurs qui ont exposé les motifs de ce titre insistent à la fois sur l'injustice et l'arbitraire du droit romain, et sur le chaos que présentait la législation coutumière. Des deux côtés étaient des principes faux ou exagérés, entraînant des conséquences manifestement contraires et à la nature humaine et à la bonne police d'un État libéral et progressiste. Or c'est un fait incontestable qu'une bonne législation ne peut pas se créer en un jour ; il faut l'expérience et l'épreuve de longues années, peut-être de longs siècles pour arriver à formuler, sur une matière quelconque, un ensemble de règles qui soient à la fois profondément justes et savamment coordonnées. Il est facile de constater cette vérité dans notre Code civil lui-même : il est incontestable que toutes les matières sur lesquelles la législation antérieure présentait un ensemble rationnel et conforme aux principes des sociétés modernes, tel enfin qu'on pût l'admettre sans modifications essentielles, toutes ces matières, dis-je, sont beaucoup mieux et beaucoup plus complétement traitées que d'autres : telle est, par exemple, toute la théorie des contrats sur lesquels les jurisconsultes romains avaient fait des travaux si vastes et si profonds, ou la théorie de la communauté entre époux si savamment élucidée par les auteurs de droit coutumier.

Enfin, si tout était à créer, il faut bien le dire, on était dans les circonstances les moins favorables à un pareil travail : d'abord l'immensité du projet d'un Code embrassant, dans un petit nombre d'articles, tout l'ensemble du droit civil ne permettait pas de donner à chaque matière spéciale toute l'attention et tout le soin qu'elle exigeait peut-être. Il fallait aller en avant, le Code était attendu avec impatience ; le retard mis à sa promulgation laissait en souffrance de nombreux intérêts ; cette nécessité dominait toute la situation, et l'on doit s'étonner non pas des imperfections qui sont restées dans notre Code, mais bien de la haute sagesse avec laquelle plusieurs matières sont traitées. En ce qui concerne spécialement la théorie générale de la famille, l'état des esprits ne se prêtait nullement à fournir une heureuse solution au problème. L'œuvre de la révolution avait été avant tout une œuvre de destruction, et cette œuvre de destruction avait porté pour une grande partie sur la famille ; on avait, sans doute, voulu seulement corriger les abus, mais l'esprit entier de la famille avait été emporté avec eux. Les précurseurs et les auteurs de la révolution avaient dirigé une bonne partie de leurs attaques contre la famille, et faute de distinguer ce qu'il y avait d'essentiel et ce qu'il y avait d'accidentel dans l'institution qu'ils attaquaient, en voulant saper les abus, ils en avaient sapé les fondements eux-mêmes. Plusieurs même, Rousseau en tête, avaient dirigé sciemment et expressément leurs attaques contre le fond même de la famille, et avaient professé l'intention de l'extirper comme le principe de tous les maux de l'humanité. Les lois de la république n'avaient que trop bien suivi les inspirations de leurs oracles habituels. Sans doute, en 1804, la réaction s'opérait : on sentait le besoin de la reconstruction, mais les éléments de cette reconstruction manquaient. Le désir de rétablir la famille avait eu le temps de germer au fond de tous les cœurs; mais les travaux préliminaires de ce rétablissement n'avaient pas eu le temps de se faire. Les rédacteurs du Code en étaient donc réduits à se laisser guider par les lumières toujours un peu faibles et incertaines, et surtout trop vagues et trop générales de la conscience morale; ils n'avaient pas où puiser des inspirations vraiment scientifiques.

Si, en ayant la pensée de ces circonstances présente à l'esprit, on lit avec attention les travaux préparatoires du titre « de la puissance paternelle, » on est vraiment étonné de la profondeur et de la sagacité avec laquelle les orateurs qui ont parlé sur ce sujet, surtout M. Réal, ont saisi les rapports si délicats qui forment par leur ensemble la société de la famille , et l'importance de ces rapports. Et l'on ne peut pas s'étonner de ce qu'ils n'en ont pas suffisamment aperçu le caractère vraiment juridique ; car c'est là la seule lacune qu'il y ait eu sur ce sujet dans leur esprit. Malheureusement cette unique lacune a été la cause de la faiblesse avec laquelle cette matière se trouve traitée dans notre Code. Si en effet ces rapports de famille ne sont nullement juridiques et purement moraux, ils ne rentrent pas dans la sphère propre du législateur civil, qui ne doit s'occuper des rapports de pure morale que lorsqu'il y a dans l'accomplissement de ces devoirs un intérêt social évident et pressant. Dès lors donc qu'ils considérèrent les rapports de famille comme purement moraux, nos législateurs ne durent plus s'en occuper qu'à leur corps défendant ; ils durent laisser aux mœurs le soin de les régler, et ne prendre de ces rapports que les traits les plus généraux qu'un certain instinct leur disait ne pouvoir absolument rester en dehors d'une bonne législation. C'est en effet comme cela que les choses se sont passées en fait.

Étudions les travaux préparatoires à ce point de vue : nous serons heureux de rencontrer, dans le discours de M. Réal, l'exposé de la plupart des principes vraiment philosophiques de la matière. Mais nous devons d'abord faire toucher au doigt l'erreur fondamentale qui a ôté à ces belles idées toutes leur fécondité et leur application pratique, je veux dire la croyance que les rapports de famille sont purement moraux et nullement juridiques. Cette pensée, qui est impliquée à chaque page de la discussion et des discours sur notre titre, est formellement exprimée dans le discours de M. Albisson. Après avoir dit et développé que « c'est la nature elle-même qui a posé les fonde-
» ments de ce que nous appelons le pouvoir des pères
» et mères sur leurs enfants, » il se reprend et ajoute :
« J'ai dit, ce que nous appelons le pouvoir ; car il faut
» remarquer que l'autorité des pères et mères sur leurs
» enfants, n'ayant directement d'autre cause ni d'autre
» but que l'intérêt de ceux-ci, n'est pas, à proprement
» parler, un droit, mais seulement un moyen de remplir
» dans toute son étendue et sans obstacle un devoir
» indispensable et sacré. Il est seulement vrai que ce
» devoir une fois rempli, donne aux pères et mères un
» véritable droit, le droit légal d'exiger de leurs enfants,
» pendant tout le temps de leur vie, du respect et des

» secours. » Ainsi les pères et mères n'ont qu'un seul droit vis-à-vis de leurs enfants, c'est le droit à leur res pect et à leurs secours ; et encore ils n'ont ce droit que comme conséquence de l'accomplissement de leurs devoirs envers eux, de sorte qu'un père qui se trouverait, par suite d'un concours de circonstances et sans qu'il y eût faute de sa part, n'avoir encore donné aucun soin à son enfant n'aurait pas droit à son respect et à ses secours! Cette opinion se réfute d'elle-même. Mais de plus dans une pareille opinion le rôle du législateur est réduit presque à rien. Le problème posé entre le droit des parents et la protection de la liberté des enfants, est supprimé par l'anéantissement d'un de ses termes. S'il est vrai que les pères et mères n'ont aucun droit au respect duquel ils puissent contraindre leurs enfants même en dehors de l'état de société civile, le législateur civil ne peut pas créer ces droits. Il peut tout au plus en vue d'un intérêt social sanctionner quelques devoirs de part et d'autre ; mais la famille dans son ensemble reste en dehors de sa sphère ; il n'a plus qu'à l'abandonner aux mœurs et à l'esprit de l'époque. Le système du tribun Albisson est donc en cette matière l'abdication du législateur ; cela explique pourquoi notre loi est si laconique sur ce. point si important, et pourquoi tant de belles idées formulées dans les travaux préparatoires sont.demeurées stériles.

Le caractère social de la famille n'avait pas échappé à nos législateurs ; ils reconnaissent formellement que la famille est une société et que la société civile n'est pas une agrégation d'individus, mais une agrégation de familles. M. Réal dit : « Toutes ces petites sociétés natu-
» relles dont l'agrégation forme la grande famille. »

M. Albisson ajoute : « L'homme est par nature un être
» sociable. Il n'a jamais existé qu'en société mieux ou
» moins bien organisée et toute société se compose né-
» cessairement d'une agrégation de familles. » Il ne peut
rien y avoir de plus formel. La famille est une société de
droit naturel, la société civile est composée de la réu-
nion de ces sociétés naturelles. On pourrait croire dès
lors que ce caractère social de la famille va être sanc-
tionné et développé; que la société civile va placer en
face et au-dessous d'elle non pas des individus, mais ces
sociétés dont on reconnaît le titre antérieur à toute loi
civile, et qu'on s'empressera de donner par là à la constitution de l'État une solidité qu'elle ne saurait avoir
autrement. Point du tout; ces paroles profondément
sensées s'envolent dans l'air, et il ne reste pas dans nos
lois soit civiles, soit politiques, la plus petite trace de la
famille considérée comme société, et comme élément de
l'État. Les enfants, dès qu'ils n'ont plus un besoin immé-
diat de leurs parents, dès qu'ils sont considérés comme
capables de faire par eux-mêmes les actes de la vie civile,
n'ont plus aucun lien réel avec leurs parents ni entre eux;
la loi se borne à leur rappeler un vague devoir de respect et à leur imposer l'obligation de se fournir des aliments dans le besoin. Et dans l'ordre politique un jeune
homme de 21 ans, sans état, sans famille propre, sans
responsabilité d'aucune sorte, va déposer un bulletin de
vote à côté de son père, mûri par le travail et l'expérience, représentant de grands et sérieux intérêts ; et si
le père a seulement deux fils, la voix de la jeunesse, de
l'inexpérience, de l'utopie, triomphera nécessairement
sur celle de la maturité, de la sagesse et de la réflexion.

Voyons maintenant les idées philosophiques de

M. Réal sur les rapports entre le père et ses enfants, dans les diverses périodes de la vie de l'enfant :

« Nous naissons faibles, assiégés par les maladies et
« les besoins ; la nature veut que dans ce premier âge,
« celui de l'enfance, le père et la mère aient sur leurs
« enfants une puissance entière qui est toute de dé-
« fense et de protection. » Ces paroles sont parfaite-
ment justes ; elles fondent, comme nous l'avons fait, le pouvoir souverain du père sur son jeune enfant ; elles le fondent, dis-je, sur l'impossibilité où est l'enfant d'exercer encore sa propre personnalité. Ne nous éton-nons pas de ne pas voir apparaître dès cette période l'élément spécial de l'autorité paternelle ; cet élément encore bien faible disparaît presque devant le droit plus général résultant de l'incapacité naturelle de l'enfant et de la protection et de l'éducation que le père lui donne.

M. Réal continue : « Dans le second âge, vers l'é-
» poque de la puberté, l'enfant a déjà observé, réflé-
» chi. Mais à ce moment même où l'esprit commence
» à exercer ses forces, où l'imagination commence à
» déployer ses ailes, où nulle expérience n'a formé le
» jugement ; c'est à ce moment, où, faisant les premiers
» pas dans la vie, livré sans défense à toutes les pas-
» sions qui s'emparent de son cœur, vivant de désirs,
» exagérant ses espérances, s'aveuglant sur les obsta-
» cles, qu'il a surtout besoin qu'une main ferme le
» protége contre ses nouveaux ennemis, le dirige à
» travers ces écueils, dompte ou modère à leur nais-
» sance ces passions, tourment ou bonheur de la vie
» selon qu'une main adroite ou maladroite leur aura
» donné une bonne ou une mauvaise direction. C'est à

» cette époque qu'il a besoin d'un conseil, d'un ami
» qui puisse défendre sa raison naissante contre les
» séductions de toute espèce qui l'environneront, qui
» puisse seconder la nature dans ses opérations ,
» hâter, féconder, agrandir ses heureux développe-
» ments. La *puissance paternelle*, qui est alors toute
» d'administration domestique et de direction, pourra
» seule procurer tous ces avantages, ajouter la vie
» morale à l'existence physique, et, dans l'homme
» naissant, préparer le citoyen. » Ces paroles sont fort
belles ; les pères de famille ne sauraient trop les mé-
diter, la grandeur et l'importance de leurs devoirs y
sont fort bien exposées. Mais je remarque, avec peine,
que le devoir pour les enfants de se soumettre à une
autorité si bienfaisante n'est pas une seule fois indiqué.
On parle à l'enfant des avantages qu'il retire de l'autorité paternelle, des devoirs de son père envers lui, et
on ne lui parle pas de ses devoirs envers son père !
Qu'on n'ait pas aperçu le caractère juridique de ces
devoirs, c'est une grave erreur, dont je gémis et dont
je déplore les conséquences, mais que j'excuse à cause
de la délicatesse de la question. Mais qu'on n'ose
même pas parler aux enfants de leurs devoirs envers
leurs parents et porter haut le drapeau de l'autorité
paternelle, c'est ce qui n'est pas pardonnable. Et c'est
malheureusement un des signes du temps ; tout ce qui
est autorité, même établie sur les fondements les plus
légitimes et les plus universellement reconnus, devient
suspect ; on ne peut le faire accepter qu'en le cachant,
en le diminuant. Aussi à quoi se réduit l'autorité paternelle, dans cette période de minorité à laquelle on
l'a déjà restreinte ? A une sorte de tutelle, à peine in-

diquée dans notre Code, bien moins soigneusement
établie que la tutelle ordinaire. Pas un mot sur son organisation, sur les pouvoirs du père vis-à-vis de la personne de l'enfant ; uniquement l'établissement de deux
sanctions : le droit de garde, qui est donné aussi à toute
personne chargée du soin d'un enfant mineur, et le
droit de correction un peu plus étendu seulemeut chez
le père que chez des étrangers. Si l'on veut réellement
trouver quelques décisions sur l'autorité paternelle en
elle-même, il faut aller feuilleter toutes nos lois, pour
saisir, par-ci, par-là, dans la matière du mariage,
de l'adoption, de la tutelle, de la prise de la qualité de
commerçant, etc., quelques applications de détail qui
paraissent arrachées par la force des choses au bon
sens du législateur.

Plus nous avançons, plus les paroles de M. Réal s'élè-
vent, mais aussi moins elles deviennent pratiques et
fécondes. Je demande la permission de citer en entier
le passage qui suit, malgré sa longueur : il perdrait
trop à être écourté ou morcelé : « Enfin arrive l'âge
» où l'homme est déclaré par la loi, ou reconnu par
» son père en état de marcher seul dans la route de la
» vie. A cet âge, ordinairement il entre dans la grande
» famille, devient lui-même le chef d'une famille nou-
» velle, et va rendre à d'autres les soins qui lui ont été
» prodigués : mais c'est au moment même où la na-
» ture et la loi relâchent pour lui les liens de la *puis-*
» *sance paternelle*, que la raison vient en resserrer les
» nœuds. C'est à ce moment que, jetant les regards en
» arrière, il retrouve, dans des souvenirs qui ne s'ef-
» facent jamais, dans l'éducation dont il recueille les
» fruits, dans cette existence dont seulement alors il

» apprécie bien la valeur, de nouveaux liens formés
» par la reconnaissance ; c'est surtout dans les soins
» qu'exigent de lui ses propres enfants, dans les dan-
» gers qui assiégent leur berceau, dans les inquiétudes
» qui déchirent son cœur, dans cet amour ineffable,
» quelquefois aveugle, toujours sacré, toujours invin-
» cible, qui attache pour la vie le père à l'enfant qui
» vient de naître ; que, retrouvant les soins, les inquié-
» tudes dont il a été l'objet, il puise les motifs de ce
» respect sacré qui le saisit à la vue des auteurs de ses
» jours. En vain la loi civile l'affranchirait alors de
» toute espèce *d'autorité paternelle*, la nature, plus forte
» que la loi, le maintiendrait éternellement sous cette
» autorité. Désormais, libre possesseur de ses biens,
» libre dans la disposition qu'il peut en faire, libre dans
» toute sa conduite et dans les soins qu'il donne à ses
» propres enfants, il sent qu'il n'est pas libre de se
» soustraire à la bienfaisante autorité qui ne se fait plus
» maintenant sentir que par des conseils, des vœux,
» des bénédictions. La nature et la reconnaissance lui
» présentent alors les auteurs de ses jours sous l'aspect
» d'une divinité domestique et tutélaire. Ce n'est plus
» un devoir dont il s'acquitte envers eux, c'est un culte
» qu'il leur rend toute sa vie, et le sentiment qui l'at-
» tache à eux ne peut plus être exprimé par les mots de
» respect, de reconnaissance ou d'amour : c'est désor-
» mais la *piété filiale* adorant la *piété paternelle*. » Ces
paroles sont magnifiques, bien dignes en tout de la
grandeur du sujet. Malheureusement je crains bien
qu'on ne traite un peu l'autorité paternelle comme on
traitait jadis les empereurs romains : on les divinisait,
mais après leur avoir porté le coup mortel. « Ce n'est

plus un devoir, c'est un culte » ; le mot est fort beau
pour peindre les sentiments d'un fils, et notre cœur y
souscrit de toutes ses forces. Mais pour un moraliste,
j'aimerais mieux dire : « C'est plus qu'un devoir, c'est
un culte ; mais c'est toujours et avant tout un devoir.
Cherchons donc à assurer l'accomplissement de ce devoir. Malheureusement les hommes pour qui nous
faisons de lois ne sont pas parfaits ; sans cela les
lois seraient inutiles. Donc, après avoir si bien montré
ce qui doit être, ce que ferait et sentirait l'homme parfait, tâchons que ce qui doit être soit, et que les hommes imparfaits soient portés par nos lois vers cet idéal
de perfection. » Hélas ! il n'en a rien été, et s'il existe,
Dieu merci, en grand nombre encore, des fils qui rendent à leurs pères tout le culte qu'ils leur doivent, et
qui leur donnent sur eux cette autorité sacrée et suprême, qui fait leur bonheur en payant leur dette de reconnaissance, notre Code peut se vanter de n'avoir pas
ôté la plus petite perle à la couronne de leurs mérites
et de n'avoir mêlé aucun élément d'intérêt grossier au
feu si pur de leur piété filiale. Mais aussi quelles désu-
nions souvent et quels désordres, faute d'un remède
modéré qui, employé à temps, aurait conjuré le mal !
Quel affaiblissement, même chez les bons, du sentiment
de la solidarité et de la communauté d'action dans la
famille, faute de trouver ce principe au moins formulé
dans nos lois, quand même il n'aurait eu aucune application légale ! Certes, je l'avoue, sur ce point il y avait
un juste milieu à trouver, un moyen terme à prendre
de manière à ne pas entraver l'initiative individuelle,
telle que la peint si bien M. Réal, mais pourtant à rendre
efficace cette autorité paternelle, que M. Réal laisse à

la nature le soin de maintenir à défaut des lois. On devait
ainsi donner à la famille et à la société civile le bénéfice
d'une action, puissante par l'union des parents entre
eux, et féconde par la sagesse qu'y ferait régner un père
expérimenté et rendu encore plus prudent par la conscience de la charge qui pèserait sur lui.

Si l'on n'a pas cru pouvoir aborder cette difficile question, du moins pouvait-on conserver toujours au père
une arme puissante pour agir sur ses enfants, en lui
donnant plus de latitude pour la disposition de ses
biens par testament. Prévenez les abus, rien de plus
juste. Mais dans la crainte des abus, ne supprimez pas
un droit dont l'exercice sera souvent très-légitime et
très-bienfaisant. C'est malheureusement la tendance
qui a entraîné trop souvent notre législateur; mais ces
moyens radicaux, qui tranchent le nœud sans le délier,
ne sont pas un signe de force, mais bien plutôt un
signe de faiblesse. On pouvait conserver l'exhérédation
avec une sorte de plainte d'inofficiosité : on eût été bien
sûr que les pères n'auraient pas abusé de cette arme
terrible, et que la seule connaissance de l'usage qu'ils
pouvaient en faire leur aurait le plus souvent épargné la
douleur d'avoir à s'en servir. On a craint les procès
faits à la mémoire d'un père par le fils exhérédé; mais
n'est-il pas infiniment plus pénible de voir l'autorité
paternelle méprisée et rendue illusoire pendant toute la
vie du père, que d'entendre, dans des cas qui eussent
été bien plus rares, les plaintes d'un fils contre son père
injuste?

Non, je ne puis assez m'élever soit en général, soit en
particulier, contre la déplorable idée, trop souvent appliquée par nos législateurs, d'éviter les procès en sacri-

fiant de gaieté de cœur des droits sacrés et incontestables. Qu'on n'invoque pas un prétendu intérêt de sécurité ou de morale publique. La sécurité publique n'a de prix qu'autant qu'elle résulte de la protection égale accordée à tous les droits; et en quoi serait-elle troublée par quel ques procès de plus dans des cas très-exceptionnels ? Quant à la morale publique, n'est-elle pas bien autrement choquée en voyant l'autorité paternelle bravée par des enfants rebelles, qu'en voyant quelquefois un testament injuste cassé par les tribunaux, ou un fils ingrat flétri par leur sentence? La plainte d'inofficiosité serait un mal, mais un mal nécessaire pour produire un plus grand bien, et par conséquent un mal devant lequel une bonne législation ne devrait pas reculer, pourvu seulement qu'elle prît toutes les précautions pour l'atténuer autant que possible, ce qui ne serait pas difficile.

En résumant cette étude que nous venons de faire sur les travaux préparatoires, nous dirons que les principaux orateurs qui ont parlé sur le titre de la puissance paternelle ont émis des idées fort justes et fort élevées sur la nature et l'essence de la famille, mais que malheureusement ces belles idées n'ont pas produit tous les fruits qu'elles devaient produire, faute par nos législateurs d'avoir aperçu leur caractère juridique. Par la comparaison de ces discours avec le texte de notre titre, le Code nous paraît avoir péché en trois points surtout par trop de timidité et de faiblesse: 1° en négligeant tout à fait le caractère social de la famille; 2° en réduisant l'autorité paternelle à n'être qu'un pouvoir tutélaire un peu étendu pendant la minorité des enfants; et 3° en enlevant par la suppression de l'exhérédation totale ou du moins assez large, une arme puissante et salutaire entre les mains des parents.

LIVRE II.

Rapports personnels dans la famille.

Nous suivrons encore ici la même division qu'en droit
romain ; division indiquée du reste par l'économie du
Code lui-même. Nous changerons seulement l'ordre des
divisions pour suivre celui des articles du Code. Nous
aurons donc quatre titres :

    1° Devoir perpétuel de respect ;
    2° Droit d'autorité ;
    3° Droit de garde ;
    4° Droit de correction.

TITRE PREMIER.

DEVOIR PERPÉTUEL DE RESPECT.

Art. 371. — *L'enfant à tout âge doit honneur et respect à ses père et mère.*

Il n'est pas facile de déterminer quels étaient, dans
la pensée des rédacteurs du Code, le sens et la portée de
cet article, car nous trouvons sur ce point, dans les travaux préparatoires, les assertions les plus contraires :
les uns, comme MM. Béranger, Boulay, Vésin, Albisson,

le considèrent comme renfermant une disposition de pure morale ; les autres, comme M. Bigot-Préameneu, y voient le principe de toutes les autres dispositions du titre ; d'autres enfin, comme M. Réal, en font le fondement de ce qui reste de l'autorité paternelle après la majorité de l'enfant. Les mêmes incertitudes et les mêmes divergences existent parmi les commentateurs : on s'est plu à faire rentrer dans cet article tout ce qu'on a voulu, et dans le désir de voir notre titre moins incomplet, on a tâché de trouver dans son premier article ce qu'on cherchait en vain dans les autres.

Pour nous, persuadés qu'il ne faut pas voir dans un article du Code, de même qu'en aucune chose, plus que ce qui y est réellement, nous ne regardons cet article que comme renfermant une règle de pure morale, pouvant donner naissance à des droits purement négatifs, c'est-à-dire pouvant limiter en plusieurs points la sphère d'action juridique des enfants, mais ne pouvant pas faire naître de véritables droits positifs chez les parents. Nous voulons dire par là que cet article ne peut être regardé comme fondant aucun des droits des père et mère que nous avons rangés sous le nom de droits d'autorité. Sans doute nous serions fort heureux de trouver au moins une disposition dans le Code qui posât les bases de la perpétuité de l'autorité des parents sur leurs enfants ; ce serait du moins une déclaration de principe et une pierre d'attente pour l'avenir. Nous nous résignerions alors plus facilement à attendre la réalisation de cette promesse, confirmée par les paroles de M. Réal, qui nous dit : « Après la majorité, la puissance pater-
» nelle donne aux parents le pouvoir de récompenser la
» piété filiale et de punir l'ingratitude. » Et nous au-

rions moins de peine à nous contenter du conseil que l'enfant majeur doit demander pour se marier, et qui est presque la seule trace existante de l'autorité paternelle pendant cette période. Mais, malgré tout notre désir, il faut bien donner aux mots le sens qu'ils ont, et quand on nous parle d'un devoir d'honneur et de respect, nous ne pouvons comprendre un droit positif chez les parents d'exercer l'autorité sur leurs enfants.

Quelle est la portée de ce devoir d'honneur et de respect ? Surtout quels seront ses effets juridiques ? Il oblige les enfants à donner à leurs parents des témoignages perpétuels de leur respect et à s'abstenir de tout ce qui pourrait porter atteinte à ce sentiment. Comme tout devoir de morale, il n'a pas d'effets juridiques directs et positifs, c'est-à-dire qu'il ne fonde pas chez les parents un véritable droit à exiger de leurs enfants des actes positifs conformes aux sentiments qu'ils doivent avoir. Mais aussi, comme tout devoir de morale, il donne naissance à des droits que j'appellerai négatifs, au droit pour les parents d'empêcher les actes de leurs enfants qui seraient contraires au respect qui leur est dû. Et notre article fonde l'obligation et le droit pour les tribunaux de réprimer les manquements des enfants à ce devoir.

La difficulté est de déterminer exactement l'étendue de ce pouvoir répressif des tribunaux, sur quels actes coupables il peut porter, et quel est le genre et la gravité de la répression qu'ils peuvent infliger. Nous devons d'abord chercher s'il n'y a pas déjà dans nos textes de lois des applications de ce principe, sauf à voir ensuite s'il ne faut pas l'étendre au delà de ces quelques applications assez restreintes.

Nous trouvons d'abord dans le Code pénal une aggravation de peine pour les crimes et délits commis envers les ascendants, non pas pour tous les crimes et délits commis contre eux, mais seulement pour certains crimes et délits, ceux qui portent directement contre la personne. Et en effet l'infraction au respect pour les ascendants est infiniment plus grave lorsque le délit s'attaque directement à leur personne que lorsqu'il s'attaque à leurs biens. Dans ce dernier cas la considération, que la victime est un ascendant, est plutôt une cause d'atténuation qu'une cause d'aggravation de la faute ; car bien souvent l'idée d'une certaine copropriété dans la famille, l'attente de la succession diminue la criminalité.

Nous trouvons ces aggravations de peine à raison de la qualité de la victime, d'abord dans les dispositions relatives au parricide, défini par l'art. 299 C. pén. « le meurtre des père et mère légitimes, naturels ou adoptifs, ou de tout autre ascendant légitime. » L'aggravation de peine consiste uniquement maintenant dans les cérémonies qui entourent l'exécution de la sentence capitale, dans le voile noir qui couvre la tête du condamné, exposé en chemise et nu pieds pendant qu'un huissier fait la lecture au peuple de l'arrêt de condamnation (art. 14 C. pén.). L'amputation du poing, qui ajoutait aussi à la souffrance matérielle, a été supprimée en 1832, lors de la révision du Code pénal.

Il reste encore une autre aggravation à la peine du parricide, c'est qu'il n'est jamais excusable (C. pén., art. 323). Et cela est profondément pensé : rien ne peut atténuer le crime d'un fils qui ose frapper l'auteur de ses jours, ni les coups, ni les menaces du père (quand même elles seraient autre chose que l'excès d'une juste sévérité, ce qui arrivera bien souvent), ni l'escalade ou l'effraction. En effet ces dernières tentatives perdent beaucoup de leur gravité entre parents. Mais de plus il y a toujours le motif général, dominant toute la matière. Quelle que soit la perversité du père, quelque mal qu'il ait causé à son enfant, jamais, au grand jamais, l'enfant ne sera autorisé à lui faire aucun mal. Tout le droit de l'enfant se borne à repousser le mal dont il est menacé ; jamais il ne pourrait reprendre l'offensive, jamais il ne pourrait demander autre chose que la réparation du mal dont il a été victime. Car il doit toujours reconnaître qu'il tient l'être, la vie, tous les biens de son père, et s'il a le droit de faire respecter, même à l'encontre de son père, sa dignité de personne humaine inviolable, il ne peut jamais le faire en atteignant, même le plus légèrement, la personne de son père, armée vis-à-vis de lui d'une inviolabilité encore plus sainte et plus sacrée.

Une question pourrait s'élever dans le cas où le parricide aurait été commis en repoussant une escalade ou une effraction nocturne ou un pillage fait avec violence. Sans doute le Code ne range pas ces cas parmi les cas d'excuse, il les assimile au cas de légitime défense pour lequel il dit qu'il n'y a ni crime ni délit. Pourtant on pourrait dire que, au fond, ce sont des cas d'excuse, que la perversité du parricide est toujours dans ces cas infiniment plus grande que celle d'un meurtrier ordinaire ; et l'on pourrait argumenter du texte de l'art. 322 qui, parlant des excuses, dit : « si le fait est arrivé la nuit, ce cas est réglé par l'art. 329. » On pourrait dire que cet article montre qu'il y a véritablement là une excuse, et qu'en renvoyant à l'art. 329, il veut seulement indiquer que c'est une excuse totale et pas seulement une excuse atténuante, comme celles dont s'occupe le § 2 sous lequel est placé l'art. 322. On ajouterait enfin que l'art. 323, venant immédiatement après la disposition que nous venons de citer et disant que le parricide n'est jamais excusable, a bien voulu se référer à ce cas.

Mais je crois qu'il ne faudrait pas se laisser séduire par cette argumentation : il faut bien savoir au juste la portée de l'art. 329 dans la pensée du législateur ; la place où cet article a été mis montre clairement que l'on a considéré le cas d'effraction nocturne ou de pillage à main armée comme un cas de légitime défense, parce que la surprise, l'ignorance de la nature exacte du danger qu'on s'exagère facilement, la confusion résultant d'une attaque nocturne ou d'une invasion violente de malfaiteurs, tout cela peut enlever à celui qui se défend une présence d'esprit suffisante pour mesurer la portée de ses coups et la légitimité des moyens qu'il emploie. Or les mêmes motifs existent pour le fils, qui en pareil cas aurait donné la mort à son père. On peut ajouter qu'il n'est pas sûr que dans une pareille bagarre il ait reconnu l'auteur de ses jours. L'argument tiré de l'art. 322 *in fine* n'est pas concluant, parce que c'est arbitrairement qu'on en restreint l'application à l'atténuation de la peine ; il n'est pas sûr du tout qu'il n'ait pas voulu changer aussi la qualification même de l'hypothèse. Enfin dans le doute il faut toujours décider pour l'accusé en matière pénale. Je pense donc qu'il faudrait appliquer même au parricide la suppression de toute peine, lorsque le fait incriminé a été commis en se défendant contre une attaque nocturne ou un vol ou pillage à main armée.

L'aggravation de peine existe encore pour les coups

et blessures commis contre des ascendants. D'après l'art. 312 C. pén., la peine s'élève d'un degré, de l'emprisonnement on passe à la réclusion, de la réclusion aux travaux forcés à temps, des travaux forcés à temps aux travaux forcés à perpétuité. Quant à l'excusabilité, il n'y a aucune disposition spéciale dans le Code, quoique les motifs de l'écarter fussent les mêmes ici que pour le parricide lui-même. Il serait assez permis de croire que le rédacteur de l'art. 323 en disant parricide a pensé aux coups et blessures, quoiqu'il n'ait parlé que du crime le plus grave, et a entendu assimiler les coups et blessures au meurtre dans l'exception aussi bien que dans la règle de l'art. 321, où il dit: « Le meurtre, ainsi que les blessures et coups. » Mais comme il faut toujours entendre les dispositions pénales en faveur de l'accusé, il nous paraît impossible d'étendre aux coups et blessures le refus d'excusabilité prononcé pour le parricide, qui est certainement infiniment plus grave.

Il est encore une autre disposition du Code pénal qui pourrait sembler une application du respect dû au nom paternel, c'est celle qui prohibe toute action de vol des enfants envers leurs parents (art. 380). On pourrait être tenté d'y voir une conséquence spéciale du système général dont nous examinerons bientôt la valeur et qui consisterait à interdire aux enfants toute action déshonorante envers leurs parents. Mais quelle que soit la valeur de ce système en lui-même, au moins faut-il dire que l'art. 380 n'en est pas une application : d'abord il permet des actions en réparations civiles qui sont certainement aussi déshonorantes que l'action pénale, du moment que le vol est constaté officiellement par un jugement rendu public; en outre la prohibition de l'art. 380 s'étend

bien au delà des motifs qu'on essayerait de lui assigner.
La prohibition s'applique même aux ascendants vis-à-vis
de leurs enfants, et aussi entre époux et entre un époux
et les héritiers de l'autre. Le motif du respect des ascendants ne peut donc pas expliquer par lui-même l'art. 380.
Il faut en chercher l'explication dans une certaine idée
de copropriété dans la famille, dans les expectatives
mutuelles que les parents et alliés ont sur les biens les
uns des autres, expectatives qui rendent moins tranchée
entre eux la distinction du mien et du tien , et aussi sur
les tolérances réciproques qui existent souvent entre eux,
et qui, même lorsque les bornes naturelles de ces tolérances sont manifestement excédées, expliquent pourtant
d'une manière assez naturelle une certaine erreur dans
le coupable. En un mot la culpabilité n'a pas paru assez
grande, ni le danger social assez réel pour provoquer
une répression dans ce cas. Voilà le sens de l'art. 380
C. pén.; il ne faut pas y voir une application de notre
art. 371 du Code Napoléon.

La loi du 17 avril 1832, art. 19, 2°, interdit aux descendants l'exercice de la contrainte par corps contre
leurs ascendants. Certainement cette disposition peut
fort bien être rapportée, au moins dans une certaine
mesure, au respect, dû aux ascendants. Avant 1832 on
discutait si notre art. 371 était suffisant pour faire interdire la contrainte par corps des descendants sur
leurs ascendants, et je pense que l'on pouvait admettre
cette interdiction comme parfaitement conforme à
l'esprit de notre article. Maintenant la question est indubitablement résolue. Mais il faut aussi rapporter la
disposition de la loi de 1832 à un autre motif; car la
contrainte par corps est également prohibée des ascen-

dants aux descendants, et entre frères et sœurs, et entre époux. Le législateur a voulu d'une manière générale adoucir les rapports de famille, conserver dans les familles l'esprit d'union et éviter tout ce qui pourrait envenimer les haines. Pourtant il n'est pas non plus inexact de dire que le respect dû aux ascendants a été pour quelque chose dans sa décision.

Après avoir vu les applications certaines et formelles faites par nos lois elles-mêmes des principes de notre art. 371, nous devons examiner maintenant si ce principe n'a pas une portée plus grande, et s'il ne pourrait pas servir par lui seul de base à certaines mesures prises par les tribunaux pour faire respecter la sainteté du nom paternel. Ce que nous avons dit a dû faire pressentir que nous admettons cette doctrine en principe: la règle de l'art. 371, quoique étant de pure morale, entraîne naturellement des conséquences juridiques au moins négatives ; le législateur qui ne fait pas un code de morale, mais un code de droit, a dû, en plaçant ici notre article, vouloir lui faire produire les conséquences juridiques qu'il est de nature à produire. Il a été dit formellement aux travaux préparatoires que cette règle serait bien souvent un point d'appui pour les juges pour ramener les enfants dans les limites du respect qu'ils doivent à leurs parents.

Une première application du principe, qui nous semble absolument incontestable en présence des travaux préparatoires, c'est que, du moins quant aux formes du langage des enfants agissant contre leurs parents, les tribunaux exerceront un contrôle souverain et efficace. Voici quelles sont les paroles de M. Albisson, appuyant cet article au nom du Tribunat devant le Corps législa-

tif : « On a d'ailleurs sagement remarqué que cet article
» placé en tête de la loi deviendra pour les juges un
» point d'appui en beaucoup d'occasions, telles par
» exemple que des contestations d'intérêt entre des en-
» fants et leurs parents, où ceux-ci passant, dans leurs
» moyens d'attaque et de défense, les bornes que le
» respect doit leur prescrire, se mettraient dans le cas
» d'y être ramenés par des admonitions ou des actes
» d'animadversion plus ou moins sévères, selon la
» nature de leur offense. » Cette doctrine est formelle,
elle est la reproduction d'une pensée exprimée plusieurs
fois et au conseil d'Etat et au Tribunat, et elle me semble parfaitement admissible, car elle n'enlève réellement
aucun droit aux enfants. Le fond de leurs droits, de
leurs moyens d'attaque et de défense restera le même ;
ils devront seulement en régler et en modérer la forme,
et il est bien évident que nul n'a un droit véritable à
employer dans son langage des formes acerbes ou vio-
lentes. Ils n'y perdront rien, et le sanctuaire de la
justice ne sera pas souillé par la violation flagrante d'une
autorité plus sainte encore. Quant aux moyens que les
juges pourront employer, ce seraient, comme le dit M. Albisson, des admonitions, des actes d'animadversion plus
ou moins sévères, tels que le refus d'entendre un discours irrespectueux ou de recevoir un acte rédigé dans
de mauvais termes ; tels encore que les divers moyens
qu'on range sous le nom de police de l'audience ; enfin
ce seront même, si la violation est grave et si les parties
le requièrent, des dommages et intérêts, car il faut que
la loi s'applique, et pour cela il faut qu'elle ait une sanction efficace.

Faut-il aller plus loin et *au fond même* refuser aux en-

fants toute action déshonorante contre leurs parents ?
Faut-il, comme garantie contre ces actions déshonorantes,
les obliger avant d'agir à obtenir l'autorisation du président du tribunal, par analogie de ce qui se passait en
droit romain? D'abord, quant à cette dernière précaution,
cette restriction à la liberté d'action des enfants, je ne
la crois pas admissible. Un moyen préventif est toujours
quelque chose d'exorbitant, c'est toujours un moyen
arbitrairement choisi par le législateur pour arriver à
un certain but ; or, précisément à cause de ce caractère
d'arbitraire dans le choix du moyen à employer, je ne
crois pas qu'on puisse suppléer ce moyen, en se fondant seulement sur ce que le législateur a formellement
annoncé le but auquel il voulait arriver. De ce que le
législateur a voulu la fin, on ne peut pas légitimement
conclure qu'il ait voulu tel moyen particulier.

Mais faudra-t-il refuser à un enfant toute action contre
ses parents, si cette action devait avoir quelque chose de
déshonorant pour ceux-ci ? Je ne le pense pas non plus :
il n'y a sur ce point rien d'explicite ni dans l'art. 371,
ni dans les paroles de M. Albisson ; et pourtant ce refus
d'action est une chose fort grave pour laquelle il faudrait une disposition formelle. En effet il n'y a pas analogie en cette matière entre le droit romain et le droit
français : en droit romain, c'était surtout la forme des
actions qui était infamante; soit que l'infamie fût légale,
soit qu'elle existât seulement dans l'opinion et dans les
mœurs, elle résultait uniquement des formules d'action
employées; mais rien n'empêchait d'éviter ces formules
pour éviter l'infamie, et d'arriver tout de même à faire
droit aux enfants par l'emploi d'autres formules. Chez
nous au contraire l'infamie n'est plus jamais légale, elle

n'existe plus que dans les mœurs et dans l'opinion, et elle ne résulte plus des formes des actions, mais du fond même des choses, de la nature seule des faits incriminés qui provoquent la réprobation du sentiment moral dans le public. Dans cet état de choses, on ne pourrait éviter cette espèce d'infamie ou de déshonneur pour les parents qu'en refusant aux enfants toute action, en réduisant leurs droits à néant. Or c'est, suivant moi, ce qui dépasse les pouvoirs du législateur, parce que d'une part cela n'appartient plus à la modalité des droits, mais à leur essence même; et d'autre part on ne peut pas établir que rationnellement les droits des enfants doivent s'éteindre dans le respect qu'ils doivent à leurs parents. La personne des parents doit toujours être sainte et inviolable pour les enfants; mais aussi les parents doivent respecter la personnalité de leurs enfants, et la puissance paternelle, même dans sa plus grande extension, pendant la minorité de l'enfant, ne peut jamais aller jusqu'à violer sa personne, jusqu'à lui causer un mal injuste; au contraire le titre même du père l'oblige à un soin encore plus particulier pour ne léser aucun des droits de son enfant. Si le père manque à ces devoirs, s'il viole les droits de son enfant, il n'y a dans la nature de son autorité rien qui doive le dispenser des réparations dues à celui qui a souffert de son usurpation; il doit au contraire être plus empressé qu'un autre à fournir ces réparations. En résumé nous disons que l'inviolabilité de la personne du fils existant au moins aussi fortement à l'encontre de ses ascendants qu'à l'encontre d'étrangers, il doit pouvoir obtenir aussi bien réparation des torts qui peuvent lui être faits, et que le déshonneur pouvant résulter pour les ascendants de la violation de son droit ne peut pas les mettre à l'abri de cette action.

Divers textes de détail paraissent confirmer cette doctrine : ainsi l'art. 380 du Code pénal permet expressément aux enfants d'agir en réparations civiles contre leurs ascendants en cas de vol commis à leur préjudice par ceux-ci, et pourtant cette action est certainement déshonorante. Les art. 334 et 335 du même Code, dans l'hypothèse d'attentat à la pudeur commis ou favorisé par des ascendants, édicte contre eux des peines très-sévères, et les prive de tous les droits accordés par le titre de la puissance paternelle au Code civil. Dans le silence de la loi, qui est-ce qui aura en première ligne le droit de porter plainte? Ne sera-ce pas l'enfant victime de l'attentat? Qui est-ce qui réclamera l'extinction de la puissance paternelle? Evidemment l'enfant lui-même, ou quelqu'un en son nom. Nos codes admettent donc des actions déshonorantes des enfants contre leurs ascendants.

Est-ce à dire que l'art. 371 n'aura jamais d'application, et ne pourra pas quelquefois forcer à limiter les actions des enfants? Il ne faut pas être aussi absolu. Les raisons que nous venons de donner s'appliquent parfaitement aux cas où le fils a un droit certain et incontestable, et aussi lorsqu'il est le seul ou le principal intéressé dans le droit qu'il exerce. Mais si le droit de l'enfant n'est pas complétement certain, ou s'il n'est pas le principal intéressé dans son action ; si au contraire il y a d'ailleurs des raisons de douter de la légalité de l'action, ou si ses parents ont un intérêt contraire au sien, vraiment principal et plus important, et qui serait sacrifié si l'on donnait à l'enfant toute liberté d'agir, la solution doit être tout autre. Plutôt que de causer à ses parents un dommage sans être bien sûr qu'il ait le droit pour lui, plutôt que de leur causer un dommage considérable pour un avantage relativement minime et accessoire qu'il en retirerait, l'enfant est moralement obligé, par le respect et la reconnaissance qu'il doit à ses parents, de s'abstenir d'agir ; et comme on ne peut avoir droit qu'à une chose dont on n'est pas moralement obligé de s'abstenir, il n'a plus réellement le droit d'exercer cette action, et cette action doit lui être refusée.

Ces conditions se réalisent dans plusieurs cas, qui font l'objet de questions controversées dans le Code, et nous fournissent des éléments de la solution de ces questions.

Ainsi l'art. 187 dit : « Dans tous les cas où, conformé » ment à l'art. 184 l'action en nullité peut être intentée » par tous ceux qui y ont un intérêt, elle ne peut l'être » par les parents collatéraux, ou par les enfants nés d'un » autre mariage, du vivant des deux époux, mais seu- » lement lorsqu'ils y ont un intérêt né et actuel. » Or sans doute les parents collatéraux ou les enfants d'un autre mariage n'auront le plus souvent un intérêt né et actuel qu'après la mort des époux ou de l'un d'eux, pour régler leur succession et en exclure les enfants nés du mariage annulable. Mais on peut trouver des cas où ils auront un intérêt né et actuel du vivant même des deux époux. Or on s'accorde généralement à dire qu'un inté- rêt né et actuel suffit pour les collatéraux, quand même les deux époux existeraient encore ; que le Code n'a voulu insister que sur cette condition, que c'est seule- ment par inadvertance qu'il a exigé d'une manière générale le prédécès de l'un des époux. En effet ces parents collatéraux ont un droit, ils ont un intérêt pré-

sent à l'exercer, ils doivent donc pouvoir l'exercer. Sans
doute l'époux, tant qu'il survit, a un intérêt d'un ordre
bien autrement élevé à la validité ou à la nullité de son
mariage ; mais ses parents collatéraux ne lui doivent
rien, et ne sont pas tenus d'avoir égard à son intérêt,
quelque grand qu'il soit ; ils peuvent ne tenir compte
absolument que de leur propre intérêt. — Maintenant
en est-il de même des enfants d'un autre lit ? Nous
sommes de ceux qui ne le pensent pas : quel que soit
l'intérêt qu'ils puissent avoir à faire prononcer la nullité du second mariage de leur père ou de leur mère,
par exemple, pour écarter de la succession d'un de leurs
frères les enfants de ce second mariage, l'intérêt de leur
père ou de leur mère dans la validité de ce mariage est
d'un ordre plus élevé ; cette question touche leur ascendant par mille et mille côtés, de sa solution peut dépendre le bonheur de sa vie entière. L'importance de cette
question est telle pour lui, que l'intérêt des enfants
n'est rien à coté. Et les enfants, obligés de vouloir
avant tout le bonheur de leur ascendant, ne peuvent
pas lui causer ce mal immense pour un intérêt de leur
part relativement minime, puisqu'ils seront toujours à
même d'exercer plus tard leur action pour écarter leur
prétendu frère, et que cette action, n'étant pas née du
vivant de leur père ou de leur mère, n'aura pas pu être
prescrite contre eux.

Les mêmes principes nous paraissent aussi devoir
entraîner la solution, au moins d'un cas spécial de la
question si importante, si les héritiers d'un des époux
peuvent continuer l'action en séparation de corps commencée par lui. En supposant qu'on l'accorde pour les
héritiers autres que les enfants que cet époux a eus en

commun avec le défendeur, il faudrait certainement la refuser à ces derniers. En effet leur intérêt est tellement minime relativement à celui de leur auteur survivant, la légitimité de cet intérêt purement pécuniaire (la reprise des avantages faits à l'époux défendeur) est tellement incertaine, l'absence du pardon de l'époux prédécédé est si difficile à établir, qu'il est vrai de dire que les enfants plutôt que de causer un mal immense à leur auteur, au milieu de pareilles incertitudes, sont tenus en conscience de s'abstenir de toute action. Nous n'examinons pas la question à fond, nous ajoutons seulement une nouvelle raison de décider dans un cas spécial.

On pourrait être tenté d'argumenter de la même manière pour l'action en désaveu que les enfants et héritiers du mari voudraient intenter en vertu de l'art. 317, si le mari est mort dans le délai pour l'intenter. On ferait ressortir tout le déshonneur qui en rejaillirait sur leur mère, et l'on dirait: Si l'art. 371 doit avoir jamais pour effet de faire refuser une action aux enfants, c'est ici le cas ou jamais de l'appliquer. Cette argumentation ne nous paraît pas juste, lorsque nous approfondissons la nature de l'action en désaveu. L'action en désaveu, et quant à la forme et quant au fond, est dirigée contre l'enfant désavoué et non contre la mère: quant à la forme, l'art. 318 dit que l'action est dirigée contre un curateur *ad hoc* donné à l'enfant, et seulement *en présence* de sa mère. Quant au fond, l'intérêt principal et pratique de l'action est la question de la succession au mari de la mère, et cette question s'agite tout entière entre l'enfant désavoué et ses frères. Co n'est pas comme dans le cas de nullité de mariage ou de séparation de corps, où l'intérêt principal est pour l'ascendant; ici la mère n'est atteinte qu'indirectement, et non juridiquement, dans son honorabilité, dans l'estime que l'opinion publique fera d'elle ; c'est donc l'intérêt des enfants qui domine toute la question. Quant au dommage qu'ils causeront à leur mère, il est sans doute regrettable ; mais en réalité c'est la faute de la mère qui est la cause de son déshonneur ; les enfants ne font que rétablir leur droit violé par la violation de la foi conjugale et l'introduction dans la famille d'un enfant étranger. Tout le droit est de leur côté, tous les torts du côté de leur mère. Si la voix de leur cœur peut leur conseiller de se sacrifier pour épargner leur mère, la plus stricte morale ne peut pas leur en faire un devoir ; l'action intentée par eux n'est pas illicite, elle reste donc un droit pour eux, et ce droit ne peut leur être enlevé.

Enfin il est une dernière conséquence que l'on pourrait être tenté de tirer de notre art. 371, par analogie du droit romain. On a voulu, en effet, accorder aux parents, actionnés par leurs enfants, le *bénéfice de compétence*. Mais il ne nous semble pas que l'art. 371 suffise pour fonder ce bénéfice. En effets l'organisation de ce bénéfice, son étendue, ses effets divers, étaient quelque chose de purement arbitraire dans la législation romaine ; ce bénéfice ne découle pas, armé de toutes pièces, du principe de respect une fois posé, ce principe peut être mis en œuvre de mille autres manières différentes. Il ne suffit donc pas que notre législateur ait posé le principe pour qu'on soit autorisé à en conclure qu'il a voulu cette conséquence déterminée, ce bénéfice avec cette même organisation. Il y a, en un mot, ici trop d'éléments vagues et arbitraires, qui auraient besoin d'une détermination spéciale du législateur. Aussi nous ne

croyons pas qu'on doive admettre dans nos lois le bénéfice de compétence du droit romain.

Mais au fond on arrivera à peu près au même résultat, et l'on trouvera que notre législation, loin de rester en arrière sur la législation romaine, est au contraire
en progrès sensible sur elle dans cette matière. Le bénéfice de compétence à Rome se réduisait en définitive
à deux effets principaux : 1° il empêchait la contrainte
par corps en réduisant toutes les poursuites à des voies
d'exécution sur les biens ; 2° il obligeait les enfants
à laisser quelque chose à leurs parents : *aliquid ne
egeant*. — Or, d'une part, la contrainte par corps est
prohibée actuellement entre ascendants et descendants ;
et d'autre part les enfants, étant tenus de fournir des
aliments à leurs ascendants, ne devront pas être admis
à les réduire à la misère complète ; ils devront leur laisser quelque chose à titre d'aliments. Pourtant sur ce
dernier point, en l'absence d'aucun texte explicite, les
choses ne se passeront pas toujours comme en droit
romain, et notre législation se trouvera à la fois plus
favorable au fils et plus favorable au père. En effet,
d'une part, le fils doit des aliments, mais ils ne les doit
pas d'une manière particulière ; il appartient aux tribunaux d'apprécier le mode le plus opportun dont ils
seront fournis. Les tribunaux pourraient donc, suivant
les cas, permettre au fils de saisir tous les biens saisis-
sables de son père en lui imposant l'obligation de lui
fournir une pension alimentaire ou peut-être de le
nourrir chez lui. Ce mode de prestation pourra être
beaucoup moins onéreux pour le fils, parce que les
biens de son père qu'il prendra pourront lui produire
une valeur bien supérieure à celle pour laquelle il

aurait pu les compter à son père à titre d'aliments. Le père souffrira sans doute dans la liberté de disposition qu'il avait sur les biens qui lui auraient été laissés d'après le système romain. Mais d'abord notre loi, quand elle accorde des aliments, ne tient pas compte, et à bon droit, de ce genre d'avantage ; d'ailleurs le père a l'avantage de se trouver plus complétement déchargé si ses biens vendus ont plus de valeur. Enfin, et cela est le plus important, sa pension alimentaire est garantie même contre ses autres créanciers, car elle est insaisissable. On n'arrive donc pas à cette conséquence déplorable qui a été signalée dans la législation romaine, que le père pouvait se voir enlever par ses autres créanciers ce que son fils venait de lui laisser pour l'empêcher de tomber dans la misère. On ne pouvait, dans le système romain, sauvegarder l'intérêt du père que par une injustice criante contre le fils ; on devait obliger celui-ci à fournir des aliments quoiqu'il eût déjà acquitté sa dette alimentaire en laissant quelque chose à son père pour vivre. On se trouvait donc entre deux écueils, dont on ne pouvait éviter l'un que pour se briser sur l'autre. Notre législation, telle qu'elle est actuellement, est donc bien supérieure à la législation romaine sur les mêmes matières.

TITRE II.

DROIT D'AUTORITÉ.

Nous avons déjà remarqué que le Code limitait le droit d'autorité des père et mère à la minorité de l'enfant, Il en fait un droit de puissance, de tutelle, un pouvoir de direction sur celui qui ne peut pas encore pleinement diriger ses actes, plutôt qu'un véritable droit d'autorité, consistant à commander à une personne pleinement capable, à agir sur elle avec l'acquiescement complet et libre de sa volonté. Ce qui fait que les mots « puissance paternelle » employés par la rubrique du titre sont plus exacts que le mot « autorité » employé par l'art. 372. Nous devons donc en général nous borner à étudier ce droit d'autorité tel que l'entend le Code dans notre titre; cependant nous ajouterons aussi quelques considérations sur les droits d'autorité qui se conservent même après la majorité et qui sont indiqués dans d'autres parties de nos lois.

Nous diviserons donc ce titre en trois chapitres :

1° Principe et règles générales du droit d'autorité sur l'enfant mineur ;

2° Fonctions diverses du droit d'autorité sur l'enfant mineur ;

3° Droit d'autorité sur l'enfant majeur.

CHAPITRE PREMIER.

Art. 372. — *Il reste sous leur autorité jusqu'à sa
majorité ou son émancipation.*

Art. 373. — *Le père seul exerce cette autorité pendant
le mariage.*

Le Code, qui ne s'occupe du droit d'autorité qu'à
l'égard de l'enfant mineur, comme cela résulte de
l'art. **372** et de l'ensemble des travaux préparatoires,
n'est même pas fort explicite sur ce sujet, du moins dans
le titre spécialement consacré à la puissance paternelle.
Après avoir posé deux principes généraux, comme nous
venons de le voir, il passe immédiatement à deux
applications tout à fait spéciales et en quelque sorte
extrinsèques de l'autorité paternelle, qui sont plutôt
les conditions de son exercice et la sanction de ce droit,
je veux dire les droits de garde et de correction. Mais
quant aux droits divers, qui forment l'essence même de
l'autorité paternelle, qui sont comme les fonctions
variées de cette puissance, notre titre est complétement
muet. Cela a bien été fait un peu à dessein, car on a
expressément dans les travaux préparatoires renvoyé
les applications diverses du principe aux titres qui
s'occuperaient spécialement des matières, à l'occasion
desquelles ces applications se manifestent. Sans doute
il eût été assez difficile de présenter dans notre titre
même une théorie d'ensemble sur ce point ; cela aurait

demandé beaucoup de travail, attendu surtout qu'aucune des législations antérieures ne présentait quelque chose de satisfaisant. Mais il n'en est pas moins regrettable qu'on n'ait pas abordé de front la difficulté ; car la méthode que l'on a suivie a laissé dans toute cette matière une certaine incohérence et des lacunes regrettables. Pour nous, notre travail ne serait pas complet si nous ne donnions pas une vue d'ensemble des divers droits d'autorité des parents, puisque c'est là ce qui forme le fond, l'essence, la vie même de la puissance paternelle. Aussi, après avoir dans ce chapitre tiré de nos lois tout ce qu'il est possible de tirer sur l'ensemble de la matière au point de vue général, et après avoir résolu les questions auxquelles leur laconisme donne lieu, nous verrons dans un chapitre second les diverses applications spéciales qu'il est possible de trouver à l'autorité des père et mère.

En étudiant donc d'abord cette autorité au point de vue général, nous pourrions nous poser trois questions : d'abord de quelle manière naît la puissance paternelle ; ensuite par qui elle est exercée, et enfin comment elle finit. Mais la première question a une réponse trop simple pour qu'il soit besoin d'y insister : la puissance paternelle naît chez nous de la génération ; que la génération ait eu lieu dans le mariage ou hors mariage, cela n'a pas une importance majeure, cela n'influe que sur quelques applications de détail, dont il n'entre pas dans notre plan de nous occuper. C'est assez dire que la légitimation ne peut pas être, comme en droit romain, comptée pour une source de la puissance paternelle. Quant à l'adoption, ne pouvant avoir lieu que pour une personne majeure, elle ne saurait donner la puissance dont nous nous occupons maintenant et qui ne s'exerce que sur l'enfant mineur. La tutelle officieuse, qui précède l'adoption, ne donne tout au plus que les pouvoirs d'un tuteur, et nous verrons plus loin en quoi ils diffèrent de ceux du père. Donc l'unique source de la puissance paternelle est chez nous la génération.

Restent donc seulement deux questions à examiner :

1° Par qui est exercée la puissance paternelle;

2° Comment elle finit;

Cela fera l'objet de deux sections.

SECTION PREMIÈRE,

Par qui est exercée la puissance paternelle.

Le Code nous dit dans l'art. 372 que l'enfant reste sous l'autorité de ses père et mère « (sous *leur* autorité) » jusqu'à sa majorité ou son émancipation ; et dans l'art. 373, que le père seul exerce cette autorité pendant le mariage. Il s'agit de bien déterminer la doctrine renfermée dans ces deux articles. C'est exactement la doctrine philosophique rationnelle établie plus haut. La puissance paternelle est par elle-même commune au père et à la mère ; le titre de la mère est par lui-même égal à celui du père , et dans l'art. 372, la vocation de la mère a lieu sur le même pied et dans les mêmes termes que celle du père. Mais si la jouissance de la puissance paternelle est égale chez le père et chez la mère,

l'exercice de cette puissance, pour les points du moins
qui ne peuvent pas souffrir un partage, appartient exclusivement ou plutôt souverainement au père. Le Code,
en disant « pendant le mariage, » indique bien que le
motif de cette attribution spéciale faite au père est dans
les rapports que le mariage établit entre les époux, dans
la subordination de la femme au mari qui existe naturellement dans la société conjugale. Mais, de même que dans
la société conjugale la subordination de la femme ne
veut pas dire passiveté complète, mais indique seulement
que son activité doit se soumettre à celle du mari, et qu'à
ce dernier appartient la décision souveraine dans les
questions qui pourraient les diviser ; de même aussi dans
la société de la famille, en disant que l'exercice suprême
de la puissance paternelle appartient au père, on ne veut
pas dire que la mère soit exclue de tout exercice de cette
puissance, on veut dire seulement que la décision suprême, que l'exercice des droits les plus saillants et les
plus étendus appartiendront au père seul, et que la
mère ne devra agir que sous le contrôle du mari et dans
une sphère plus modeste. Le Code, en disant sans distinction : le père exerce seul cette autorité pendant le
mariage, s'est référé uniquement aux droits les plus
importants de cette autorité, à ceux dont il devait s'occuper plus spécialement, et n'a pas entendu exclure la
mère de l'exercice de tous ces pouvoirs qui lui appartiennent plutôt dans les mœurs et dans la pratique jour-
nalière de la vie que dans les règles plus ou moins théo-
riques du droit. Il faut donc reconnaître que la mère,
comme la femme, exerce dans la famille une foule de
pouvoirs, secondaires sans doute, mais très-réels pourtant, et que pendant le mariage même elle participe, non

pas seulement en théorie, mais en pratique même, à la puissance paternelle. C'est, si l'on veut, par une sorte de mandat tacite du père. Mais j'aimerais mieux présenter la chose autrement; j'aimerais mieux dire que c'est un droit conservé à la mère, parce que le père ne peut et ne doit pas prendre en main tout l'exercice de la puissance paternelle dans ses moindres détails. En somme je dirais que la mère exerce ces pouvoirs bien plutôt *jure non decrescendi*, que *jure accrescendi*, si l'on peut employer ici ces expressions en les détournant un peu de leur sens usuel.

Quant aux fonctions importantes et saillantes de la puissance paternelle, le Code procède ordinairement en conformité avec le texte de l'art. 373, c'est-à-dire que tout exercice de ces droits est refusé à la mère pendant le mariage, c'est le père seul qui est admis à faire les actes juridiques qui s'y rapportent, et la mère ne peut y participer que par son influence sur le père pour le provoquer à agir. Il est pourtant certains actes spéciaux pour lesquels une autre système est appliqué, ou plutôt même deux autres systèmes plus extensifs du droit de la mère. Pour le consentement au mariage et aux autres actes qui y sont assimilés, comme la prononciation de vœux dans une communauté religieuse et l'engagement dans les ordres sacrés, la mère se trouve véritablement associée au pouvoir du père, il faut qu'on lui demande à elle aussi son consentement, et la prééminence maritale a seulement pour effet de faire que la volonté du père l'emporte en cas de dissentiment entre les époux. Pour le consentement à l'adoption, le Code va même plus loin, du moins dans l'opinion de la majorité des auteurs; il ne suffit pas que la mère soit consultée, il faut qu'elle consente elle-même à l'adoption et la volonté du père ne pourrait pas prévaloir sur la sienne. Il y a là une dérogation pleine et entière au principe de l'article 373, qui se justifie facilement par l'importance qu'a pour les deux parents un acte comme l'adoption ; et peut-être aussi parce que chez nous l'adoption produit ses effets moins dans l'ordre juridique que dans les mœurs et dans les rapports intimes de la famille, et que le rôle de la mère est beaucoup plus important dans le deuxième ordre d'idées que dans le premier.

Telle est dans son ensemble la répartition faite par le Code de la puissance paternelle entre le père et la mère tant qu'ils sont tous deux vivants et capables d'exercer ces pouvoirs. C'est un point incontestable que la volonté des parties intéressées ne pourrait rien changer à cet ordre de choses : l'art. 1388 est formel sur ce point ; il dit que les époux ne peuvent, par contrat de mariage, déroger aux droits résultant de la puissance maritale sur la personne de la femme et des enfants ; or, d'une part, le contrat de mariage est l'acte dans lequel une pareille convention trouverait le plus naturellement sa place, d'autre part en général, le législateur permet plutôt dans ce contrat des conventions interdites ailleurs ; donc il faut certainement conclure de l'art. 1388 que dans aucun contrat on ne pourrait faire de dérogation aux principes que nous avons exposés.

Cette démonstration paraîtra peut-être bien longue et l'on me dira que je n'avais qu'une chose à dire, c'est que toute dérogation aux règles de la loi serait contraire à l'ordre public et aux bonnes mœurs, et par conséquent prohibée par l'art. 6 du Code Napoléon. J'avoue que je suis un peu effrayé de ces mots « l'ordre public et les

bonnes mœurs. » On les emploie presque toujours pour
rendre une idée tout à fait différente de leur sens naturel ; et l'on a pris tellement l'habitude de leur donner un
sens vague et indéterminé, dont on ne se rend pas bien
compte, que je crains toujours qu'ils n'aient plus de
sens raisonnable dans tel ou tel cas particulier. Cherchons donc ce que signifient ces mots employés dans le
cas qui nous occupe, c'est-à-dire dans la question de
savoir si l'autorité paternelle pourrait être confiée à la
mère aussi bien qu'au père pendant le mariage. Or si l'on
prend les mots dans leur sens naturel, je vois que l'ordre
public et les bonnes mœurs n'ont rien à faire là dedans.
Que les bonnes mœurs, c'est-à-dire la morale, soient
désintéressées en cette matière, c'est ce qui me paraît
évident. Quant à l'ordre public, si l'on entend par là la
tranquillité matérielle de l'Etat, évidemment encore il
n'a rien à faire ici ; si l'on entend par là l'organisation
de l'Etat, des différents pouvoirs et des différents éléments qui le composent, on tombe dans un critérium
éminemment vague et incertain. A quoi reconnait-on
que telle ou telle institution tient à l'organisation de
l'Etat et que telle autre n'y tient pas? Toutes nos lois y
tiennent plus ou moins, et, si l'on met de côté les lois
publiques et politiques, ce n'est plus entre les autres
qu'une question de degré. Dès lors jusqu'où devra-t-on
aller, où faudra-t-il s'arrêter ? La seule solution un peu
sûre serait de s'en rapporter aux textes pour cette détermination : mais alors l'art. 6 devient inutile puisqu'il faudra toujours un texte spécial dans chaque matière où il devrait s'appliquer. Non ; si l'on cherche à se
rendre compte sérieusement de l'idée, qui est dans tous
les esprits, lorsque l'on emploie ces mots , « l'ordre

public et les bonnes mœurs », dans le cas qui nous occupe ; on voit que l'on veut dire que l'institution en question, c'est-à-dire la prééminence du mari dans le mariage, est de l'essence même du contrat de mariage, que c'est une conséquence nécessaire de la nature des choses, et que par conséquent aucune convention ne pourrait y rien changer. Fort bien ; j'admets volontiers cette idée ; mais au moins faudrait-il l'exprimer formellement et clairement, pour que nous puissions la contrôler et en mesurer la valeur. Autrement nous nous exposons à raisonner dans le vide ou à admettre légèrement, au moyen d'une formule trompeuse, des motifs vains et illusoires. Du reste, la confusion vient de l'art. 6 lui-même qui, en parlant des lois qui intéressent l'ordre public et les bonnes mœurs, a certainement voulu comprendre non-seulement celles qui sont naturellement comprises dans ces mots, mais encore toutes les dispositions qui tiennent à l'essence même des choses, et par conséquent ne peuvent être modifiées par des conventions particulières ; et même certaines dispositions qui, dans leurs détails, sont plus ou moins arbitraires de la part du législateur, mais qui ont pour caractère essentiel de devoir être uniformes pour tous les membres de la nation, comme les dispositions concernant la capacité des personnes.

L'application de l'art. 373 ne souffre aucune difficulté tant que, le mariage durant, le père reste complétement capable d'exercer l'autorité paternelle. Mais, s'il se trouve dans l'impossibilité de l'exercer, alors se pose la question si la mère peut et doit l'exercer à sa place. Pour bien étudier cette question, il faut la diviser en deux autres questions, parce que la solution de l'une est beaucoup moins simple et moins facile que celle de l'autre. Il faut d'abord examiner le cas ou l'impossibilité où se trouve le père d'exercer l'autorité paternelle, existe légalement et est légalement constatée, et le cas où elle n'a pas ce caractère.

L'impossibilité pour le père d'exercer la puissance paternelle existe légalement dans trois cas : 1° lorsque le père est déchu de la puissance paternelle en vertu de l'art. 335 du Code pénal ; 2° lorsqu'il est absent déclaré ou même seulement présumé ; enfin 3° lorsqu'il est interdit, soit judiciairement, soit légalement, et nous ajouterons aussi lorsqu'il aura été placé dans une maison d'aliénés, conformément à la loi du 30 juin 1838. Dans tous ces cas s'il n'y a pas toujours incapacité légale pour le père d'exercer la puissance paternelle, il y a du moins constatation légale de l'impossibilité où il est de l'exercer ; et cela suffit pour que l'argumentation suivante s'y applique dans toute sa force.

Le droit d'exercer dans ces cas la puissance paternelle n'a été refusé à la mère que par un auteur et il ne s'est fondé que sur un argument de texte tiré des art. 373 et 381, dont l'un dit « le père seul exerce cette » autorité *durant le mariage,* » et l'autre la mère *survi-* » *vante.* » Donc, dit-il, la mère ne peut jamais exercer la puissance paternelle pendant le mariage, du vivant de son mari. Mais n'est-il pas évident que dans ces deux articles le Code raisonne du cas le plus ordinaire, où le mari reste capable toute sa vie, et où il ne perd la puissance paternelle que par sa mort ? L'ensemble des dispositions du Code réfute l'argument tiré des art. 373 et 381. En effet l'art. 372 pose sans restriction la vocation de la mère à la puissance paternelle sur le

même pied que le père, n'est-ce pas dire clairement
que toutes les fois que le droit du père n'y mettra pas
obstacle le droit de la mère reparaîtra dans toute sa
force? Les travaux préparatoires sont entièrement conformes à cette saine interprétation. M. Vésin ne fonde
l'exclusion de la mère, faite par l'art. 373, que sur la
nécessité de l'unité de pouvoir ; et il ajoute que le projet
n'entend pas par là ne pas associer la mère à cette ma-
gistrature ; elle l'exerce à son tour et prend la place du
père, « *s'il vient à manquer.* » On voit que ces derniers
mots sont tout à faits généraux et n'exigent nullement
que se soit la mort qui rende vacante la place du père
sur le trône domestique. Nous avons vu enfin que les
principes mêmes sont parfaitement d'accord avec le
Code et les travaux préparatoires sur ce point et nous
pouvons invoquer en dernier lieu l'autorité des précédents (1). De plus plusieurs textes spéciaux appliquent à
des cas particuliers les principes que nous établissons
ici d'une manière générale : ainsi pour le consentement
au mariage, l'art. 149 dit formellement que le consentement de l'un des époux suffit lorsque l'autre est mort
ou s'il est *dans l'impossibilité de manifester sa volonté ;* ces
mots sont tout à fait généraux. L'art. 2 du Code de commerce admet, pour permettre au mineur de faire le commerce, l'autorisation de la mère seule, « en cas de décès,
interdiction ou absence du père. » Il ne parle pas du cas
de déchéance, mais il faut argumenter *a fortiori* pour ce
cas ; car alors on n'a pas comme dans l'interdiction ou
l'absence à ménager les droits d'un père, qui peut reparaître ou revenir à une meilleure santé. Enfin pour le

(1) Pothier, *Traité des personnes,* part. 3; tit. 6; sect. 2.

cas spécial de l'absence, nous avons l'art. 141, qui donne à la mère « la surveillance des enfants » et » tous les droits du mari, quant à leur éducation et à l'administration de leurs biens. » Tout s'accorde donc pour reconnaître à la mère le droit d'exercer la puissance paternelle lorsque le père est dans l'impossibilité légalement constatée de l'exercer lui-même.

Lorsque cette impossibilité n'a pas une existence légale, la question est plus délicate et beaucoup plus controversée. Cette hypothèse peut se rencontrer dans trois cas surtout : 1° si le père est dans un lieu éloigné, sans être proprement absent, c'est-à-dire sans que son existence soit incertaine ; 2° si le père est détenu en prison pour une cause ou pour autre, sans être frappé d'interdiction légale ; enfin 3° s'il est d'un esprit faible, incapable de manifester sa volonté, sans pourtant être interdit ou placé dans une maison d'aliénés ; ce qui pourrait arriver, soit à cause des égards que sa famille a pour lui en présence d'une infirmité qui ne le porte à aucun acte funeste et qui n'est peut-être due qu'à son grand âge ; soit parce que cette infirmité n'est pas de nature à motiver son interdiction, notamment si elle n'est pas habituelle, si elle résulte d'une maladie. J'admettrai encore dans tous ces cas que tous les droits, dont l'exercice par le père sera réellement impossible, ou même seulement très-nuisible, et contraire au but du législateur ; que tous ces droits, dis-je, seront exercés par la mère. Seulement, l'impossibilité n'étant pas ici générale et absolue, il faudra distinguer en fait les différents droits dont l'ensemble forme la puissance paternelle et prouver à part l'impossibilité pour chacun d'entre eux. Quant au principe, qu'il faut faire passer à la mère tous les droits qu'en fait le père ne peut pas exercer ; je l'établis sur les mêmes bases que dans le cas où l'impossibilité est légale : la mère est associée à la puissance du père, elle l'exerce dès que celui-ci vient à manquer d'une manière quelconque ; la raison, les travaux préparatoires, et le texte de l'art. **372** s'accordent à le démontrer aussi bien pour notre hypothèse que pour la précédente ; — l'art. 149 n'exige aussi que l'impossibilité de manifester la volonté, sans distinguer d'où provient l'impossibilité ; il s'applique d'après son texte au consentement au mariage, et il faut l'appliquer à presque tous les autres consentements qui doivent être demandés au père, car presque tous ces divers consentements sont assimilés au consentement au mariage. — On peut encore considérer dans ces cas la mère, comme mandataire du père pour exercer les droits dévolus à celui-ci d'après la loi ; car ce mandat tacite est bien impliqué par le mariage, où les époux mettent en commun tous leurs droits et spécialement ceux qu'ils auront sur la nouvelle famille qu'ils forment. On m'objectera, peut-être, que le père ne peut par aucune convention aliéner ses pouvoirs, parce qu'une pareille convention est contraire à l'ordre public et aux bonnes mœurs. C'est ici que je suis plus heureux que jamais d'avoir approfondi l'idée qui se cachait sous cette formule vague et indéterminée ; nous avons vu qu'elle revient à demander si cet acte est contraire à l'essence du mariage. Or il est contraire à l'essence du mariage, que le père se lie les mains d'avance, aliène irrévocablement une part de ses pouvoirs et les transmette à un autre. Mais il n'est nullement contraire à l'essence du mariage, que le père empêché communique ses droits à un autre par un mandat essentiellement révocable; qu'il donne à la mère le pouvoir d'exercer sa puissance paternelle en se réservant la faculté de la reprendre, à chaque instant, dans toute sa plénitude. De pareilles transactions ont lieu journellement dans tous les actes par lesquels le père charge un tiers de l'éducation de ses enfants, et leur communique pour cela une partie de ses droits de garde et de correction. Donc la mère exercera tous les droits que le père se trouvera dans l'impossibilité d'exercer.

Mais nous avons dit qu'il faudra prouver cette impossibilité pour les divers droits spéciaux qui seront en question, attendu que cette impossibilité n'est pas, dans notre hypothèse, absolue et générale. Donnons sommairement un aperçu des principales solutions qui se présenteront en cette matière.

D'abord, quant aux pouvoirs domestiques, à ces pouvoirs intimes, plutôt réglés par les mœurs que par les lois; il est clair que le moindre empêchement du père les fera passer pour la plupart dans les mains de la mère, qui en exerçait déjà une certaine portion; cela ne souffre pas la moindre difficulté.

Pour le droit de garde qui est la condition d'exercice de ces pouvoirs et leur plus manifeste expression, il passera aussi assez facilement à la mère. Quand le père quitte le domicile conjugal, pour un motif ou pour un autre, et sans la volonté d'emmener avec lui ses enfants, il est d'abord certain que la *maison paternelle*, dont parle l'art. 374, est alors la maison de résidence de la mère et non celle du père. Quant à savoir si la mère aurait qualité pour réclamer l'appui de la force publique pour réintégrer l'enfant au domicile paternel, il nous semble qu'il faudra assez facilement admettre l'affirma-

tive ; en effet cette mesure présente presque toujours
un caractère d'urgence très-prononcé, et il suffira d'un
éloignement du père peu considérable, d'un emprisonnement même de peu de durée, si les communications
avec le prisonnier ne sont pas faciles, pour autoriser le
tribunal à déférer à la demande qui lui serait faite par la
mère. De même, si le père est d'un esprit faible, on devra
être peu exigeant quant aux motifs qui justifient sa non-
interdiction ; et on ne pourra presque jamais renvoyer
les parties à attendre que l'interdiction soit prononcée ;
le tribunal s'éclairera seulement sur l'état mental du
père par tous les moyens en son pouvoir, surtout par
la comparution personnelle, si elle n'a pas d'inconvé-
nient. Au contraire s'il s'agissait de permettre à l'enfant
de quitter la maison paternelle, la maison où l'a laissé
son père en partant, où il a toujours voulu le garder,
tant qu'il était sain d'esprit ; il faudrait être beaucoup
plus circonspect. Cet acte est beaucoup plus grave ; il
est très-possible qu'il soit contraire à la volonté du père
qui est toujours pourtant le souverain juge en cette matière ; de plus il sera en général moins urgent. Aussi on
devra, en général, s'en référer au père, et attendre sa réponse. Cependant je n'interdirais pas cet acte absolument :
il peut présenter un certain caractère d'urgence, être
fort important pour l'avenir de l'enfant, et en outre être,
dans les circonstances présentes, tellement convenable
que tout ferait présumer que le père, s'il pouvait être
consulté, consentirait certainement à cette séparation.
Il est possible aussi que dans certains cas il soit tout à
fait impossible d'obtenir la manifestation de volonté du
père. J'admettrais donc que la mère pourrait alors
prendre cette mesure, mais qu'elle devrait se faire auto-

riser par le tribunal, qui apprécierait toutes les circonstances de fait sur les bases que nous venons d'indiquer.

A l'égard du droit de correction, il peut y avoir moins d'urgence que pour les mesures de garde; le président du tribunal pourra donc plus souvent exiger, avant de délivrer l'ordre d'arrestation, une demande du père lui-même, si son éloignement n'est pas trop considérable, ou l'on pourra attendre son retour ou sa mise en liberté, ou exiger que son interdiction soit provoquée, si les motifs que l'on a de l'éviter paraissent trop futiles ou frustratoires. Pourtant encore ici il y aura bien des cas où une prompte répression sera nécessaire, où un délai serait fatal aussi bien pour l'enfant que pour ses parents; et comme en définitive la mère qui est placée sur les lieux est bien mieux à même que le père éloigné de connaître la véritable situation; j'admettrais que le président du tribunal pourrait, en connaissance de cause et en prenant toutes les précautions nécessaires pour empêcher des fraudes à la loi et à l'autorité du père, délivrer l'ordre d'arrestation sur la demande seulement de la mère; avec le concours des deux plus proches parents maternels, bien entendu, car elle n'est jamais dispensée de ce concours.

Restent enfin les consentements que l'on doit demander au père et qui forment le fond même de l'autorité paternelle. Ici les cas d'urgence seront infiniment plus rares que pour les droits précédents: pour le mariage de l'enfant, on peut encore concevoir certaines circonstances qui ne permettent pas d'attendre; mais pour l'adoption, par exemple, ou l'engagement dans les ordres religieux, on ne conçoit presque pas qu'un délai puisse devenir fatal. En outre il faut être d'autant plus circonspect que l'acte qu'il s'agit de faire est plus en dehors des habitudes et du cours ordinaire des choses. Nous poserions donc en principe qu'on devrait ici subir tous les délais pour attendre le consentement du père, ou sa sortie de prison, ou un intervalle lucide, ou la fin de sa maladie, ou son interdiction s'il y a lieu. Mais pourtant nous admettrions très-exceptionnellement des dérogations à ce principe, fondées sur une urgence bien constatée par la sagesse du tribunal; ou sur ce que l'état mental du père, également bien constaté, ne laisse pas d'espoir prochain de guérison, sans pourtant qu'il y ait lieu de forcer la famille à provoquer l'interdiction. Nous indiquons par là que nous exigerions toujours pour que le consentement de la mère suffit, une autorisation expresse du tribunal; car c'est le seul moyen d'établir légalement l'impossibilité d'avoir le consentement du père, et d'offrir ainsi une garantie sérieuse à sa puissance paternelle.

La faculté d'émanciper l'enfant est encore un acte de la puissance paternelle; mais un acte d'une gravité toute spéciale qui mérite que nous reprenions à son égard toute notre discussion. C'est, en effet, un acte de disposition, un véritable *abusus* du droit, et l'on comprendrait qu'on admît facilement la transmission du père à la mère de l'exercice de la puissance paternelle, sans admettre également la transmission du droit de l'éteindre. De plus cet acte a aussi un retentissement dans l'ordre des biens, puisqu'il éteint l'usufruit légal, et le père interdit ou absent conserve la capacité de jouir de l'usufruit légal quoiqu'il ne puisse pas exercer la puissance paternelle. Toutefois ces raisons ne me paraissent pas décisives, il ne faut pas considérer l'émancipation seulement du côté des parents, il faut aussi la regarder du côté des enfants ; à leur égard elle est un exercice pur et simple de la puissance paternelle ; et comme c'est l'intérêt des enfants qui doit inspirer tous les actes de la puissance paternelle, il est vrai de dire que l'émancipation sainement comprise ne doit pas se présenter aux yeux des père et mère, comme une perte de leur droit, mais comme une des fonctions les plus importantes et les plus précieuses de ce droit d'autorité, puisque par cet acte ils donnent à l'activité de leur enfant une impulsion et une liberté qu'ils jugent utiles à la fois à l'enfant et à la famille. Quant à l'usufruit légal, malgré toute la réserve que l'on doit observer à l'égard du père, je ne crois pas que ce puisse être une raison déterminante ; puisque les travaux préparatoires nous montrent clairement que, dans la pensée des auteurs du Code, l'intérêt de l'émancipation devait passer avant celui de l'usufruit des père et mère ; en effet c'est pour ne pas donner aux père et mère un intérêt contraire au mariage et à l'émancipation de leur enfant qu'on a arrêté l'usufruit légal à dix-huit ans. On peut trouver la mesure un peu trop radicale, mais elle n'en indique que mieux la pensée du législateur. Cette considération peut seulement faire dans la question qui nous occupe qu'on sera moins coulant avant dix-huit ans, d'autant que l'intérêt de l'enfant sera alors en général moins pressant.

Nous admettrons donc que si le père est déchu, interdit ou absent même présumé, la mère aura le droit d'émanciper son enfant, même dès l'âge de 15 ans. Nous nous appuyons pour cela et sur le principe de l'art. 372, applicable ici comme aux cas précédents, et plus particulièrement sur l'art. 477 qui donne le droit d'émanciper dès l'âge de 15 ans à la mère *à défaut de père,* sans limiter les causes qui empêchent le père d'intervenir.

Si le père est seulement éloigné, ou en prison, ou d'un esprit faible; vu la gravité de l'acte dont il s'agit, nous nous entourerons avec le plus grand soin de toutes les precautions indiquées plus haut, et nous agirons avec la plus grande réserve : nous exigerons que la mère obtienne l'autorisation du tribunal qui devra sérieusement apprécier et l'urgence de l'émancipation, et la gravité des raisons qui empêchent de rapporter une déclaration du père lui-même. Ces circonstances ne se présenteront, sans doute, avec tous ces caractères que très exceptionnellement, mais quand elles se présenteront, nous admettrons la mère à émanciper son enfant sous le contrôle du tribunal.

Lorsque le père ou la mère est mort, la puissance paternelle appartient en entier au survivant, comme père ou comme mère, indépendamment de la tutelle, c'est-à-dire quand même il ne serait pas tuteur.

A défaut des deux parents, la plupart des droits de puissance passent au conseil de famille et au tuteur, notamment les droits d'éducation, de garde, de correction, d'émancipation. Les ascendants comme tels, et indépendamment de la qualité de tuteur ou de membres du conseil de famille qu'ils peuvent avoir, ne conservent que le droit de consentir au mariage et autres actes qui y sont assimilés, sauf à l'adoption, et le droit établi par l'art. 935 d'accepter les donations entre-vifs, faites au mineur, en cas de négligence du tuteur ou du curateur.

SECTION II.

Comment finit la puissance paternelle?

Nous énoncerons d'abord pour simple mémoire, la cause qui met fin à tout, la mort; la mort de l'enfant qui fait cesser toute puissance; la mort du père qui y met fin dans la personne du père seulement et la fait passer à la mère, si elle existe encore; enfin la mort du dernier survivant des père et mère, qui fait aussi cesser la puissance paternelle proprement dite, et donne naissance à la puissance tutélaire pure, en conservant seulement aux autres ascendants quelques parcelles de l'autorité paternelle, comme nous venons de le voir.

Dans les causes spéciales d'extinction de la puissance paternelle, nous devons distinguer les causes ordinaires et normales, et celles qui sont accidentelles et exceptionnelles. Les premières sont la majorité et l'émancipation de l'enfant; les secondes, frappant sur la personne des parents sont, suivant certaines distinctions, l'interdiction et la déchéance du père et de la mère. L'absence des parents n'est pas une cause particulière de cessation de la puissance paternelle, car elle n'agit que comme présomption de mort.

C'est l'art. 372 qui pose comme terme normal à la puissance paternelle la majorité ou l'émancipation de l'enfant.

Quant à la *majorité*, le Code a agi avec une très-grande sagesse. Il a d'abord posé un principe général,

une époque déterminée où l'enfant est réputé capable
de tous les actes de la vie civile et affranchi des liens
de puissance. Il donne ainsi une base fixe sur laquelle
on peut toujours se régler, et il ne s'expose pas à laisser
planer l'incertitude sur certaines capacités de détail qu'il
aurait pu négliger par hasard. Mais aussi il fait de
nombreuses exceptions à ce principe, de façon à adoucir
ce qu'il aurait de trop inflexible, et à se rapprocher autant
que possible des données de la nature en tenant compte
du développement plus ou moins rapide des diverses
facultés ou aptitudes dans la masse générale de la
population. C'est ainsi que, pour divers motifs, le droit
de garde n'est complétement absolu que jusqu'à vingt
ans, et qu'après cet âge l'enfant peut s'engager au service militaire, même malgré son père; c'est ainsi que
l'usufruit légal ne dure que jusqu'à l'âge de dix-huit ans
de l'enfant. D'autre part aussi la majorité est retardée
jusqu'à vingt-cinq ans pour le mariage des fils, et pour
les autres actes qui y sont assimilés, et en outre pour
l'adoption des enfants des deux sexes. On pourrait
peut-être critiquer en détail les différents âges adoptés
par la loi, mais on ne peut qu'approuver sa restriction
l'ensemble du système. Même pour les critiques de
détails, je crois qu'il faut une grande réserve; car
cette question qui porte sur l'appréciation d'un ensemble de faits, des mœurs, de l'état général de la nation,
me paraît une de celles pour lesquelles les représentants
de la nation, réunis en assemblée, doivent être regardés
comme les meilleurs juges sans appel possible. Ce n'est
pas, comme dans les questions de principe, fondées sur
des déductions rationnelles et logiques, ou sur la constatation de faits palpables et clairs; dans ces questions,

je revendique hautement pour toutes les intelligences un droit de critique éclairée et toute modérée dans la forme sur les décisions du législateur. Mais pour les questions d'ensemble, d'une appréciation délicate, et qui demande plutôt un certain sens pratique qu'un effort de raisonnement, j'admtes que la majorité des représentants d'une nation est la voix la plus autorisée, et donne le jugement le meilleur et le plus juste qu'il soit possible d'avoir. Tout ce qu'on pourrait soutenir sur ces points, c'est que les circonstances ne sont plus les mêmes que lors de la rédaction du Code ; et encore faudrait-il le faire avec beaucoup de réserve.

L'*émancipation* n'offre pas de difficulté ; elle a pour but de remédier à ce que les présomptions légales de capacité établies par le Code, pourraient avoir de trop absolu, en devançant dans un cas particulier l'âge de la majorité. Elle peut être faite par celui des père et mère, qui exerce la puissance paternelle, pour l'enfant âgé de 15 ans au moins, par une simple déclaration de-vant le juge de paix assisté de son greffier (art. 477). Nous avons vu quelle latitude de pouvoir on pouvait accorder à la mère sur ce point, lorsque le père était dans l'impossibilité d'exercer la puissance paternelle.

L'émancipation résulte aussi du mariage de l'enfant, et n'exige pas alors d'autres formalités que celles habi-tuellement requises pour le mariage d'un mineur, et que nous étudierons plus loin.

L'*interdiction*, en général, n'enlève pas la jouissance, mais seulement l'exercice des droits. Quelle sera son influence sur la puissance paternelle qu'avait l'interdit avant son interdiction ? Il semble tout simple de dire que l'interdit perdra l'exercice de cette puissance, mais en conservera la jouissance, et cela ne paraît pas devoir faire la moindre difficulté. Pourtant cela n'est pas exact. Il faut dire que c'est, en général, la jouissance même de la puissance paternelle qui est perdue. Et pourquoi cela? Parce que la jouissance de ce droit ne peut pas exister sans son exercice. En effet, revenons aux éléments essentiels de la puissance paternelle; l'autorité paternelle existe surtout dans l'intérêt de l'enfant, pour la direction plus ou moins large de celui-ci, et si le père peut très-bien user de sa puissance dans son propre intérêt, cet usage doit être subordonné à la direction donnée à l'enfant dans l'intérêt de l'enfant. Or, comprend-on d'une part que le pouvoir directeur puisse exister chez une personne qui ne l'exerce pas, et à la place de qui une autre personne l'exercerait? Cette autorité est essentiellement personnelle, c'est la volonté du père qui peut diriger l'enfant; mais le tuteur du père interdit ne saurait exercer pour lui ce droit. Cette dernière solution est d'ailleurs généralement admise, soit qu'on se rende ou non un compte exact de ses motifs : lorsque le père ou la mère est interdit, on fait passer l'exercice du droit d'autorité, non pas au tuteur du père ou de la mère, mais à ceux à qui il serait dévolu si l'interdit n'existait plus ou avait perdu complétement la jouissance même de la puissance paternelle.

Pour les pouvoirs que le père peut exercer dans son propre intérêt, par exemple pour le droit aux services de l'enfant, et pour les droits que le père a sur ses biens la question est plus délicate. Je poserais pourtant encore en principe que la perte de l'exercice du droit entraîne la perte de la jouissance, et cela à cause de la subordination dans laquelle est cette seconde classe de droits par rapport à la première. Le père peut user de son autorité dans son propre intérêt, mais seulement en tant que cela ne nuit pas à l'intérêt de l'enfant, à la direction qu'il croit bon et utile de lui donner. Il y a donc là une appréciation morale à faire quant à l'étendue de ce que le père peut demander à l'enfant. Or, cette appréciation morale dépend essentiellement du pouvoir de direction sur l'enfant, c'est une partie de l'exercice de ce pouvoir, elle est donc aussi incommunicable que lui. Nous dirons donc aussi en principe qu'en cas d'interdiction de celui qui a la puissance paternelle, l'exercice des droits aux services de l'enfant et sur ses biens passeront, non pas au tuteur de l'interdit, mais à ceux à qui la puissance paternelle serait dévolue à défaut de ce dernier. Mais il peut y avoir lieu de faire des exceptions au principe pour certaines raisons spéciales. Ainsi dans une législation qui ferait dépendre le droit aux aliments du lien de génération, il faudrait, sans aucun doute, admettre le tuteur de l'interdit à exercer ce droit pour lui, par la raison qu'il n'y a pas alors d'appréciation morale à faire, puisque la quotité des aliments et le cas où ils sont dus sont complétement déterminés d'avance. Ainsi encore dans une législation qui, comme la nôtre, par une vue de simplicité et de précaution, ne donne au père sur les biens de ses enfants qu'un droit d'usufruit rigoureusement défini, et lui donne ce droit absolument sans tenir compte des diverses circonstances qui rationnellement pourraient le modifier; on pourra facilement admettre que ce droit d'usufruit sera exercé par le tuteur de l'interdit, au profit de celui-ci ; car dans ces conditions-là, il n'y a plus aucune appréciation morale à

faire. Du reste nous examinerons cette question à fond,
lorsque nous parlerons de l'usufruit paternel.

Ces règles peuvent se démontrer facilement pour l'interdiction judiciaire, qui est fondée sur une incapacité
naturelle, et sur laquelle on peut raisonner scientifique-
ment. Il y a plus de difficulté pour l'interdiction légale,
établie arbitrairement par la loi pénale. Toute la question est de savoir, si la loi a voulu ou non assimiler
complètement l'interdiction légale à l'interdiction judiciaire. Sans vouloir examiner à fond cette importante
question, nous dirons que nous nous rangeons à l'avis
de ceux qui pensent que la loi a voulu cette assimilation
au moins en général, parce que, en parlant d'interdiction sans plus, l'art. 29 du Code pénal n'a pu que
vouloir se référer à la seule interdiction organisée par
nos lois, c'est-à-dire à l'interdiction judiciaire, autrement ce mot n'aurait aucun sens précis. Nous n'admettons pas que l'art. 29 du Code pénal, ait été conçu uniquement dans une pensée de protection pour le condamné; les travaux préparatoires et l'économie de la
loi montrent plutôt, qu'on a voulu par cette interdiction
empêcher que le condamné n'atténue sa peine, et augmen-
menter aussi sa punition. C'est bien ce qu'indique le
texte de l'art. 29, qui dit que les condamnés à telle et
telle peine, seront *de plus* en état d'interdiction légale,
ce qui implique que c'est là une nouvelle peine. — La
fin de ce même art. 29, ne s'oppose pas à notre décision. Elle ne parle sans doute que de la gestion des biens
par le tuteur de l'interdit légalement : *il lui sera nommé
un tuteur et un subrogé tuteur pour gérer et administrer
ses biens.* Mais c'est tout simplement parce que ces
droits sur les biens sont en général les seuls dont l'exer-

cice puisse être séparé de la jouissance. Dans le cas spécial dont nous nous occupons, cette disposition nous
est d'autant moins opposable, que nous avons soutenu
précisément que l'autorité, exercée jadis par l'interdit,
est exercée maintenant, non pas par son tuteur en son
nom, mais par celui à qui la puissance paternelle serait
dévolue à son défaut.

La déchéance de la puissance paternelle n'est prononcée dans nos lois que par un seul article, l'art. 335
du Code pénal, qui s'occupe du délit d'attentat aux
mœurs. Voici quels sont les termes de son second paragraphe : « Si le délit a été commis par le père ou la
» mère, le coupable sera de plus privé des droits et
» avantages à lui accordés sur la personne et les biens
» de l'enfant par le Code civil, livre 1ᵉʳ titre IX, de la
» *puissance paternelle*. »

J'appellerai immédiatement l'attention sur ces mots,
de l'enfant; il en résulte bien clairement que le délit
commis sur un des enfants n'enlève la puissance paternelle que sur cet enfant ; et comme un texte pénal,
fût-il obscur, doit toujours être entendu restrictivement,
il en résulte bien évidemment qu'il faut écarter, sans
hésitation, l'opinion de ceux qui voudraient que le père
ou la mère, coupable de ce délit, fussent déchus de toute
puissance paternelle. Cette solution était possible législativement, un délit aussi odieux pouvait ravir aux parents toute la confiance de la loi, mais il est indubitable que le législateur n'a pas jugé à propos d'aller
jusque-là.

D'autre part on a cherché à restreindre la déchéance
prononcée par l'art. 335 en entendant strictement les
termes employés par lui ; on a dit que les père et mère

ne perdraient que les droits dont s'occupe spécialement le titre 9 du livre 1er du Code civil, et non ceux dont il est question à d'autres endroits de nos lois, comme le droit d'émancipation, le droit de consentir au mariage ou à l'adoption. Et l'on a vu des auteurs, tout en regrettant ce qu'il y a de judaïque dans cette interprétation et ce qu'elle a de contraire à la raison, à l'intérêt public et à l'intention très-probable du législateur, plier pourtant devant le texte qu'ils jugeaient irréfutable. Pourtant il me semble qu'il y a une réponse bien simple à faire : c'est que, si par une raison de méthode et de clarté on a écarté de notre titre l'examen détaillé des divers droits dont il s'agit, du moins les rédacteurs ont déposé dans ce même titre le principe générateur de ces droits en disant que l'enfant reste sous l'autorité de ses père et mère jusqu'à sa majorité ou son émancipation. Dès lors ne peut-on pas satisfaire complétement ceux qui s'en tiennent rigoureusement au texte de l'art 335? Les droits d'émancipation, de consentement à l'adoption et au mariage, sont bien en réalité accordés par le titre de la *puissance paternelle*, et tombent certainement sous le coup de la déchéance prononcée par l'art. 335.

Quoiqu'il en soit de l'étendue de cette déchéance, c'est un point incontestable, qu'elle résulte du seul fait de la condamnation des père et mère pour le délit mentionné par l'art. 334, et qu'elle n'a pas besoin d'être prononcée par le jugement. Elle est la conséquence légale et tacite de la peine principale.

L'art. 335 du Code pénal est le seul texte qui prononce directement la déchéance de la puissance paternelle. Nous avons admis cependant que l'art. 29 de ce

Code peut faire enlever à l'interdit légalement l'exercice de la puissance paternelle ainsi que ses autres droits. Quant à la dégradation civique ou à l'interdiction à temps de certains droits, elles n'entraînent pas ou ne peuvent pas entraîner la perte de la jouissance ou de l'exercice de la puissance paternelle ; car celle-ci n'est énumérée ni dans l'art. 34, ni dans l'art. 42 du Code pénal, qui sont limitatifs. On ne peut pas conclure de la déchéance de la tutelle à la déchéance de la puissance paternelle, car le premier droit est bien moins important que le second, et d'ailleurs les art. 34 et 42 réservent au condamné le droit d'être tuteur de ses propres enfants, en demandant seulement un avis conforme de la famille. Tout ce qu'on pourrait conclure serait donc que pour conserver la puissance paternelle le condamné devrait obtenir le consentement du conseil de famille. Mais nous avons dit qu'il n'y a pas analogie ; de plus le père n'est pas habituellement, comme le tuteur, soumis au contrôle de la famille dans l'exercice de son autorité.

Faut-il, malgré le silence des textes, ajouter une autre cause de déchéance de la puissance paternelle, l'*abus* de cette puissance ? Pour résoudre cette question fort délicate, il faut commencer par bien nous rappeler les principes.

Nul n'a droit aux actes abusifs de son droit; en effet une acte illicite ne peut pas faire la matière d'un droit, nous l'avons montré ; or ces actes abusifs sont précisément des actes illicites ; donc ils ne peuvent constituer la matière d'un droit. Cela n'offre pas de difficulté.

Un ou quelques actes abusifs dans l'exercice d'un droit ne sont pas une cause suffisante pour enlever ce droit à son titulaire. En effet l'illicéité de ces actes isolés ne prouve pas que l'activité même, qui forme la matière du droit, soit tout entière viciée et immorale ; on ne peut donc pas dire que le droit dans son ensemble soit anéanti par l'absence d'un de ses éléments constitutifs, la *licéité*.

L'abus habituel d'un droit est une cause suffisante pour enlever ce droit à son propriétaire. En effet l'abus habituel montre que l'activité qui forme la matière du droit est profondément viciée dans celui qui l'exerce, qu'en lui elle est quelque chose d'illicite et d'immoral qui ne peut servir de base à un véritable droit. Donc celui qui abuse habituellement de son droit, le perd par cela même, et n'a plus le droit de l'invoquer. Seulement, dans ce cas, il faut bien faire attention à l'étendue qu'a en fait l'abus habituel du droit ; car on ne peut enlever au titulaire que rigoureusement ce dont il abuse habituellement. Il faut donc bien se garder d'un sophisme trop fréquent qui consiste à prendre un ensemble de droits pour un droit unique, et de déclarer que tout l'ensemble de ces droits est perdu parce qu'il y a abus d'un des droits qui le composent. Ce serait souverainement injuste.

Appliquant ces principes à la législation positive, je dis d'une manière générale que les tribunaux ne sont chargés de faire respecter les droits qu'autant qu'ils restent véritablement des droits, et qu'ils ont le pouvoir de déclarer, à quel point ils cessent d'être des droits, en interprétant soit les dispositions législatives formelles, soit la pensée implicite, mais bien certaine du législateur.

Dans le cas particulier qui nous occupe, il est bien certain que le législateur n'a pas voulu établir l'autorité paternelle, comme un pouvoir absolu et tyrannique pouvant méconnaître tous les droits des enfants. Au contraire il est dit presque à chaque page des travaux préparatoires que les père et mère exercent leur pouvoir sous le contrôle des tribunaux. Ou bien ces mots sont vides de sens, ou bien ils fondent pour les tribunaux le droit de réprimer les abus de la puissance paternelle, par divers moyens proportionnés à la gravité de ces abus.

Ainsi si le père ou la mère commet des actes illicites dans l'exercice de son autorité, on pourra déférer ces actes au tribunal, qui d'abord y remédiera autant que possible, en les annulant, s'il y a lieu, ou en les corrigeant, ou en imposant aux père et mère telle réparation qu'il jugera convenable, et ensuite pourra prendre des mesures préventives pour empêcher le retour des abus. Mais jamais pour quelques actes abusifs isolés, on ne pourra enlever au père ou à la mère tout ou partie de sa puissance paternelle.

S'il y a abus habituel d'une certaine partie de la puissance paternelle, alors le tribunal, en usant sans doute de ce moyen avec beaucoup de ménagements, pourra enlever aux parents la portion dont ils abusent habituellement; mais seulement cette portion là et rien de plus, sous peine de violer réellement le droit des parents. Surtout il devra se garder du sophisme dont nous parlions tout à l'heure : ils ont abusé de la puissance paternelle, donc ils doivent être privés de la puissance paternelle. Il devra dire : ils abusaient habituellement du droit de garde, ou même de telle fonction du droit de garde, il faut leur enlever ce droit de garde ou même seulement cette fonction spéciale, mais rien de plus; et

ainsi de suite. Par exemple, le père frappe habituellement son enfant ou le laisse dans le dénuement, ou bien
sa maison est dangereuse pour sa moralité et pleine de
mauvais exemples, on lui enlèvera la garde ; mais s'il
donne malgré cela une bonne éducation à son enfant
(l'on voit trop souvent des parents qui ne pouvant se
contenir eux-mêmes, savent néanmoins ce qu'il faut
faire enseigner à leurs enfants et les font bien élever)
ou devra lui conserver le droit d'éducation. Si l'éducation est mauvaise aussi, on l'enlèvera aux parents, mais
on leur laissera le droit de consentir aux divers actes
de la vie civile de leur enfant ; car il est possible qu'ils
l'aiment toujours et aient encore assez d'expérience
et de droiture pour ne pas compromettre son avenir.

Nous nous bornons ici à cette démonstration du principe et à ces indications sommaires sur ses applications.
Nous pourrons voir, à propos des divers droits dont
nous nous occuperons, quels sont les abus à craindre, et
les moyens d'y remédier.

CHAPITRE II.

FONCTIONS DIVERSES DU DROIT D'AUTORITÉ SUR L'ENFANT
MINEUR.

Les fonctions diverses de l'autorité paternelle sur l'enfant mineur, ou si l'on veut les droits divers qui composent ce droit complexe, peuvent se ranger sous trois chefs principaux.

Il y a d'abord les droits relatifs à la direction de la personne de l'enfant, à l'influence du père sur les actes et sur la moralité de l'enfant.

Ensuite nous avons l'habilitation du mineur aux différents actes de la vie civile.

Enfin, comme nous avons vu que l'autorité paternelle n'existe pas seulement dans l'intérêt de l'enfant, mais encore dans l'intérêt du père, nous devrons dire quelques mots du droit du père aux services du fils.

Ces divisions feront l'objet d'autant de sections.

SECTION PREMIÈRE.

Direction de la personne de l'enfant.

A ce chef se rapportent deux ordres de droits, auxquels correspondent deux ordres de devoirs pour le père:
1° Droit et devoir d'éducation;
2° Droit et devoir de surveillance.

— 219 —

§ 1er. — *Droit et devoir d'éducation.*

L'éducation des enfants est à la foi chez les père et mère un droit et un devoir.

Considérée comme un droit, l'éducation ne présente aucun caractère important à ajouter à ce que nous avons dit du droit d'autorité en général. Le Code n'en parle nulle part spécialement. D'ailleurs les observations que nous avons faites dans notre première partie suffisent pour compléter ce qu'il peut y avoir à dire sur cette matière. C'est au père, ou à son défaut, à la mère qu'il appartient de décider du genre d'éducation et d'instruction que l'enfant recevra, des maîtres qui lui seront donnés, de la profession à laquelle il sera préparé. Une seule difficulté peut se présenter, c'est de déterminer au juste quelle est la latitude d'appréciation que l'on doit laisser au père sur ce point, ou, en d'autres termes, comment on doit concilier son droit avec son devoir. Nous examinerons cette question, quand nous aurons étudié ce dernier.

Sur le devoir d'éducation nous avons deux articles dans le Code Napoléon, l'art. 203 et l'art. 204. Citons-les immédiatement :

Art. 203. *Les époux contractent ensemble, par le fait seul du mariage, l'obligation de nourrir, entretenir et élever leurs enfants.*

Art. 204. *L'enfant n'a pas d'action contre ses père et mère pour un établissement par mariage ou autrement.*

Nous devons sur cette matière examiner trois points :

1° Fondement de cette obligation et à qui elle est imposée ;

2° Chefs de cette obligation ;

3° Sanction de cette obligation.

I. — *Fondement de cette obligation et à qui elle est imposée.*

Nous avons vu, dans notre première partie, que cette obligation, comme toutes celles que les père et mère peuvent avoir envers leurs enfants, est purement morale en elle-même. Mais elle peut devenir juridique pour deux motifs :

1° Lorsque la société civile a intérêt à l'exécution d'une obligation purement morale, elle peut lui ajouter une sanction extérieure, la rendre juridique à son égard. Cela rentre en effet dans la sphère des attributions que nous lui avons reconnues ; car cela n'intéresse que la modalité des droits. En effet, nul n'ayant un véritable droit à des actes illicites ; supprimer ces actes illicites de la masse des droits des citoyens, ce n'est nullement toucher au fond même de ses droits, mais en modifier seulement l'exercice. Ce droit de la société est donc incontestable.

2° L'exécution de cette obligation, qui n'est pas un droit pour les enfants qui en font l'objet, peut être fort bien considérée comme un droit pour les époux entre eux. En effet, l'un des buts du mariage étant la procréation et l'éducation des enfants, les époux en contractant le mariage se promettent implicitement de remplir cette fonction dans toute son étendue. C'est bien ainsi que le Code paraît avoir considéré le fondement de cette obligation, en disant que « les époux contractent *ensemble* par le *fait seul* du mariage... » Le mot ensemble peut sans doute signifier simplement, contractent *tous deux ;*

mais la phrase tout entière paraît lui donner le sens de *réciproquement*. De plus, en disant que cette obligation naît par le fait *seul* du mariage, indépendamment du fait de la génération, le Code paraît fonder ce devoir sur le contrat de mariage, ce qui est très-exact quand on veut donner un caractère juridique à ce devoir.

L'art. 203 impose cette obligation aux père et mère conjointement, puisqu'il dit sans distinction : *les époux. contractent ensemble* l'obligation.

Il s'ensuit qu'il n'y a aucune distinction à faire entre celui des époux qui exerce la puissance paternelle et l'autre époux. Tous deux sont également tenus. En effet il n'y a aucune raison pour faire une différence entre eux. En principe l'autorité paternelle avec ses droits et ses devoirs est commune au père et à la mère. Sans doute pour l'exercice des droits dépendant de l'autorité paternelle, il faut une unité de direction, et cette direction unique est ordinairement confiée au père par préférence à la mère à cause des rapports spéciaux établis entre eux par le fait de la société conjugale. Mais cette unité de personne établie par cette société ne fait pas que le chef de la société soit tenu seul des obligations sur ses biens-propres ; au contraire, en mettant entre ses mains, dans l'état normal, tous les biens de sa femme, elle implique que les biens des deux époux contribuent à l'exécution des obligations résultant du mariage. Il n'y a donc rien dans la nature de la société conjugale qui s'oppose à ce que la femme soit tenue aussi sur ses biens de l'obligation d'éducation ; cette dette est donc en principe commune aux deux époux, qui sont débiteurs conjoints.

Quant à la question de savoir par qui, en dernière

analyse, elle devra être acquittée dans la pratique, il faut pour la résoudre consulter le régime matrimonial des époux, en partant seulement de ce principe que cette dette, commune entre eux, est à la fois mobilière et charge des fruits, car il n'est pas dans sa nature d'être payée sur le capital. En appliquant simplement ces principes, on voit que sous le régime de communauté, elle incombe au mari, comme chef de la communauté (art. 1409, 5°); que dans le cas d'exclusion de communauté ou de régime dotal, elle incombe encore au mari, comme ayant l'usufruit des biens de sa femme ainsi que des siens (art. 1530, 1540, 1549); que dans le régime de séparation de biens totale ou partielle, elle grève conjointement le mari et la femme, eu égard aux revenus que touche chacun d'eux (art. 1448, 1537).

Seulement il y a cette différence entre la séparation de biens judiciaire (art. 1448), et la séparation de biens contractuelle (art. 1537), que, dans le premier cas, la contribution des époux est proportionnelle à leurs revenus respectifs; tandis que, dans le second, elle peut être réglée différemment par la convention, et à défaut de convention, la dette est supportée par la femme seulement jusqu'à concurrence du tiers de ses revenus et par le mari pour le reste.

Dans tout cela, sauf dans le dernier cas, qui est réglé par une disposition arbitraire de la loi, nous trouvons les époux traités comme simples débiteurs conjoints d'une dette mobilière, qui grève les fruits. Mais leur obligation a un caractère spécial qui modifie, dans certains cas, les règles ordinaires en matière de débiteurs conjoints. En effet, quant à ses effets pécuniaires, cette

dette est, comme les dettes alimentaires, proportionnée
et aux besoins du créancier et aux facultés du débiteur.
De là résulte immédiatement que, si l'un des époux se
trouve dans l'impossibilité de fournir aux frais d'entretien et d'éducation des enfants, l'autre devient immédiatement, par ce seul fait, *débiteur unique* de la totalité :
le besoin des enfants restant le même, puisqu'on ne peut
plus en déduire ce que payait l'autre époux, celui qui a
conservé des biens doit, en vertu du titre même de son
obligation, supporter la dette entière, par une sorte do
jus non decrescendi.

Cet effet ne provient pas, comme on l'a soutenu, de
ce que cette obligation serait solidaire ou indivisible. Il
n'y a pas indivisibilité, car cette obligation peut très-
bien être acquittée par parties; elle est susceptible de
plus et de moins, et surtout quand on ne s'occupe,
comme ici, que de ses effets pécuniaires, elle est parfaitement divisible. Il n'y a pas non plus solidarité, car la
solidarité ne peut résulter que de la convention ou de
la loi; or, évidemment, il n'y a pas de convention sur
ce point, et aucun texte de loi ne prononce la solidarité. Tout au contraire, les art. 1448 et 1537 montrent
que l'obligation est divisée entre les époux tant que tous
deux ont des biens à eux.

Nous devons en conclure que le créancier de cette
dette ne pourrait pas en demander à son gré le paiement
intégral à l'un des débiteurs, tant que tous deux sont
capables de payer; ce qui aurait lieu, si l'obligation
était réellement solidaire ou indivisible.

La règle que nous avons énoncée, que, si l'un est incapable de payer, l'autre doit payer le tout, est appliquée par les art. 1448 et 1537, qui, dans le cas de sé-

paration de biens, supposant le mari hors d'état de supporter les charges du ménage, parmi lesquelles sont évidemment les frais d'entretien et d'éducation des enfants (art. 1409, 5°), les mettent tous à la charge de la femme. Bien entendu, si le mari pouvait en supporter quelque portion, moindre que celle qui lui revient, la femme ne devrait supporter que le surplus. Ce qui est dit de la femme doit s'entendre aussi du mari en cas d'insuffisance des revenus de la femme, il supporterait tout le surplus. La loi n'en a pas parlé, parce que, comme c'est lui qui, en général, fait les dépenses, il n'y avait pas lieu de lui donner le droit d'agir en contribution contre lui-même.

Enfin, ce qui est dit de la séparation de biens totale, doit s'appliquer aussi à la séparation de biens partielle. Dans les autres régimes, la question ne se posera pas, car tous les revenus étant entre les mains du mari, les dépenses seront faites par la masse, sans distinction entre les biens des deux époux.

Il y a encore une question qui se résoudra par les mêmes principes : si l'un des époux, qui exerçait la puissance paternelle, le père, supposons, a contracté des obligations pour l'entretien et l'éducation de ses enfants, et qu'il soit insolvable, les tiers créanciers pourront-ils poursuivre la femme? La question n'aura d'intérêt pendant le mariage que si les époux sont séparés de biens; elle aura encore de l'intérêt, si les tiers n'agissent qu'après la dissolution du mariage. Nous admettons sans hésiter l'affirmative : la femme est tenue de toute l'obligation d'éducation, lorsque le mari ne peut pas payer; peu importe qu'elle l'acquitte au moment où les dépenses se font ou plus tard. On peut considérer le mari, comme mandataire ou gérant d'affaires de la femme, lorsqu'il a contracté ces obligations. On peut même considérer les tiers, comme gérants d'affaires de la femme, puisqu'ils ont acquitté une obligation dont elle était tenue. Les tiers auront donc une action directe contre la femme pour le recouvrement de leurs créances.

Cette obligation résulte, soit philosophiquement, soit législativement d'après l'art. 203, de la qualité de père et mère ; elle est tout à fait indépendante de l'exercice des droits que donne cette même qualité. Ainsi non-seulement, comme nous l'avons déjà dit, la mère devra y contribuer, quoique la puissance paternelle soit exercée par son mari seul ; mais encore le mari, empêché ou déchu, devra aussi y contribuer, quand la puissance paternelle sera exercée par sa femme ; et aussi les deux époux ou le survivant devront faire les frais d'éducation, quand même la puissance paternelle leur serait enlevée pour un des motifs que nous avons vus.

On peut poser la question, si cette obligation est imposée aux autres ascendants comme aux père et mère. La négative me paraît certaine, tant à cause du texte de l'art. 203, qu'à raison du système général de la loi relativement aux ascendants. On peut poser en principe qu'il n'a pas été dans la pensée des rédacteurs du Code de donner aux ascendants la plénitude de la puissance paternelle. Le titre de la puissance paternelle ne renferme pour eux aucune vocation à cet égard. Après la mort des parents, c'est la tutelle qui est organisée ; ce qui reste de la puissance paternelle passe au tuteur et au conseil de famille, sauf quelques droits spéciaux, comme le consentement au mariage et à l'adoption qui passent aux ascendants. Les ascendants n'ayant donc pas la puissance paternelle au même titre que les père et mère, il est naturel de penser que la loi n'a pas dû vouloir leur imposer les mêmes obligations. L'art. 203 confirme pleinement cette pensée, puisqu'il ne parle que des « enfants » et non des autres descendants. Et ici on ne peut pas dire que le mot *enfants* comprend les descendants, parce que dans cette matière et dans les matières analogues, le Code spécifie toujours quand il entend parler de tous les descendants ou de tous les ascendants, et pas seulement du premier degré. En outre, si le mot enfants comprenait les descendants, la formule de l'art. 203 serait trop large, car elle imposerait le devoir de l'éducation aux ascendants, lors même que les père et mère pourraient le remplir ; il manquerait à l'art. 203, le principe de la dévolution de degré en degré. Il faut donc dire que les descendants, comme tels, ne sont pas tenus spécialement du devoir de pourvoir à l'éducation de leurs descendants. Seulement, comme tuteurs ou membres du conseil de famille, ils peuvent être tenus de veiller à ce que l'enfant reçoive une éducation convenable, mais à ses frais, sans que les ascendants aient rien à débourser. De plus, l'obligation d'aliments qui leur est imposée par l'art. 207 devant être interprétée proportionnellement à la fortune du débiteur et aux besoins des créanciers, il appartiendrait aux tribunaux de déclarer, dans certains cas, qu'elle comprendra quelques dépenses d'éducation, justifiées ou réclamées par la position réciproque des deux parties.—Ce système, que nous croyons être celui du Code, nous paraît aussi très-rationnel : il ne s'agit pas de savoir si les ascendants ont une obligation morale d'élever leurs descendants ; ceci ne fait aucun doute. La question est de savoir si l'on devait donner à cette obligation des ascendants le caractère juridique. Or, il est certain que la solution donnée quant aux père et mère n'entraînait nullement une décision identique quant aux ascendants ; pour ceux-ci, l'obligation morale est certainement moins étroite ; l'intérêt social est beaucoup moins grand, puisque le décès du père et de la mère pendant la minorité des enfants est fort heureusement une exception assez rare ; enfin l'engagement implicite réciproque entre les époux au moment du mariage à nourrir et élever leurs enfants, s'entend très-bien du premier degré, mais il est bien plus douteux pour les autres descendants ; lorsque les parents ont mis leurs enfants en état de gagner leur vie, leur engagement est rempli, tout ce qu'ils peuvent faire de plus n'a plus aucun caractère juridique. Et c'est bien ainsi que les rédacteurs du Code ont compris le principe qu'ils posaient dans l'art. 203, puisque précisément, ils ont séparé l'obligation d'éducation (art. 203) de l'obligation d'aliments (art. 207), pour montrer que si l'obligation d'aliments est perpétuelle, celle d'éducation est limitée à la minorité des enfants, ne s'étend pas sur les enfants majeurs et *a fortiori* ne s'étend pas sur les enfants de ces enfants. L'obligation morale qui reste aux ascendants est suffisamment sanctionnée par la faculté qui appartient aux tribunaux de comprendre certains frais d'éducation dans la dette alimentaire des ascendants, si les circonstances l'exigent.

II. — *Chefs de cette obligation.*

Cette obligation s'exécute par deux moyens, qui doivent être employés suivant les cas, soit séparément, soit concurremment : les soins personnels, et les dépenses pour l'entretien et l'éducation. Le Code exclut expressément de cette obligation un troisième chef, l'établissement de l'enfant par mariage ou autrement, pour lequel il refuse toute action.

Nous suivrons cette division :

1° Soins personnels ;

2° Dépenses d'entretien et d'éducation ;

5° Pas d'obligation d'établissement par mariage ou autrement.

1° Soins personnels.

L'art. 205 impose aux parents l'obligation de nourrir, entretenir et élever leurs enfants. Cette obligation, qui dans l'esprit des rédacteurs du Code est limitée à la minorité de l'enfant, est bien plus étendue que l'obligation d'aliments qui dure toute la vie des parents et des enfants (art. 207). Elle comprend non-seulement la nourriture et le vêtement, mais encore l'entretien c'est-à-dire tous les soins matériels que peuvent réclamer les enfants dans leurs différents âges. Elle comprend aussi et surtout l'éducation ; éducation du corps et de l'âme. L'éducation du corps, trop souvent négligée, renferme tous les exercices et toutes les mesures propres à développer le corps d'une manière normale, à lui assurer la santé et la force. Nous ne voudrions pas que l'on fît de l'éducation du corps la chose la plus importante, l'âme doit toujours passer avant ; mais nous voudrions voir consacrer à des exercices salutaires bien des instants perdus pour les enfants, et dût-on prendre quelque chose sur le temps consacré aux études, celles-ci n'en iraient que mieux après cela et plus rapidement. Enfin il y a, avant tout et surtout l'éducation de l'âme, éducation religieuse, morale et intellectuelle, c'est là que l'action personnelle des parents à un rôle immense. Nous avons étudié dans notre première partie la gravité et l'étendue de cette obligation. Nous n'avons qu'à renvoyer le lecteur à cette première partie.

Mais relativement à l'éducation intellectuelle, il s'élève une question que nous devons examiner, il s'agit de la combinaison du droit d'éducation avec le devoir d'éducation. Le père est-il maître absolu et arbitraire de l'éducation qu'il veut donner à ses enfants, ou est-il tenu de leur donner un certain degré d'instruction proportionné à sa position et à sa fortune? Un homme riche pourrait-il élever ses enfants comme ceux d'un simple artisan, pourrait-il se contenter de leur faire apprendre un métier ? La question ne peut se poser que dans les cas où le père est tenu de faire les dépenses sur ses propres biens ; car, si l'enfant a des biens, il est indubitable que ses revenus doivent être employés à lui donner une éducation en rapport avec sa fortune (art. 385, 2°).

Une première opinion enseigne que le père est sur ce point le maître absolu et qu'il doit décider sans appel. Cette opinion se fonde surtout sur le principe de l'art. 372, qui donne au père l'*autorité* sur ses enfants, sans aucune distinction, sans aucune restriction ; le droit d'éducation est une partie du droit d'autorité, donc, dit-on, le père doit l'exercer souverainement. On invoque aussi l'analogie de l'art. 208, d'après lequel les aliments ne sont accordés que dans la proportion du *besoin* de celui qui les réclame et de la fortune de celui qui les doit ; or le besoin de l'enfant ne s'étend pas au delà d'un moyen quelconque de gagner sa vie ; si donc le père lui fait apprendre un métier il a satisfait à son obligation.

La seconde opinion, à laquelle nous nous rangeons sans hésiter, soutient que le père peut être obligé à donner à ses enfants une éducation proportionnée à sa position et à sa fortune. Sans doute le père a une autorité souveraine sur ses enfants; mais cette autorité n'est pas absolue et arbitraire. Maintes fois il a été dit dans les travaux préparatoires qu'il l'exerce sous le contrôle des tribunaux. Son autorité est souveraine en ce sens qu'il a le droit de décider sans appel de toutes les questions, moralement indifférentes, qui portent sur l'utilité, sur l'opportunité d'un parti à prendre, sur la mesure dans laquelle l'intérêt général de sa famille lui permet de satisfaire à tel besoin particulier. Mais son autorité n'est pas absolue et arbitraire, parce qu'elle doit céder devant les injonctions de la morale; il n'est libre dans l'exercice de son droit qu'autant qu'il ne sort pas des limites de son devoir; dès que son action devient illicite, elle ne constitue pas un droit pour lui, comme nous l'avons déjà démontré plus d'une fois. Et c'est aux tribunaux qu'il appartient de prononcer sur cette limite imposée au droit par le devoir. Qu'ils doivent le faire avec une grande prudence c'est ce que nous admettrons volontiers; car il faut que l'illicéité de l'acte soit parfaitement démontrée pour qu'ils puissent entraver l'exercice d'un droit, mais s'il y a certitude complète, ils le pourront. L'art. 372 se trouve ainsi mis complétement hors de cause, et nous pouvons donner à l'art. 203 toute sa portée. Il impose aux parents le devoir d'*élever* leurs enfants; or suffit-il pour élever un enfant de lui donner un métier, de le mettre en état de gagner sa vie? Nous ne saurions trop fortement protester contre une pareille prétention. Non, élever un enfant, c'est en faire un homme ; pour faire un homme, il faut une éducation religieuse et morale complète, pour le mettre à même de connaître et de remplir tous ses devoirs, et il faut de plus une certaine instruction au moins égale à l'instruction moyenne des personnes avec qui l'enfant doit vivre, pour porter son âme vers les grandes idées et les choses élevées et le tirer un peu de cette vie presque purement animale, où la perversité de notre nature ne tend que trop à nous ensevelir. Voilà ce que les parents doivent à leurs enfants, voilà les besoins réels de ces derniers. Et c'est ainsi que je réponds à l'art. 208, quoiqu'il fût facile de l'écarter encore plus péremptoirement puisqu'il est écrit pour les aliments et non pour le droit d'éducation, comme le prouvent sans le moindre doute les travaux préparatoires : il a été ajouté sur l'observation de M. Tronchet pour limiter expressément les droits de l'enfant *majeur*. Mais je laisse cet argument de côté, et je dis que le besoin des enfants a toute l'extension que je lui ai donnée plus haut, que ce sont seulement les dures nécessités de la vie qui peuvent dispenser le père de satisfaire à tous ces besoins, parce que cela lui devient impossible. Si trop souvent l'instruction de l'enfant peut se borner presque exclusivement à l'enseignement d'un métier, ce n'est pas que le besoin ne soit pas plus grand, c'est que la fortune de celui qui la doit ne comporte pas plus de dépenses ; c'est à cause du second et non pas du premier maximum de l'art. 208. On pourrait ajouter encore que les besoins d'une personne s'estiment non seulement d'après les nécessités physiques, mais encore d'après sa position et la fortune qu'elle a eue ou à laquelle elle est appelée ; et de même qu'on accordera souvent à titre d'aliments plus que ne demande le strict besoin de la subsistance, de même aussi dans certains cas les tribunaux ne devront pas permettre au père de borner l'éducation de l'enfant au simple moyen de gagner sa vie. Enfin cette solution était aussi celle de l'ancien droit français. (Pot. Tr. du contrat de mariage, n° 384).

Nous verrons plus loin comment les tribunaux pourraient être saisis de la réclamation de l'enfant.

2° *Dépenses d'entretien et d'éducation.*

Les dépenses de l'entretien et de l'éducation sont imposées aux père et mère par l'art. 203. Mais cette règle n'est pas absolue, il faut y faire quelques distinctions. Et d'abord il faut distinguer si l'enfant a ou n'a pas de biens personnels.

A. Si l'enfant n'a pas de biens personnels, la règle de l'art. 203 s'applique purement et simplement : les parents sont obligés de nourrir, entretenir et élever leurs enfants ; c'est bien dire qu'ils doivent faire les dépenses nécessaires pour cela.

B. Si l'enfant a des biens personnels, il faut alors faire une sous-distinction entre le cas où les père et mère en ont l'usufruit, et celui où ils ne l'ont pas.

Si les père et mère ont l'usufruit des biens de l'enfant, alors ils sont encore tenus des frais d'entretien et d'éducation, mais alors *propter rem,* en tant qu'usufruitiers (art. 385, 2°). De là s'ensuit que la mesure des dépenses à faire n'est plus la fortune des parents, mais bien celle de l'enfant, comme l'indique l'art. 385, 2° ; et en outre que cette obligation est à la charge exclusive de l'époux qui a l'usufruit à l'exclusion de l'autre époux, séparé de biens.

Si au contraire les père et mère n'ont pas l'usufruit des biens personnels de l'enfant, c'est une question controversée que de savoir si les parents doivent faire les dépenses d'entretien et d'éducation ou si ces dépenses doivent être faites avec les revenus des enfants.

Une première opinion soutient que les parents doivent toujours faire les dépenses avec leurs propres biens : on argumente du texte de l'art. 203, qui dit sans distinction que les parents sont obligés de nourrir, entretenir et élever leurs enfants, et l'on repousse l'analogie que l'autre opinion tire des art. 208 et 209, en disant que les travaux préparatoires indiquent bien l'idée de séparer ces deux ordres d'obligations, l'obligation d'entretien et d'éducation, et l'obligation d'aliments. Enfin on argumente de l'art. 389 d'après lequel le père, qui n'a pas l'usufruit des biens de l'enfant, leur doit compte de la propriété et *des revenus*.

Mais la seconde opinion, que nous adoptons, soutient que les père et mère ne doivent plus *de suo*, mais peuvent payer ces dépenses avec les revenus de l'enfant. Quoi en effet de plus naturel que de voir chacun se suffire à lui-même? Lorsque cela n'est pas possible, c'est bien : les parents doivent venir au secours des enfants. Mais en dehors de cela on ne voit aucun motif pour que la loi les oblige juridiquement à entamer leur fortune pour épargner celle de l'enfant. L'esprit général du chapitre, où se trouve l'art. 203, paraît être d'exiger le besoin chez le créancier des obligations qu'il établit. Nous argumenterons sans scrupule par analogie des art. 208 et 209, parce que la distinction faite dans les travaux préparatoires et que nous avons nous-même invoquée plus d'une fois, porte sur la nature de l'objet dû, et nullement sur le maximum ou sur l'exigibilité de la dette. Quant à l'argument tiré de l'art. 389, on y répond bien facilement : le père rendra compte des revenus de l'enfant, en justifiant de l'emploi qu'il en aura fait dans l'intérêt de l'enfant ; être comptable d'une somme, ce n'est pas être débiteur nécessaire et absolu de la totalité de cette somme ; bien au contraire cela suppose qu'il peut y avoir un compte, une balance à établir.

Si les parents n'ont l'usufruit que d'une partie des biens de l'enfant, tandis qu'ils sont privés de l'usufruit de l'autre partie ; conformément à la doctine que nous avons soutenue, nous admettons que les dépenses d'éducation et d'entretien seront faites sur tous les revenus de l'enfant ; d'abord sur ceux qui appartiennent aux parents à titre d'usufruit, ensuite sur ceux qui restent propres à l'enfant. Les parents ne devraient mettre du leur qu'en cas d'insuffisance. Je sais qu'on pourrait m'opposer le texte de l'art. 385, 2°, qui ne distingue pas et paraît imposer aux parents toutes les dépenses d'entretien et d'éducation, dès qu'ils ont l'usufruit de certains biens de l'enfant. Mais je réponds que l'art. 385, 2° dit la nourriture, l'entretien et l'éducation des enfants, sans dire que *toutes* ces charges incombent exclusivement à l'usufruitier légal, et qu'il s'est seulement placé dans l'hypothèse la plus simple où les parents ont l'usufruit de tous les biens de leurs enfants, d'autant plus que les exceptions à cette dernière règle ne viennent que dans les articles suivants. Seulement je donnerai à l'art. 385, 2° cette portée du moins, que les dépenses dont il s'agit devront être prises d'abord sur les revenus qui appartiennent aux parents, car ils n'arrivent à ceux-ci qu'avec cette charge, laquelle doit par conséquent être acquittée sur eux avant qu'on n'entame les revenus propres de l'enfant. — Cette question sera du reste examinée mieux à propos et plus à fond sous l'art. 385 à propos de l'usufruit légal.

Enfin on pourrait se poser une dernière question ; c'est si les parents, dans le cas où l'enfant a des biens dont ils n'ont pas l'usufruit, pourraient en cas d'insuffisance des revenus de l'enfant entamer même son capital. Je pense que les dépenses d'entretien et d'éducation sont en principe charge des fruits seulement et que l'on ne doit pas en général aliéner du capital pour y suffire. Si donc les parents sont dans l'aisance et que les revenus de l'enfant soient insuffisants pour lui donner une éducation convenable, ils devront prendre sur leurs propres revenus pour compléter la somme ; nous retombons alors en effet dans l'art. 203, l'enfant se trouve être dans le besoin pour toutes les nécessités que ses propres revenus ne peuvent pas couvrir. — Cependant comme on peut trouver certains cas où il ne serait pas déraisonnable d'entamer le capital pour des dépenses qui d'ordinaire sont charge des fruits, par exemple, si l'on avait en réserve un très-fort capital non actuellement productif de revenus, mais qui plus tard apporterait certainement au moins l'aisance ; eu égard à cette considération, j'admettrais qu'on devrait laisser sur ce point une grande latitude aux tribunaux. Du reste, il est bien entendu que la question du besoin du créancier d'aliments s'estime en général plus ou moins largement eu égard à la fortune du débiteur.

3° Pas d'obligation d'établissement par mariage ou autrement.

La disposition, purement négative de l'art. 204 sur ce point, ne demande pas d'autre explication que l'indication des motifs qui ont déterminé les rédacteurs du Code à faire une différence entre l'obligation d'entretien et d'éducation, et l'obligation purement morale d'établissement par mariage ou autrement. On trouve dans les travaux préparatoires deux idées principales fort justes qui ont empêché nos législateurs de rendre cette obligation juridique comme les autres. D'une part, l'intérêt social leur a paru moins pressant, parce qu'ils ont constaté qu'en fait cette obligation était ordinairement remplie, et que les cas rares où elle était méconnue ne présentaient pas de danger pour l'ordre public. D'autre part, ils ont vu avec beaucoup de pénétration que la décision sur ce point, était un des modes d'exercice les plus importants de la puissance paternelle, que toucher à cette faculté, c'était toucher au pouvoir même du chef de famille ; et ils ont eu la sagesse de respecter ici ce pouvoir, qu'ils ont un peu méconnu en d'autres points. En effet, le parti à prendre, relativement à l'établissement des enfants, dépend d'une foule d'éléments complexes, et surtout de la volonté du père sur la direction générale à donner à la famille. Cette volonté doit être respectée, parce qu'elle est un droit chez le père, et en outre, à cause des difficultés sans nombre que soulèveraient un contrôle exercé sur elle, eu égard à tous les éléments dont l'appréciation entre dans la solution. Tant qu'on n'aura pas trouvé dans les principes rationnels, ou dans les mœurs, quelque base fixe pour déterminer rigoureusement, au moins dans certains cas, le devoir du père, le père devra rester seul juge compétent en cette matière et sa décision sera sans appel ; sauf la condamnation prononcée contre lui par sa conscience et par le souverain juge, s'il n'use pas de son droit conformément à son devoir.

On a écarté avec beaucoup de raison les analogies qu'on voulait tirer de la législation romaine, en faisant voir la différence profonde qui existe entre la puissance paternelle à Rome et chez nous. A Rome l'autorité paternelle avait plutôt besoin d'être atténuée ; chez nous, elle n'a que trop besoin d'être fortifiée et étendue.

III. — *Sanction de cette obligation.*

Nous distinguerons encore ici les deux chefs de cette obligation :

1° Quant aux soins personnels ;
2° Quant aux dépenses d'entretien et d'éducation.

1° *Quant aux soins personnels.*

Nous avons ici deux ordres de sanctions :
A. Sanctions pénales.
B. Sanctions civiles.

A. *Sanctions pénales.*

Nous trouvons dans le Code pénal, art. 348-352, plusieurs actes dont la punition viendra, en effet, sanctionner jusqu'à un certain point l'obligation des père et mère en cas de défaut total ou à près total de soins personnels. Mais nous ne trouvons rien de particulier proprement aux père et mère. Les actes qui sont punis dans notre Code pénal, sont le dépôt dans un hospice d'un enfant au-dessous de sept ans, et l'exposition et délaissement d'un enfant également au-dessous de sept ans, avec une distinction suivant que l'exposition a eu lieu ou non dans un lieu solitaire.

Le dépôt dans un hospice est prévu par l'art. 348 ; la peine est un emprisonnement de six semaines à six mois et une amende de 16 fr. à 50 fr. Pour qu'elle soit encourue, il faut que l'enfant soit âgé de moins de sept ans ; et il faut que le dépôt ait été fait par ceux « à qui il aurait été confié afin qu'ils en prissent soin » ou pour toute autre cause. » Et même d'après le second alinéa de l'article, aucune peine ne doit être prononcée « s'ils n'étaient pas tenus ou ne s'étaient pas » obligés de pourvoir gratuitement à la nourriture et à » l'entretien de l'enfant, et si personne n'y avait » pourvu. »

On pourrait peut-être hésiter à appliquer cet article aux père et mère, en remarquant que la loi dit « ceux à qui il aurait été confié, » et en soutenant que ces mots ne comprennent pas les parents ; que la loi a voulu punir moins l'abandon que l'abus de confiance. Néanmoins je crois qu'il faut appliquer cet article aux père et mère. D'abord il est très-vrai de dire que l'enfant leur est confié par la loi pour qu'ils en prennent soin. L'art. 203 du Code Napoléon a bien évidemment cette portée, et leur obligation à cet égard n'est pas moins rigoureuse que s'ils l'avaient contractée expressément, par une convention avec d'autres personnes ; — la fin de l'art. 348 C. P. suppose que les personnes, passibles de la peine qu'il édicte, pouvaient être *tenues* à nourrir et élever gratuitement l'enfant sans s'y être obligées ; or ceux qui sont tenus à nourrir gratuitement l'enfant sont les père et mère et autres ascendants, il faut donc

qu'ils soient compris dans l'art. 348. J'ajoute encore
une autre considération : si l'enfant avait été confié par
la justice à un ascendant, après une demande d'aliments intentée contre celui-ci, évidemment cet ascendant
tomberait sous le coup de l'art. 348 du Code pénal ;
or l'obligation de cet ascendant est dans ce cas fondée
uniquement sur les liens du sang comme celle des père
et mère, et elle est bien moins stricte que la leur ; donc
les père et mère sont compris dans la règle de l'art. 348
du C. P. ; — enfin leur obligation plus rigoureuse, que
celle de toute autre personne, ne saurait, dans la pensée du législateur, être dépourvue de sanction, tandis
que l'obligation. des autres se trouve énergiquement
sanctionnée.

L'exposition et le délaissement dans un lieu solitaire,
sont l'objet des art. 349 et suiv. Cet abandon n'est
puni que si l'enfant était au-dessous de sept ans. Mais
il n'y a aucune restriction quant aux personnes qui
encourront cette peine ; tous ceux qui auront exposé
l'enfant seront passibles de la peine, et non-seulement
ceux qui auront concouru matériellement à l'acte,
mais encore ceux qui auront donné l'ordre de l'exposer,
car la faute la plus grave est celle de ceux qui, ayant
pouvoir sur le sort de l'enfant, ont donné l'ordre
d'exposition. D'après ces dispositions de l'art. 349 il
n'est pas possible de douter que les père et mère ne
soient compris dans ses termes ; et c'est encore un argument pour montrer qu'ils étaint compris dans la
pensée de l'art. 348.

La peine est un emprisonnement de six mois à deux
ans, et une amende de 16 fr. à 200 fr. Elle est encourue pour le seul fait de l'exposition, indépendamment

du dommage qui a pu ou non en résulter pour l'enfant. Si l'enfant en a souffert ou en est mort, alors la peine encourue est celle des coups et blessures volontaires ou celle du meurtre (art. 351).

L'art. 350 contient une aggravation de peine (emprisonnement de deux à cinq ans, et amende de 50 à 400 fr.), si l'expostion a été faite par les tuteurs ou tutrices, instituteurs ou institutrices. Nous n'étendrons pas cette aggravation aux père et mère, quoique leur faute soit certainement plus grave que celle de toute autre personne ; mais le texte de l'art, 350 ne s'y prête nullement ; il fait une énumération précise, qu'il est impossible d'étendre ; il ne se sert pas comme l'art. 348 d'une formule large et élastique ; — on peut du reste comprendre que la considération de l'abus de confiance fasse aggraver la peine. Enfin le législateur a pu juger que le danger était bien plus grand de la part de personnes étrangères que de la part des père et mère ; l'état de nos mœurs confirme complétement cette pensée ; la répression devrait donc être moins forte dans le second cas que dans le premier.

L'exposition et le délaissement dans un lieu non solitaire sont punis par l'art. 352 d'un emprisonnement de trois mois à un an, et d'une amende de 16 fr. à 100 fr.; mais toujours s'ils ont eu lieu pour un enfant au-dessous de sept ans. Sur cet article, et sur l'aggravation portée par l'art. 353, dans le même sens que celle de l'art. 350, nous n'avons qu'à renvoyer aux quelques explications données sur les articles précédents.

On peut se demander ce qu'il adviendrait du manque total de soins qui ne serait pas accompagné de l'exposition proprement dite ; par exemple, s'il avait lieu dans

la maison même des parents. Je pense que ce délit ren-
trerait suffisamment dans les termes de l'art. 352 ; car
il y aurait réellement délaissement ; et l'art. 352 en disant « exposé et délaissé » ne me paraît nullement avoir
voulu exiger pour l'application de la peine deux conditions, l'exposition d'une part, et le délaissement de l'autre ; mais l'article a voulu embrasser dans sa formule
l'exposition et les délits analogues consistant dans l'a-
bandon et la négligence complète de l'enfant. C'est à la
sagesse des tribunaux d'apprécier si les faits rentrent
suffisamment dans l'esprit de l'art. 552. L'abandon
de l'enfant dans un coin obscur et infect de la maison
ne serait-il pas une véritable exposition ? — Du reste
un pareil délit est en général accompagné et com-
pliqué de *séquestration* (art. 341, sq. C. P.), et souvent
de *coups et blessures* (art. 309 et 311 C. P.)

Si l'enfant a plus de sept ans, l'abandon des père et
mère, la privation de tous soins et de toute nourriture,
n'entraînerait pour les père et mère aucune peine,
car le cas n'est prévu nulle part dans la loi. Il n'y
aurait lieu alors qu'aux sanctions civiles sauf le cas de
séquestration (art. 341, sq.) ou de *coups et blessures*
(art. 309, 311), qui pourraient accompagner le manque
de soins.

B. *Sanctions civiles.*

Il n'y a pour le manque de soins personnels des parents envers leurs enfants aucune sanction civile directe, par la raison péremptoire qu'on ne peut pas forcer
directement une personne à faire un acte, encore moins
à faire une série d'actes. Il n'y a qu'une sanction indirecte, qui consisterait à faire donner les soins par d'au-

tres que par les parents, moyennant un salaire, que l'on
fera payer aux parents en vertu de l'art. 203, quand
cela sera possible. Cela rentre alors dans le second chef
de l'obligation dont nous nous occupons. En tout cas,
ce moyen ne peut pas donner aux enfants ces mille et
mille soins qu'ils peuvent attendre des parents, cette
éducation insensible de la famille, les exemples, les leçons, etc. Mais il est impossible d'obtenir ces bienfaits
si salutaires malgré les parents pervers.

Une sanction indirecte pourra pourtant, dans certains
cas, être encore obtenue par l'application de l'art. 1384,
puisque les père et mère se trouveront responsables des
délits de leurs enfants, qui seront la conséquence de
leur négligence à les élever. C'est la pensée exprimée
par M. Treilhard sur l'art. 1384 : « Ainsi réglée, la
» responsabilité est de toute justice. Ceux à qui elle est
» imposée ont à s'imputer, pour le moins, les uns de
» la faiblesse, les autres de mauvais choix, tous de la
» négligence : heureux encore si leur conscience ne
» leur reproche pas d'avoir donné de mauvais exem-
» ples! » Et le tribun Bertrand de Greuille, sous le
même art. 1384, présente aussi la responsabilité des
père et mère comme étant, dans une certaine mesure, la
sanction de leur devoir d'éducation.

Enfin, si la présence, l'influence et les exemples des
parents devenaient positivement pernicieux pour les
enfants, c'est-à-dire s'il n'y avait pas seulement absence
de soins, mais un mal positif causé aux enfants, cet
abus du droit de garde pourrait, ainsi que nous l'avons
vu, autoriser les tribunaux à enlever aux parents la garde
de l'enfant et tout ou partie de leur droit d'éducation.
Nous reviendrons là-dessus à propos du droit de garde.

2° Quant aux dépenses d'entretien et d'éducation.

Nous ne trouvons à cet égard aucune sanction pénale. Mais la sanction civile directe est possible, puisque la poursuite se ramènera à la prestation d'une somme d'argent. Aussi faut-il dire que l'on pourra agir au nom de l'enfant pour exiger que les parents fassent ces dépenses. Sans doute ce droit d'action au nom de l'enfant n'est nulle part donné expressément par la loi, mais il résulte indubitablement pour nous de son ensemble : l'action en aliments n'est nulle part donnée expressément par la loi, pourtant on ne doute pas qu'elle ne puisse être intentée ; en général, il n'est pas nécessaire que la loi accorde expressément une action ; du moment qu'elle reconnaît un droit, elle implique la faculté de le poursuivre en justice ; l'art. 203 ne peut pas avoir d'autre portée que de donner l'action au nom de l'enfant contre les parents ; enfin l'art. 204 fournit un puissant argument *e contrario :* la loi dit que l'enfant *n'a pas d'action* pour un établissement par mariage ou autrement, et l'intention manifeste du législateur est d'opposer cette règle à celle de l'art. 203 ; donc il y a une action qui pourra être intentée au nom de l'enfant pour obtenir que les parents fassent les dépenses de son entretien et de son éducation.

Là n'est pas du reste la principale difficulté ; l'embarras que l'on a manifesté porte plutôt sur la question de savoir qui agira pour l'enfant. L'embarras ne me paraît pas sérieux. En effet, nous ne manquons pas de personnes qui auront qualité pour le faire.

D'abord si les père et mère existent encore tous deux, et que le père ait la puissance paternelle, la mère a pleinement qualité pour réclamer au nom de ses enfants une éducation convenable. Le Code nous dit que les époux *contractent ensemble* l'obligation ; ils sont donc obligés l'un envers l'autre à élever leurs enfants ; la mère a donc le droit de réclamer du mari l'exécution de cette obligation. Le père aurait le même droit si, de son vivant, la mère avait la puissance paternelle en tout ou en partie ; mais on ne peut pas trop compter sur lui, car le plus souvent puisqu'il a été privé de la puissance paternelle, c'est qu'il est incapable ou qu'il n'en remplit pas les devoirs ; nous ne manquerons pourtant pas de ressources dans ce cas.

Si le père survit seul ou la mère, alors sa négligence pourra être critiquée devant les tribunaux, soit par le subrogé tuteur, si le survivant est tuteur, soit par le tuteur, si le survivant ne l'est pas. Le droit du tuteur ou du subrogé tuteur est incontestable dans ce cas, puisqu'ils sont chargés de représenter le mineur partout où il a intérêt.

Enfin, si toutes ces personnes, par une coupable négligence ou par une collusion plus coupable encore, laissaient l'enfant à l'abandon, nous croyons que la famille ou le ministère public, averti par une personne quelconque, pourraient prendre en main la défense de l'enfant et agir en son nom pour réclamer des parents l'exécution de leur obligation. En effet, nous avons vu que cette obligation leur est imposée juridiquement, non pas parce que l'enfant y avait un véritable droit, mais par une considération d'intérêt public, parce que la société avait droit à les forcer de l'exécuter. Dès lors, ne paraît-il pas naturel que l'action puisse être intentée non-seulement par l'enfant ou par ses représentants légaux, mais encore par toute personne qui lui est unie par les liens du sang, et surtout par le ministère public, représentant les droits de la société? Pour les ascendants, nous avons un argument de plus, tiré de l'article 935 : ils peuvent, même du vivant des père et mère et sans être tuteurs, accepter les donations faites à l'enfant mineur; si la loi leur donne le droit de protéger ainsi un intérêt purement pécuniaire de l'enfant, est-il possible de leur refuser le droit de défendre la vie même de l'enfant, tout son avenir et les intérêts sacrés de son éducation morale et intellectuelle?

Ces personnes pourront, suivant nous, non-seulement demander devant les tribunaux que les parents donnent à leurs enfants le strict nécessaire comme nourriture et éducation, mais encore soumettre, comme nous l'avons vu, à l'appréciation des tribunaux la question de savoir si l'éducation donnée à l'enfant est suffisamment en rapport avec la position qu'il doit occuper dans le monde, et avec la fortune de ses parents.

§ 2. — Droit et devoir de surveillance.

Le devoir de surveillance est imposé aux parents par l'art. 1384, 2ᵉ al. : « Le père, et la mère après le décès » du mari, sont responsables du dommage causé par » leurs enfants mineurs habitant avec eux. » Nous avons déjà indiqué que, dans la pensée des rédacteurs du Code, cet article a une relation intime avec l'art. 203, qui pose le devoir d'éducation; que l'art. 1384 a été présenté comme une sanction de l'art. 203.

Il faut dire que ce dernier devoir incombe à la mère, non-seulement après le décès du mari, ce qui sera sans doute le cas le plus commun, mais généralement toutes

les fois qu'elle exercera la puissance paternelle, suivant
ce que nous avons vu plus haut. Et même, comme ce
devoir de surveillance est une dépendance du droit de
garde, il faut l'imposer à la mère toutes les fois qu'elle
aura la garde des enfants, et non-seulement la garde de
droit, mais même la simple garde de fait, si, par exemple, le père est seulement éloigné pour quelque temps.
En effet, c'est à celui qui a les enfants auprès de lui de
les surveiller ; la surveillance n'est pas possible dans
d'autres conditions ; et il faut raisonner par analogie de
ce que la loi dit pour les maîtres et instituteurs, qui
n'ont sur les enfants et domestiques qu'une simple garde
de fait, sans jouir du droit de garde établi par l'art. 374
dans toute sa latitude.

La loi suit bien la même idée lorsqu'elle limite la responsabilité des parents au cas où les enfants habitent
avec eux. Ceci, du reste, doit s'entendre seulement
comme exceptant de la responsabilité des parents les
cas où l'enfant est établi à part ou confié à d'autres personnes, sans qu'il y ait faute ou imprudence des parents.
Cela n'exclut pas le cas où ils laisseraient l'enfant vaga-
bonder, car alors leur faute n'en est que plus grande.

On se demande si l'art. 1384 s'applique aux enfants
émancipés. Tout le monde reconnaît que les enfants
émancipés par mariage ne peuvent plus par leurs délits
entraîner aucune responsabilité pour leurs parents.
Mais la question est sérieusement controversée lorsqu'ils
sont émancipés directement.

Une première opinion, qui compte de nombreuses
et de très-graves autorités, soutient que les parents
n'en continuent pas moins à être responsables des
fautes de leurs enfants mineurs, lorsqu'ils les ont éman-

cipés. On invoque dans cette opinion le texte de l'art. 1384, 2e alinéa, qui parle des *enfants mineurs* sans distinguer s'ils sont ou non émancipés. Et l'on ajoute qu'il y a faute de la part des parents à avoir émancipé un enfant incapable de se conduire. Enfin on argumente de plusieurs textes spéciaux qui appliquent la responsabilité des père et mère, même pour les enfants émancipés : la L. du 6 oct. 1791, tit. 2, art. 7 (Code rural); — le Code forestier, art. 206; — La L. du 3 mai 1844, art. 21, sur la classe.

Nous croyons néanmoins qu'il faut décharger les parents de toute responsabilité à l'égard de leurs enfants mineurs émancipés. La raison et les travaux préparatoires nous montrent une relation intime entre l'art. 372 et l'art. 1384 ; la responsabilité des père et mère n'est qu'une conséquence de leur droit d'autorité, la sanction de l'exercice attentif de cette autorité. Comment pourrait-elle durer lorsque cette autorité n'existe plus ? Comment pourrait-on rendre les parents responsables lorsqu'ils n'ont plus aucun moyen d'empêcher le délit de se commettre ? Dire qu'il y a faute de leur part à avoir émancipé l'enfant, c'est supposer gratuitement une état de choses qui n'est nullement certain. Est-il vrai qu'on puisse toujours prévoir si un enfant usera bien ou mal de la liberté qu'on lui donne? On peut n'avoir aucune raison de se méfier de lui, et il peut, sans être mauvais au fond, se laisser entraîner par des circonstances que les parents n'ont pas pu prévoir. Il peut aussi avoir été perverti depuis son émancipation. — De plus l'autre opinion n'entend pas le texte de l'art. 1384 dans toute son extension naturelle, puisqu'elle exclut les enfants mineurs émancipés par le mariage ; elle est donc inconséquente. Puisqu'il faut de toute façon faire une distinction dans l'art. 1384, n'est-il pas bien plus naturel de penser qu'il a entendu par « mineurs » les mineurs non émancipés, ce qui est en effet bien souvent sous-entendu lorsqu'on parle de mineurs, au lieu d'aller faire une distinction beaucoup plus rare entre les mineurs émancipés par mariage et les autres ? Enfin cette opinion est seule conforme à la raison. — Quant aux lois spéciales que l'on cite, nous y répondrons facilement : elles ne sont pas conformes au système de l'art. 1384, dont elles s'écartent sur plusieurs points ; elles ne peuvent donc pas fournir d'argument. Ainsi la L. du 6 octobre 1791 comprend d'une part plus que l'art. 1384 ; car elle rend le mari responsable des délits de sa femme, et d'autre part moins, car elle ne parle que des enfants au-dessous de *vingt ans*. Le Code forestier parle aussi de la femme, quoique sur le second point il se rapproche de l'art. 1384 C. N. en disant « les enfants mineurs ». La loi sur la chasse paraît avoir copié les lois précédentes en supprimant *la femme,* à laquelle elle ne pouvait guère s'appliquer. En somme ces lois paraissent toutes dériver du Code rural, tit. 2, art. 7, antérieur au Code Napoléon, et qu'elles ont copié en le corrigeant incomplétement. D'ailleurs des lois spéciales ne peuvent pas servir à prouver quelle est la règle générale.

SECTION II.

Habilitation de l'enfant aux actes de disposition de sa personne.

Nous ne trouvons nulle part dans nos lois de théorie générale sur l'habilitation des mineurs aux actes qui ont directement pour but la disposition de leur personne, ni lorsqu'ils ont encore leurs père et mère, ni lorsqu'ils sont en tutelle. L'art. 372 ne dit rien sur ce point; l'art. 389 et les art. 450 et suiv. s'occupent uniquement de l'administration des biens. Nous trouvons seulement, pour les actes relatifs à la personne des mineurs, des solutions éparses, soit directes, soit indirectes pour certains cas particuliers, et sur bien des points nous ne trouvons aucune disposition législative. On avait proposé au Conseil d'État de parler, dans le titre de la puissance paternelle, de l'habilitation de l'enfant pour le mariage et les autres actes analogues. Peut-être cette idée, si elle avait été suivie, aurait-elle amené les rédacteurs du Code à formuler une théorie générale de tous les actes relatifs à la personne, et cette théorie avait sa place toute naturelle après l'art. 372. Mais cette proposition fut écartée, parce qu'on ne voulait pas empiéter sur les diverses matières spéciales auxquelles appartenaient les actes dont il s'agissait, et l'on renvoya la solution des questions d'habilitation aux titres qui traiteraient des divers actes de la vie civile. Ce scrupule, qui était juste si l'on ne voulait s'occuper que de quelques cas particuliers, mais tout à fait faux s'il s'agissait de poser une théorie générale, nous force à chercher nos solutions dans toutes les parties de nos lois, et à tâcher de les coordonner pour leur donner un certain ensemble. Bien heureux si nous trouvions toujours des solutions pour tous les cas qui peuvent se présenter, et si l'ensemble de la doctrine, résultant de ces recherches, pouvait présenter une unité et une cohésion suffisantes! Ne nous hâtons pas pourtant de taxer nos lois d'inconséquence: bien souvent la diversité des solutions pour les divers cas est un trait de sagesse du législateur; elle est fondée sur les principes et sur la nature des choses sainement comprise. Ainsi, quoique l'autorité paternelle finisse en général par la majorité ou l'émancipation, nous verrons souvent telle fonction de cette autorité prolongée au delà de ces époques fixes ou terminée plus tôt; et le législateur aura grandement raison, comme nous l'avons dit, après avoir donné les avantages de la fixité par une présomption générale, de faire fléchir la rigueur des principes pour se conformer dans les cas particuliers à l'état des mœurs et du développement des jeunes gens. De même aussi, quoiqu'en principe l'autorité paternelle appartienne au père seul, tant qu'il vit, dans plusieurs cas nous verrons cette autorité partagée dans une mesure plus ou moins grande par la mère.

Le Code peut nous offrir pour nous guider dans notre recherche deux principes, seulement très-généraux, qui dominent toute la matière:

1° *Le mineur est incapable de contracter* (art. 1124). Ce principe, posé uniquement pour les contrats relatifs aux biens, s'applique évidemment et même *a fortiori* pour les actes de disposition de la personne, qui sont plus importants et plus dangereux. Nous dirons donc qu'en règle générale l'enfant mineur ne peut pas disposer seul -

de sa personne ; nous verrons seulement une exception ou deux à ce principe.

2° *Le père ou la mère habiliteront l'enfant mineur* pour tous ces actes qu'il ne peut pas faire seul. L'art. 450 dit que le tuteur représente le mineur dans tous les actes de la vie civile. Ceci doit certainement s'appliquer aux père et mère, qui, en vertu de leur autorité paternelle, ont évidemment au moins autant de pouvoir qu'un tuteur : sans doute l'art. 389 ne donne au père que l'admistration des biens de l'enfant, aussi ne nous fondons-nous pas sur cet art. 389, mais sur l'art. 372 qui pose le principe du droit d'autorité. Le texte de l'art. 450 est pourtant inexact au moins dans sa forme : pour le tuteur même, il n'est pas vrai qu'il *représente* le mineur dans tous les actes de la vie civile, c'est-à-dire que dans tous ces actes il agisse à la place du mineur sans l'intervention de celui-ci. Au contraire, pour tous les actes relatifs à la personne, pour tous les actes qui enchaînent la liberté, du moins pour tous ceux dont la loi s'occupe, nous voyons que le mineur doit y concou-rir lui-même, s'il en est capable, et que le tuteur ou les autres pouvoirs tutélaires ne jouent que le rôle du tuteur romain, *autorisent* seulement les actes du mineur. Nons croyons qu'il faut généraliser ces dispositions de la loi à tous les actes qui enchaînent la liberté, parce qu'ils sont beaucoup plus graves pour le mineur et que sa personne y est bien plus directement intéressée. Si nous admettons cette règle générale à l'égard du tuteur, à plus forte raison l'admettons-nous pour les père et mère, à l'égard desquels nous ne sommes pas gênés par le texte de l'art. 450. Nous trouverons pourtant certains actes que les père et mère pourront faire seuls sans le concours de l'enfant ; ce seront, en général, ceux qui ne sont que l'exercice du droit d'éducation. Il y a encore des actes que le mineur peut faire seul et d'autres qui ne peuvent pas être faits pendant la minorité.

Nous diviserons cette section en quatre paragraphes :

1° Actes que l'enfant mineur fait avec le concours de ses père et mère ;

2° Actes que les père et mère peuvent faire seuls pour l'enfant ;

3° Actes que l'enfant mineur peut faire seul.

4° Actes qui ne peuvent être faits pendant la minorité.

§ 1. — Actes que l'enfant mineur fait avec le concours de ses père et mère.

Nous avons vu que cette manière de procéder doit être considérée comme la règle dans la matière qui nous occupe.

I — *Mariage.*

L'art. 148 nous dit : « Le fils qui n'a pas atteint l'âge » de vingt-cinq ans accomplis, la fille qui n'a pas atteint » l'âge de vingt-un ans accomplis, ne peuvent contracter » mariage sans le consentement de leurs père et mère : » en cas de dissentiment, le consentement du père » suffit. »

Nous trouvons dans cet article plusieurs exceptions à ce qui peut être considéré comme de règle générale dans notre matière ; mais du reste nous avons vu que les règles générales n'étaient bonnes qu'à la condition de souffrir des exceptions pour se rapprocher autant que possible de la réalité.

Ainsi la majorité du fils pour le mariage est reculée ici jusqu'à 25 ans : le mariage d'un fils est un acte tellement grave, il peut avoir tant de conséquences pour toute la famille, qu'on n'a pas cru donner trop à l'autorité paternelle en lui conservant jusqu'à 25 ans la direction suprême d'un acte aussi important. Pour la fille on n'a pas cru devoir retarder sa majorité pour le mariage : en effet comme la fille est plutôt mûre pour le mariage que le fils, et qu'elle arrive par conséquent plus vite à pouvoir juger de ce qui lui convient, il serait trop dur, en lui permettant de se marier à quinze ans, de retarder jusqu'à vingt-cinq le moment, où elle serait tout à fait libre de faire son choix. Au fond c'est le choix des enfants qui est la chose principale dans cette matière, les parents ne peuvent que le contrôler et le diriger ; s'il se trouve que le choix de la fille soit tout à fait contraire aux idées des parents, il est bon que les parents puissent la retenir quelque temps pour éprouver sa décision ; mais faire durer cette épreuve jusqu'à 25 ans, ce serait souvent empêcher absolument le mariage de la fille, qui à cet âge a souvent perdu une partie des avantages qui la faisaient rechercher. Enfin le caractère plus doux de la femme fait qu'il y a moins à craindre son opposition aux volontés de ses parents, même lorsqu'elle n'est plus légalement tenue de s'y conformer. Il faudrait, en général, pour que cette opposition se manifestât qu'il y eût une de ces inclinations puissantes contre lesquelles les parents ne peuvent pas lutter.

Les mêmes raisons qui font qu'ici on ne tient pas

compte de la majorité ordinaire, font aussi qu'on ne tient pas compte de l'acte qui avance cette majorité, l'émancipation. Aussi le texte de l'art. 148 est absolu, et tous les auteurs sont unanimes pour reconnaître que cet article s'applique aussi bien aux enfants émancipés qu'aux enfants non émancipés. Il suit de là que le consentement des père et mère est nécessaire pour un second mariage, contracté dans les limites de la minorité spéciale qui existe ici, aussi bien que pour le premier.

Il y a encore une autre dérogation aux règles ordinaires de l'autorité paternelle, à l'art. 372 : la mère est associée dans une certaine mesure au pouvoir du père, en ce sens qu'on doit demander son consentement au mariage de son enfant, et qu'il ne suffirait pas de demander celui du père. Seulement les principes de l'autorité maritale ne sont pas pour cela méconnus, car, en cas de dissentiment, c'est la volonté du père qui l'emporte. Il n'y a là rien de contraire aux principes : la loi suppose bien qu'en général le père, avant de prendre une décision, consultera l'avis de la mère ; mais, en général, elle n'a pas cru devoir faire de cela une obligation légale ; elle a cru pouvoir laisser cela aux mœurs et aux habitudes. Ici elle est plus exigeante à cause de l'importance de l'acte ; elle a pensé qu'un refus de la mère, s'il était formellement exprimé et motivé, aurait beaucoup d'influence sur l'enfant, même s'il obtenait le consentement de son père, le forcerait à réfléchir sérieusement, et que l'enfant et le père ne passeraient outre en général que pour des motifs graves. Il faut donc que le dissentiment soit établi pour que le consentement du père suffise.

La sanction de ce droit de la mère consistera dans

une peine contre l'officier de l'état civil qui aurait procédé au mariage sans exiger la preuve du consentement
de la mère ou de son refus. Cette preuve devra être
faite par acte authentique ; car l'art. 73, qui parle seulement de la preuve du consentement, doit s'appliquer
par identité de motif à la preuve du refus de consentement. Ordinairement cette preuve sera obtenue par un
acte respectueux adressé à la mère (art. 154); mais il
ne faudrait pas proscrire un autre acte authentique.
La peine contre l'officier de l'état civil est une amende
de 16 fr. à 300 fr. et un emprisonnement de six mois
à un an (art. 156 Code N. et art. 193 Code P.). De ces
dispositions résulte que le défaut de l'avis de la mère
est un empêchement prohibitif. Mais ce n'est pas un
empêchement dirimant ; car l'art. 148, disant qu'en
cas de dissentiment le consentement du père suffit, il
est bien évident qu'on ne serait pas recevable à demander la nullité du mariage pour l'omission d'une
formalité qui ne peut pas influer sur sa validité.

Par la même raison, il faut dire que la mère n'aura
pas le droit de faire opposition au mariage que l'on
voudrait contracter sans l'avoir consultée officiellement. Elle pourra, sans aucun doute, avertir l'officier
de l'état civil, et cela suffira très-probablement pour
arrêter celui-ci qui ne s'exposera pas volontairement
aux peines dont nous venons de parler. Mais à quoi
bon lui donner le droit d'arrêter le mariage par une opposition, puisqu'elle ne peut pas empêcher qu'il ne soit
célébré, et que les juges devraient donner mainlevée
de son opposition. Ce serait dévoiler inutilement les
secrètes mésintelligences de la famille. Dira-t-on qu'il
faut lui accorder le droit d'opposition, même lorsque

cette opposition ne devrait pas être efficace, puisque l'art. 176 permet aux ascendants de faire opposition sans motif, uniquement pour gagner du temps? Mais une pareille manière de procéder nous paraît tout à fait contraire aux règles de l'autorité maritale. Que ce procédé soit permis à un ascendant vis-à-vis de son descendant, qu'on peut supposer léger ou trop passionné, cela se conçoit. Mais que la femme s'en servît contre un mari, cela serait une violation flagrante du respect qu'elle lui doit. Enfin nous avons un argument de texte décisif, qui reconnaît ce que nous venons de dire de l'autorité maritale : l'art 173 ne donne le droit d'opposition à la mère qu'à défaut du père. Le texte est formel, et nous croyons avoir démontré qu'il est conforme à la raison.

Revenons au droit du père de consentir au mariage. L'absence de ce consentement n'est pas seulement un empêchement prohibitif, c'est encore un empêchement dirimant. Non-seulement l'officier de l'état civil qui n'aurait pas exigé ce consentement serait puni des peines que nous venons de voir (art. 156, 198 Code N. et 193 Code P.), mais encore la nullité du mariage pourrait être demandée par le père, dont le droit a été violé; par la mère, si elle n'a pas été non plus consultée, et par l'enfant qui avait besoin de ce consentement (art. 182). Nous avons déjà dit que suivant nous le Code avait été trop loin en faisant de ce défaut un empêchement dirimant; nous nous contenterons de renvoyer aux raisons que nous avons données de cette conviction. Enfin, si le père a le droit de demander la nullité du mariage contracté, *a fortiori* a-t-il le droit de faire opposition à sa célébration (art. 173); le droit

d'opposition est avec les peines portées en cas de célébration, la sanction naturelle du droit du père.

L'art. 149, appliquant les principes généraux que
nous avons établis en matière d'autorité paternelle, décide que si l'un des parents est mort, ou s'il est dans
l'impossibilité de manifester sa volonté, le consentement de l'autre suffit. En effet, c'est ce dernier qui
exerce alors seul l'autorité paternelle, et ce consentement au mariage est essentiellement un acte de l'autorité paternelle, et non un de ces actes qui rentrent dans
la tutelle et qui seraient enlevés au survivant, s'il n'é-
tait pas tuteur. Le texte est du reste absolu.

En présence de cette formule tout à fait générale de
l'article, nous ne ferons pas exception pour le cas où
le survivant serait remarié. On a essayé d'enlever à la
mère remariée le droit de consentir au mariage de ses
enfants du premier lit. Mais nous croyons que cette opinion fait la loi, en introduisant dans le texte une distinction qui n'y est pas. On comprend du reste que le
Code n'ait pas jugé à propos d'affaiblir l'autorité paternelle en témoignant à la mère de la défiance dans ce
cas; sans doute on peut bien craindre quelque partialité de la mère, peut-être dans des cas exceptionnels
des sentiments de jalousie; mais ces craintes n'ont pas
paru sans doute suffisantes, en présence de cette considération qu'en cette matière il n'y a pas d'opposition
d'intérêts entre les enfants du premier lit et ceux du second, et qu'alors la partialité possible de la mère sera
bien moins provoquée et influencera bien moins la rec-
titude de son jugement.

Quant au cas où l'impossibilité pour l'un des parents
de manifester sa volonté permet de se contenter du

consentement de l'autre, nous les avons examinés en traitant de l'autorité paternelle en général, et nous nous sommes livré sur ce point à une discussion approfondie. Nous n'avons qu'à nous référer à ce que nous avons dit en cet endroit.

II. — *Engagement dans les ordres sacrés ou vœu dans une communauté religieuse de femmes.*

Le fils âgé de moins de vingt-cinq ans ne peut « être » admis dans les ordres sacrés qu'après avoir justifié » du consentement de ses parents, ainsi que cela est » prescrit par les lois civiles pour le mariage des fils » âgés de moins de vingt-cinq ans accomplis. » (Décr. 28 fév. 1810, art. 4.)

La fille mineure de vingt et un ans, pour être admise dans une congrégation religieuse, est tenue « de présenter les consentements demandés pour contracter » mariage par les art. 148, 149, 150.... du Code » Napoléon. » (Décr. 18 févr. 1809, art. 7.)

Il n'y a dans nos lois aucune disposition relative au fils mineur de vingt-cinq ans contractant des vœux dans une communauté religieuse. C'est que les ordres religieux d'hommes ne sont pas reconnus par l'État. Supprimés par la L. du 18 août 1792, tit. 1, art. 1er, ils n'ont jamais depuis été rétablis d'une manière générale; ils n'ont aucune existence légale.

Quant aux consentements requis, les décrets de 1809 et de 1810 renvoient aux règles relatives au mariage ; nous n'avons aussi qu'à nous référer à ce que nous venons de dire ci-dessus.

Seulement, on pourrait se demander quelle est la

sanction de ces dispositions. D'abord, elles constituent certainement un empêchement prohibitif : le ministre du culte qui ordonnerait un jeune homme ou qui recevrait les vœux d'une jeune fille, sans les consentements requis, s'exposerait à un appel comme d'abus, pour infraction aux lois et règlements de l'empire (L. 18 germinal an X, art. 6). De plus, un officier de l'état civil doit assister à l'engagement des religieuses dont les vœux sont reconnus, en dresser l'acte et le consigner sur un registre double. (Décr. 10 fév. 1808, art. 8.) Cet officier devrait s'opposer à la prononciation des vœux sans les consentements requis; mais je n'oserais pas décider que s'il manquait à ce devoir, il encourrait les peines de l'art. 156 du Code Napoléon : car les peines ne peuvent pas s'étendre par analogie, l'art. 7 du décret de 1808 a une sanction sans qu'il soit nécessaire de lui donner celle-là; enfin l'officier de l'état civil ne joue pas ici le rôle principal, comme dans le mariage civil.

Faut-il aller plus loin et dire que le défaut des consentements constitue un empêchement dirimant, annule aux yeux de la loi civile les vœux et le caractère sacerdotal? Relativement aux vœux des religieuses, il est tellement douteux s'ils produisent aucun effet civil, même comme empêchement au mariage, même dans les limites où ils sont reconnus, que la question n'a pas d'intérêt. A l'égard du sacerdoce, comme je n'admets pas qu'il soit un empêchement dirimant au mariage civil, l'intérêt de la question se réduit à savoir si le prêtre qui aurait été ordonné sans le consentement requis jouirait des dispenses que confère son caractère pour le service militaire, la garde nationale et la tutelle. En l'absence d'aucun texte formel, il me semble bien difficile de les lui refuser; car la loi ne peut pas lui enlever le caractère qu'il a aux yeux de la religion, l'empêcher d'exercer ses fonctions; et les dispenses dont il s'agit sont fondées sur des convenances de fait, complétement indépendantes de la valeur, au point de vue de la loi civile, de l'acte auquel il doit son caractère.

III. — *Adoption.*

Art. 346..... « Si l'adopté ayant encore ses père et » mère, ou l'un d'eux, n'a point accompli sa vingt- » cinquième année, il sera tenu de rapporter le consen- » tement donné à l'adoption par ses père et mère, ou » par le survivant. » Cet article exige le consentement des père et mère sans dire, comme l'art. 141, qu'en cas de dissentiment, le consentement du père suffit. La plupart des auteurs sont d'accord pour reconnaître que le consentement de la mère est nécessaire, et que sa résistance ne pourrait pas être vaincue par la volonté du père. Nous avons indiqué plus haut les motifs que le législateur pouvait avoir eus de faire une différence sur ce point entre le mariage et l'adoption; l'adoption est un acte plus extraordinaire, plus grave et peut-être plus pénible pour les parents.

Du reste, il faut admettre que, si l'un des père et mère est empêché, le consentement de l'autre suffira, et cela dans les mêmes cas et suivant les mêmes distinctions que pour le mariage.

L'art. 346 n'exige pas le consentement des ascendants, si l'enfant n'a plus ses père et mère; on est d'accord pour ne pas suppléer cette règle dans la loi : l'adoption intéresse bien moins les ascendants que les parents ; et en définitive, l'adopté est majeur, puisque l'adoption ne peut pas avoir lieu avant la majorité.

Enfin, l'art. 346 s'écarte sur un troisième point des règles relatives au mariage ; la fille a besoin jusqu'à 25 ans du consentement de ses parents. Il n'y avait pas en effet de raison pour faire une différence entre la fille et le fils, et si l'on admettait 25 ans pour l'un, il fallait l'admettre pour l'autre ; car l'intérêt d'affection chez les parents est le même dans les deux cas.

IV. — *Engagement militaire volontaire.*

Sous notre législation actuelle le jeune homme qui veut s'engager dans les armées de terre ou de mer doit obtenir le consentement de son père, ou, à défaut, de sa mère, ou, à défaut, de son tuteur, depuis l'âge de 16 ans pour la marine et de 17 ans pour l'armée de terre, jusqu'à l'âge de 20 ans. En effet, d'une part, l'âge à partir duquel les engagements volontaires peuvent être faits, qui avait été fixé à 16 ans pour l'armée de mer et à 18 ans pour l'armée de terre par la loi du 21 mars 1832, art. 32, 1° et 2o, a été abaissé à 17 ans pour l'armée de terre, par le décret du 18 juillet 1848, art. 1. Et, d'autre part, l'âge auquel l'enfant peut s'engager sans le consentement de ses parents, qui était fixé à 18 ans par le Code (art. 374) a été élevé à 20 ans par la loi du 21 mars 1832, art. 32, 5°.

Remarquons que si les père et mère existent tous deux, l'enfant n'a besoin de demander que le consentement de son père ; il n'est pas tenu de consulter sa mère, et encore moins d'obtenir son agrément. Nous rentrons ici dans les principes ordinaires en matière d'autorité paternelle.

V. — *Prise de la qualité de commerçant et de la capacité de s'obliger comme un majeur.*

L'art. 2 du Code de commerce exige que le mineur, qui veut profiter de la faculté, à lui accordée par l'art. 387 du Code civil, de faire le commerce et d'être réputé majeur pour les opérations de son commerce, obtienne l'autorisation de son père, ou de sa mère en cas de décès, interdiction ou absence de son père. C'est l'application des règles ordinaires de l'autorité paternelle, avec cette seule exception que l'autorité paternelle est prolongée après l'émancipation, contrairement au principe général de l'art. 372. Cet acte, du reste, n'est possible qu'après l'émancipation, et encore si l'enfant a 18 ans (art. 2 C. de com.). La nécessité d'obtenir le consentement des parents ne dure ici que jusqu'à l'âge de majorité ordinaire de 21 ans ; car la loi dit *tout mineur émancipé*, sans prolonger l'incapacité sur ce point au delà de l'âge ordinaire.

VII. — *Louage de service.*

Le Code est d'un laconisme désolant sur tout ce qui concerne le louage de service. Et pourtant ce contrat est un des plus fréquents, et celui peut-être qui touche de plus près à la liberté humaine. Il devait donc être l'objet d'une attention particulière du législateur. Tout au contraire le Code se contente de nous jeter deux articles, et l'un d'entre eux conçu dans le sens le moins favorable à la liberté et à la protection du faible. Nous ne devons pas après cela nous étonner si nous ne trouvons aucune disposition relative au louage des services d'un enfant mineur. Cette question n'est cependant pas une question oiseuse, le louage de service d'un mineur se présente à chaque instant. C'est un ouvrier, un serviteur à gages, un commis, qui traite avec un maître ou un patron ; c'est un artiste qui contracte des engagements; c'est un professeur qui promet ses leçons et ses soins. Tous ces actes sont très-possibles de la part d'un mineur ; tous constituent aussi un louage de service quoique cette dénomination soit écartée pour certains d'entre eux par suite de la nature relevée de la fonction qui en fait l'objet, et qu'on les qualifie souvent de mandat.

Il est bien certain que le mineur, du moins le mineur non émancipé, ne pourrait pas seul s'obliger civilement par un contrat de ce genre : s'il est incapable de faire seul le moindre acte relatif aux biens, *à fortiori* doit-il l'être de faire ceux qui enchaînent directement sa liberté ; l'art. 1124 doit s'appliquer à un cas comme à l'autre, car il ne fait que constater une incapacité qui existe dans la nature même des choses.

Toute la question que nous avons à nous poser consiste à savoir si le mineur sera représenté par son père qui contracterait seul en son lieu et place, ou s'il devra contracter lui-même avec l'autorisation de son père. Or je crois qu'il faut poser en principe que le mineur devra prendre part lui-même à l'acte, et qu'il devra seulement obtenir le consentement de son père pour l'habiliter. C'est le principe que nous avons vu appliquer par toutes les dispositions précédentes aux actes relatifs à la personne de l'enfant, et nous verrons par la suite que les autres modes de procéder ne sont que très-exceptionnels en cette matière. L'esprit général de la loi paraît donc être que l'on ne puisse en aucune façon disposer de la liberté juridique de l'enfant sans son consentement. C'est aussi le seul système qui nous paraisse rationnel. A cette décision on ne pourrait opposer qu'un argument, ce serait celui tiré de l'art. 450 au titre de la tutelle. Là il est posé en règle générale par la loi que le tuteur représente le mineur dans tous les actes civils, c'est-à-dire qu'il agit au lieu et place de celui-ci et sans son intervention. Mais il faut bien avouer que cette règle n'est pas posée très-expressément par le législateur ; il n'est pas bien certain qu'en employant le mot *représente*, il ait voulu lui donne toute la portée que nous venons d'indiquer, et surtout qu'il ait voulu en faire une règle absolue. Qu'on entende ainsi ce mot pour tous les actes relatifs aux biens, rien de mieux ; ce sens est conforme aux dispositions de détail données par les articles suivants. Mais je ne crois pas qu'il faille appliquer cette règle aux actes relatifs à la personne, parce qu'il est contredit par toutes les dispositions spéciales de la loi ; parce qu'il se trouve sous la rubrique de l'administration du tuteur, qui se rapporte aux biens, et parce qu'il est malheureusement trop vrai que dans tout le titre de la tutelle, comme dans bien d'autres, le législateur ne pense guère qu'à la disposition des biens, et laisse dans un oubli presque complet tout ce qui intéresse directement la personne.

Nous dirons donc en règle générale que le fils mineur devra consentir lui-même au louage de service et aux autres obligations de faire, et que son père viendra seulement l'habiliter.

Cependant cette règle ne doit pas être absolue : pour

les actes dont nous nous sommes occupés jusqu'ici la loi
fixe un minimum d'âge avant lequel ils ne peuvent être
faits ; ici rien de semblable, puisque la loi ne s'occupe
pas du louage de service ; j'ajoute que, s'en fût-elle
occupée, elle n'aurait pas dû fixer un pareil minimum,
attendu que le louage de service est possible même à
un âge fort peu avancé, et que malheureusement la
misère des parents rend souvent l'emploi de cette res-
source nécessaire et légitime. Il peut donc y avoir lieu
de louer les services de l'enfant à un âge où il n'est
pas encore capable de consentir en pleine connaissance de cause à un contrat de ce genre, d'apprécier
les motifs et les conditions de son engagement ; à un âge
par conséquent où un refus de consentement de sa
part ne peut pas être considéré comme un acte de
liberté juste et éclairée, mais sera bien plutôt fondé
sur la paresse ou sur des idées légères ou fausses. Dans
ce cas j'admettrai que le père puisse louer les services de
son enfant sans son consentement et même malgré lui :
nous avons vu que philosophiquement, tant que la personne d'un enfant n'est pas entrée en pleine possession de ses facultés, la direction qu'une autre personne,
surtout un père, prend de ces facultés pour en faire
un usage sage et utile à l'enfant, cette direction, dis-je,
ne cause aucun tort à la personnalité de l'enfant et est
parfaitement légitime. De plus le père a droit aux services du fils : nous l'avons établi philosophiquement,
et la reconnaissance de ce droit par notre législation
positive peut très-bien se déduire de l'art. 387, comme
nous le verrons plus loin ; le père a donc le droit de
disposer des services de son enfant, sans faire aucun
tort à celui-ci, de façon, non pas à tirer profit pour

lui-même de son salaire, l'art. 387 s'y oppose, mais à se décharger des frais de nourriture et d'entretien. Enfin c'est une fonction de l'autorité paternelle et du droit d'éducation de forcer l'enfant à travailler, et dans son propre intérêt, et dans l'intérêt de son père ; c'est un droit aussi de régler le mode de ce travail, tant que l'enfant n'est pas capable de choisir lui-même sainement.

Il faut encore aller plus loin en suivant les conséquences des principes dont nous venons de tirer parti : même lorsque l'enfant est en âge de choisir sainement un état, et d'avoir un avis à lui propre sur les conditions de ses engagements, s'il était démontré que son refus de consentement fût déraisonnable, et n'eût pas d'autre cause que la paresse, il faut encore admettre que le père pourrait faire sans lui et lui imposer un contrat de louage de service. C'est encore une conséquence de l'autorité paternelle, qui n'est pas arrêtée ici par le respect de la personne de l'enfant; car celui-ci n'a aucun intérêt légitime à lui opposer.

Quelle sera la sanction du droit du père dans ces cas-là ? Comment forcera-t-il son fils à exécuter le contrat qu'il aura fait pour lui ? On ne peut pas forcer directement quelqu'un à faire. Mais le père a son droit de correction qui garantit toujours l'exercice de son autorité. Et les règles du droit de correction nous fourniront une base fixe pour appliquer les principes que nous venons d'établir et échapper au reproche d'arbitraire qu'on pourrait faire à notre système. En effet le père a un droit de correction absolu et péremptoire sur son enfant jusqu'à l'âge de quinze ans ; par conséquent jusqu'à cet âge il pourra louer les services de son enfant et le forcer, au moyen de son droit de correction, à exécuter le contrat. Après quinze ans, le père n'exerce plus son droit de correction que par voie de réquisition ; il devra donc prouver devant le président du tribunal les motifs qu'il a pour punir son enfant, il devra par conséquent établir que le refus que ferait son fils de consentir au louage de service n'est fondé sur aucun motif légitime, et c'est seulement alors qu'il pourra le faire punir par le magistrat. Enfin le droit de correction ne peut, même au-dessous de quinze ans, s'exercer que par voie de réquisition si le fils a un état ; nous aurons encore là une nouvelle garantie en faveur du fils : s'il est assez avancé pour qu'on puisse dire qu'il a un état, son père ne pourra plus arbitrairement le forcer à changer d'état ou de position ; ce n'est qu'au cas d'un refus injuste et déraisonnable du fils qu'on pourrait le contraindre à exécuter malgré lui un contrat auquel il n'aurait pas consenti.

§ 2. — Actes que les père et mère peuvent faire seuls pour l'enfant mineur.

I. — *Actes relatifs à l'exercice du droit d'éducation.*

Le père peut se passer du consentement de son fils aux actes qui disposent de la personne de celui-ci, lorsque ces actes ne sont que l'exercice de son droit d'éducation. C'est ainsi que le père peut obliger son fils par un contrat d'apprentissage, par le louage de service, et autres obligations de faire qui s'y rattachent. En effet il ne fait là qu'exercer le droit qu'il a de diriger la personne de son fils, d'imposer un certain emploi à ses facultés, dans un temps où la personne du fils n'est pas encore capable de se diriger complétement, et pour un but essentiellement utile à cette même personne.

Le père peut encore par sa volonté soumettre son fils au pouvoir d'un maître de pension ou d'un précepteur, en leur déléguant une partie de sa puissance paternelle. Le fils est tenu d'obéir à ces maîtres ; et ceux-ci ont sur lui une partie du droit de correction du père, quoique la délégation de ce droit ne puisse jamais aller jusqu'au pouvoir de faire détenir l'enfant. Le droit de garde leur est aussi transféré jusqu'à un certain point ; ou tout au moins le lieu où l'enfant est tenu de résider n'est plus la maison paternelle, mais la pension ou le collége où il a été placé. Tous ces actes du père sont obligatoires pour l'enfant mineur, sans son consentement, et il est tenu de se conformer à la volonté de son père sur tous ces points.

II. — *Changement de domicile.*

Le domicile de l'enfant mineur est fixé par le domicile de ses parents (art. 108), et change avec ce dernier par la seule volonté des père et mère.

III. — *Contrat de tutelle officieuse.*

L'art. 361 n'exige pour le contrat de tutelle officieuse que le consentement des père et mère. Ni cet article, ni les suivants ne parlent du consentement de l'enfant. Les travaux préparatoires sont également muets sur ce dernier consentement ; partout le contrat de tutelle officieuse est présenté comme une convention entre les père et mère de l'enfant et le tuteur officieux. Il faut en conclure que le consentement de l'enfant n'est pas nécessaire, et que la loi a voulu que cette tutelle fût déférée comme toute autre tutelle sans le consentement du pupille. Ce pouvoir de consentir seuls ce contrat n'a rien d'exorbitant chez les père et mère, puisque la loi confère au survivant d'entre eux le droit de nommer un tuteur à leurs enfants par testament.

Remarquons qu'ici, comme dans la matière de l'adoption, il faut le consentement simultané du père et de la mère, si tous deux existent, et que le consentement du père sans celui de la mère ne suffirait pas. C'est que l'on a suivi dans cette matière presque toutes les règles de l'adoption.

IV. — *Nomination d'un tuteur par le père ou la mère.*

La nomination d'un tuteur par le père ou la mère est encore un acte de disposition de la personne de l'enfant; c'est une sorte de délégation de la puissance paternelle sur lui, du moins quant à la partie de cette puissance qui peut se transmettre, c'est-à-dire quant aux droits qui sont communs à la puissance paternelle et à la tutellle.

Le droit pour le dernier mourant des père et mère de nommer un tuteur aux enfants mineurs qu'il laissera à son décès est écrit dans l'art. 397. L'art 398 nous apprend par son renvoi à l'art. 392 que ce droit peut être exercé soit par acte de dernière volonté, soit par une déclaration devant le juge de paix ou devant deux notaires.

Ce droit est expressément limité par l'art. 398 au dernier mourant des père et mère. Car autrement la puissance paternelle avec tous les droits de la tutelle passe au survivant et c'est celui-ci qui pourra seul disposer de ces droits après sa mort. Aussi le père ne pourrait pas régler la tutelle pour le cas où la mère éprouverait une déchéance ou serait écartée, ni en prévision du décès de la mère postérieur au sien. La règle est absolue, quand même le survivant serait absent ou déchu; la loi a peut-être exagéré un peu la rigueur de son principe; mais on peut dire que tant qu'on peut conserver le moindre espoir de voir la puissance paternelle exercée par le survivant, elle veut ménager ses droits.

§ 3. — Actes que l'enfant mineur peut faire seul.

I. — *Engagement militaire volontaire après l'âge de 20 ans.*

Sous l'empire du Code (art. 374) l'enfant pouvait, dès l'âge de 18 ans, quitter la maison paternelle sans la permission de son père, pour enrôlement volontaire. Cet âge a été reculé jusqu'à 20 ans par la L. 21 mars 1832, art. 32, 5°.

II. — *Privations de droits résultant des délits.*

Le mineur, pourvu qu'il ait 16 ans, peut encourir les mêmes peines qu'un majeur, et les peines accessoires aussi bien que les peines principales. Il pouvait donc être frappé anciennement de mort civile; il peut maintenant encourir dégradation civique, interdiction légale, interdiction à temps de certains droits. Sans doute ces déchéances produiront peu d'effet pendant la minorité; mais, encourues après la minorité, elles peuvent se prolonger pendant la majorité; elles constituent donc une modification très-grave dans la position juridique du mineur.

Le mineur qui a moins de 16 ans, ne pouvant jamais

encourir qu'un simple emprisonnement, ne peut encourir ni dégradation civique, ni interdiction légale. Quant à l'interdiction à temps de certains droits, elle pourrait lui-être appliquée; mais pendant toute la minorité elle ne peut le frapper que dans le droit de port d'armes et dans le droit de témoigner en justice; elle sera sans doute prononcée bien rarement.

§ 4. — Actes impossibles pendant la minorité.

Le *changemant de nationalité* est impossible pendant la minorité. Cette impossibilité résulte implicitement de plusieurs articles de nos lois, qui reportent tous après la majorité l'option qu'une personne peut avoir à faire sur sa qualité de français ou d'étranger. Ces articles sont : l'art. 9 C. Nap., l'art. 10 du même Code qui renvoie à l'art. 9; la L. du 25 mars 1849, article unique; la L. du 29 janv. 1851, art. 1. Un seul texte, la L. du 9 décembre 1790, permettait aux descendants de Français expatriés pour cause de religion, de redevenir Français, s'ils étaient mineurs, avec le consentement de leurs ascendants.

La naturalisation ordinaire n'est aussi possible qu'après 21 ans.

Non-seulement le changement de nationalité ne peut pas avoir lieu spécialement pour un enfant pendant sa minorité, mais il ne peut pas non plus, au contraire du changement de domicile, résulter du changement de nationalité du père. L'art. 2 de la L. du 29 janvier 1851 réserve aux enfants d'un étranger naturalisé l'option jusqu'à l'année qui suit leur majorité.

Si le changement de nationalité provient d'une ces-

sion territoriale, il faut faire une distinction. Si le changement de nationalité est forcé, ce qui aura lieu toutes
les fois que le traité ne contiendra rien de spécial sur ce
point, l'enfant mineur devra changer aussi de nationalité ; qu'importe en effet l'incapacité de consentir dans
ce cas où le consentement n'est nullement considéré ?
Si au contraire le changement de nationalité est faculta-
tatif, sous certaines conditions, toutes les analogies nous
portent à décider qu'il faudra réserver aux mineurs
l'option pendant l'année qui suivra leur majorité, comme
dans l'art. 9 et l'art. 10 du C. Nap., dans la loi du 25
mars 1849, dans les art. 1 et 2 de la loi du 29 janvier
1851. Cette règle a été appliquée expressément par le
décret du 30 juin 1860, art. 2, réglementant l'application du traité de cession de la Savoie et de Nice.

Il est encore un cas où le changement de nationalité
pourra exceptionnellement avoir lieu pendant la
minorité, c'est quand une femme mineure épouse
un étranger : l'art. 19 est formel et tout à fait
absolu ; il n'y a donc pas lieu de distinguer si la femme
est ou non majeure. On a sans doute considéré qu'elle
est suffisamment protégée par les consentements nécessaires à son mariage ; et puis il était bien difficile d'admettre qu'elle conservât sa nationalité, et d'autre part
on ne pouvait pas empêcher son mariage avec un
étranger pendant tout le temps de sa minorité. — Il
faudrait, je crois, permettre aussi à la femme veuve de
recouvrer, quoique mineure, sa qualité de Française en
se conformant à l'art. 19, 2ᵉ al. ; car la loi est très-favo-
rable à ce retour à la nationalité française, et il serait
souvent fort dur pour une jeune femme, qui n'aurait
plus le protecteur qu'elle avait cherché à l'étranger,

d'être repoussée d'une société à laquelle elle tient par tous les liens.

On pourrait encore demander si un mineur ne pourrait pas encourir la perte de la qualité de Français pour les faits mentionnés aux art. 17 et 21 du Code Napoléon. Je crois qu'il faut répondre négativement; nous avons vu que l'ensemble des dispositions de nos lois indiquait la pensée de ne point changer la nationalité d'un mineur; les art. 17 et 21 ne dérogent pas expressément à ce système , et comme ils ont quelque chose de très-sévère, il ne faut pas les entendre trop largement. On ne peut pas dire non plus que les actes mentionnés par ces articles soient considérés comme des délits, et que le mineur doit encourir les peines comme un majeur. Ces actes ne sont pas considérés par la loi comme des délits; car ils ne sont nullement punis; mais la loi les considère comme impliquant une volonté incompatible avec la volonté de rester Français; c'est pour cela qu'elle fait perdre pour ces motifs la nationalité française. Il est clair que ce motif est inapplicable au mineur, qui n'est pas considéré comme ayant une volonté suffisamment développée pour opter sur sa nationalité.

SECTION III

Droit aux services de l'enfant.

Nous avons démontré philosophiquement le droit du père aux services gratuits de son enfant, droit fondé d'abord sur le titre même qui résulte de la génération, et ensuite sur la reconnaissance pour les soins dont le père a entouré son enfant, pour tous les sacrifices qu'il a faits pour lui.

Ce droit aurait dû être écrit expressément dans notre Code pour donner aux juges un point d'appui solide dans son application, peut-être aussi pour en réglementer l'exercice. L'absence de toute disposition sur ce point est une lacune regrettable. Toutefois, il ne faut pas croire que l'autorité paternelle et la justice chargée de la faire respecter soient complétement désarmées sur ce point.

D'abord l'art. 387, n'excluant de l'usufruit paternel que les biens acquis à l'enfant par un travail et une industrie séparée, implique que, quand même l'enfant obtiendrait un salaire de son père, il n'en devrait rien toucher tant que dure l'usufruit paternel, et ne toucherait le capital à l'âge de dix-huit ans, que déduction faite de tous les frais de nourriture et d'éducation auxquels les fruits n'auraient pas suffi. Il faut même, je crois, aller plus loin et dire que, dans la pensée du législateur, l'enfant ne doit pouvoir rien réclamer de son père, comme salaire pour les services qu'il lui aurait rendus, soit dans la famille, soit dans un commerce ou dans une industrie. Certes les tribunaux n'admettraient pas une pareille action; ils soutiendraient toujours le droit du père d'apprécier ce que valent les services de son enfant, et d'être le seul maître de les rémunérer comme il le jugera convenable. N'est-il pas certain que tout le travail d'un enfant mineur ne peut jamais rendre à ses parents tout ce qu'ils ont fait pour lui? Ce devoir du fils est corrélatif du droit que la loi lui a accordé à la nourriture et à l'éducation pendant son enfance et sa jeunesse.

Le droit aux aliments fournirait un autre moyen d'obtenir du fils rebelle les services dont son père aurait besoin. Car, malgré le silence de la loi, on ne peut pas douter que les tribunaux, suivant en cela notre ancienne jurisprudence, ne refusassent des aliments à celui qui ne voudrait en aucune façon se rendre utile chez celui qui devrait les lui payer, et qui voudrait rester seul oisif au milieu du travail de ceux à qui il est à charge. Ce qui est vrai de tout créancier alimentaire doit s'appliquer à bien plus forte raison au fils vis-à-vis de ses parents, et nous fournit un moyen de le forcer à travailler avec et pour son père, s'il s'y refusait.

Enfin, le pouvoir correctionnel du père sous le contrôle de la justice pourrait encore lui fournir le moyen de vaincre une paresse invétérée et rebelle chez son enfant mineur.

Il est seulement regrettable que le silence du Code sur un point aussi important, nous réduise à des expédients un peu détournés et un peu mesquins. Il faut pourtant bien que les règles de la justice éternelle se fassent jour d'une manière ou d'une autre ; et, grâce à Dieu, la négligence d'un législateur n'obtiendra jamais de la conscience de nos magistrats le sacrifice de ces règles sacrées et la prononciation de sentences manifestement iniques. C'est la punition du législateur que, lorsqu'il ne fait pas la loi, les tribunaux la font à sa place. Et ils ont raison : ayons une fois le courage de dire ouvertement ce que personne n'ose avouer, quoique cette idée fasse irruption, quand même, dans les décisions pratiques : les tribunaux sont faits pour ren-

dre la justice; c'est-à-dire prononcer sur chaque procès,
ce qui est juste suivant leur conscience : les lois sont
faites pour leur donner une règle et mettre des bornes
à leur arbitraire ; le silence de la loi sur un point, qui
est démontré juste, ne doit pas avoir pour effet de faire
subir aux juges l'humiliation et le supplice d'une sentence inique; son unique résultat est de laisser à leur
arbitrage tout le champ qu'elle n'a pas su leur enlever.

CHAPITRE III.

L'art. 372 pose en principe que l'autorité paternelle finit à la majorité ou à l'émancipation de l'enfant. Nous avons déja vu plusieurs cas où les droits de cette autorité durent plus longtemps ; mais ces cas sont moins une dérogation au principe posé, qu'une intelligente application de la règle par une sage prolongation de la minorité pour certains actes spéciaux. Nous avons maintenant à indiquer plusieurs points sur lesquels le Code fait durer réellement l'autorité paternelle au delà de la minorité et pendant toute la vie, et déroge ainsi à son principe fondé sur une confusion entre la puissance et l'autorité paternelle, pour se rapprocher des données de la raison sur cette matière.

Les droits, par lesquels l'autorité paternelle se prolonge pendant toute la vie des enfants, sont au nombre de trois :

1° La nécessité de demander le conseil des parents pour le mariage et l'adoption, au moyen d'actes respectueux ;

2° Le droit d'opposition au mariage ;

3° Le droit de demander la nullité du mariage.

I. — *Actes respectueux.*

Les actes respectueux sont le moyen de constater légalement que les enfants, qui veulent se marier sans le consentement de leurs parents, ont du moins demandé et écouté leurs conseils, et y ont suffisamment réfléchi. Aussi tous les enfants à qui le consentement de leurs parents n'est plus nécessaire pour se marier, c'est-à-dire les filles au-dessus de 21 ans, et les fils au-dessus de 25 ans, sont obligés, s'ils n'obtiennent pas ce consentement, d'adresser à leurs parents des actes respectueux, et de laisser passer après cela un certain délai avant de pouvoir se marier (art. 151).

L'acte respectueux doit être renouvelé trois fois de mois en mois par les filles de 21 à 25 ans et par les fils de 25 à 30 ans (art. 152); et ils doivent encore laisser écouler le délai d'un mois après le dernier acte. Ainsi la loi leur impose trois mois de réflexion avant de contracter un mariage auquel la volonté de leurs parents est opposée. A partir de 25 ans pour les filles et de 30 ans pour les fils, un seul acte respectueux suffit, et le mariage peut être célébré un mois après. A cet âge le refus du consentement des parents, n'entrave plus le mariage des enfants que pendant un mois.

L'acte respectueux doit contenir la notification, adressée par l'enfant à ses parents, de l'intention où il est de contracter mariage avec telle personne. Il est fait dans la forme des exploits d'huissier en un original et une copie, laquelle est laissée à l'ascendant, à qui l'acte est adressé. Mais la loi, par respect pour les parents et pour éviter les froissements dans les familles, veut qu'il soit fait non par un huissier, mais par un notaire, assisté comme dans tous ses actes de deux témoins ou d'un second notaire. Le notaire doit recevoir les observations des parents et les consigner dans le procès-verbal de notification, afin que l'enfant puisse en prendre connaissance, comme il le doit, puisque c'est là le but direct de cette démarche qui lui est imposée.

Nous pensons qu'en général l'enfant n'est pas tenu de se présenter en personne avec le notaire. La loi ne l'exige pas, et cette comparution personnelle aurait sou-vent des inconvénients.

Mais nous pensons aussi que si l'ascendant demandait à voir son enfant, soit pour lui communiquer des secrets qu'il ne veut pas dévoiler à d'autres, soit pour essayer sur lui de l'influence de ses conseils en le dérobant pendant quelque temps à d'autres influences contraires ; les tribunaux, si les motifs allégués paraissaient raison-nables et dénués de tout caractère frustratoire, devraient accéder à cette demande, ordonner la comparution personnelle de l'enfant devant son ascendant. En défi-nitive la loi veut que l'enfant demande le conseil de ses parents ; apparemment elle veut qu'il l'écoute, et comme elle ne fixe pas le moyen de communication entre les parents et les enfants, c'est aux tribunaux à le faire. C'est à eux qu'il appartient de décider que, tant que la démarche, ordonnée par eux, n'aura pas été faite, il n'aura pas été satisfait à la loi et le mariage sera impos-sible.

Les actes respectueux doivent être adressés aux ascen-dants qui devraient consentir au mariage si l'enfant était encore mineur, c'est-à-dire, pour nous borner à notre matière, au père et à la mère, si tous deux existent et si tous deux refusent leur consentement. Si l'un consent tandis que l'autre refuse de le faire, les actes respectueux devront être adressés à celui seul qui refuse, pourvu encore que le consentement de l'autre ne soit pas de nature à autoriser à lui seul le mariage, si l'enfant était mineur. Ainsi, si le père consent et que la mère refuse, il n'est pas nécessaire de faire un acte respectueux à la mère, si ce n'est pour avoir une preuve authentique qu'elle a été consultée. Mais cette preuve pourrait être fournie autrement, et en tout cas, si l'on emploie le moyen d'un acte respectueux (ce qui est le plus simple), toujours est-il qu'il n'y aura pas besoin de le renouveler, et qu'on ne sera même pas obligé de laisser écouler le délai d'un mois ; car le consentement du père suffit pour autoriser le mariage (art. 148), le refus de la mère ne peut le retarder.

L'art. 155, prévoyant le cas d'absence de l'ascendant, auquel un acte respectueux devait être fait, règle qu'il sera passé outre à la célébration du mariage sur la présentation du jugement qui aurait déclaré l'absence, ou qui aurait ordonné l'enquête, ou s'il n'y en a pas encore, d'un acte de notoriété délivré par le juge de paix du dernier domicile connu, sur la déclaration de quatre témoins. Il faut entendre cet article dans ce sens que l'on sera dispensé de faire l'acte respectueux à cet ascendant, mais qu'on devra toujours en faire un aux autres ascendants, qui devaient consentir, ou à ceux du degré subséquent. Ceci s'appliquera au cas d'absence du père ou de la mère. Il faut aussi suppléer la règle de l'art. 148 et les explications que nous en avons données : toutes les fois que l'un des époux sera dans l'impossibilité de manifester sa volonté, le consentement de l'autre ou les actes respectueux adressés à l'autre suffiront.

Pour l'adoption, il faut, comme pour le mariage que l'enfant majeur de vingt-cinq ans, requière le conseil de ses père et mère par un acte respectueux. Comme la loi ne parle pas de la nécessité de le renouveler, on admet qu'un seul suffira dans tous les cas.

II. — *Oppositions au mariage.*

« Le père, et, à défaut de père, la mère, et, à défaut de père et de mère, les aïeuls et aïeules, peuvent former opposition au mariage de leurs enfants et descendants encore que ceux-ci aient vingt-cinq ans accomplis » (art. 173).

Ils n'ont pas même besoin d'indiquer dans l'acte d'opposition les motifs de leur opposition (art. 176).

En vertu de ce droit, les parents peuvent, non-seulement faire valoir tous les empêchements prohibitifs ou dirimants au mariage de leurs enfants, mais encore gagner du temps pour les forcer à réfléchir, même après les délais résultant de la nécessité des actes respectueux. C'est un droit fort important de l'autorité paternelle, puisqu'il peut gêner gravement la liberté que les enfants ont de se marier. Nous voyons par l'art. 173, qu'il appartient au père à l'exclusion de la mère, lorsque tous deux sont vivants et capables de manifester leur volonté; car les mots « à défaut du père » doivent toujours s'entendre à défaut de possibilité pour le père d'exercer son droit d'autorité.

III. — *Demandes en nullité de mariage.*

Les demandes en nullité de mariage sont en général le moyen de faire valoir les droits qui ont été lésés par un mariage; le droit de former ces demandes appartient à tous ceux dont les droits se trouvent ainsi lésés. Si donc les père et mère n'avaient le droit de demander la nullité qu'en se fondant sur une lésion de leurs droits, sur le mépris de leur autorité, comme dans l'art. 182 ; ce ne serait pas pour eux un droit nouveau, ce serait seulement la sanction de leur droit de consentir au mariage de leurs enfants. Mais les parents ont des droits plus étendus et qui dès, lors, constituent véritablement une nouvelle fonction de leur droit d'autorité : ils peuvent, par l'action en nullité, faire valoir toutes les nullités absolues qui peuvent entacher le mariage de leur enfant, et cela sans y avoir aucun intérêt pécuniaire. On a considéré qu'il y avait pour eux un intérêt d'honneur et d'affection très-puissant à ne pas laisser vivre leur enfant dans une union qui est nulle aux yeux de la loi ; et que ce n'est pas dépasser les bornes naturelles de leur autorité, que de leur permettre de rappeler leur enfant à l'observation de la loi et de son devoir sur ce point, s'il était tenté de l'oublier. Ce droit de demander la nullité du mariage de leurs enfants sans y avoir aucun intérêt pécuniaire, résulte manifestement pour les père et mère de l'art. 191 et de l'art. 184 expliqué par les art. 186 et 187 : en effet l'art. 186, exceptant dans certains cas les ascendants, montre qu'ils sont compris dans la règle, et l'art. 187, exigeant que les parents collatéraux, pour demander la nullité, aient un intérêt né et actuel, c'est-à-dire pécuniaire, implique bien que les père et mère peuvent demander la nullité même sans avoir un intérêt de ce genre, en se fondant uniquement sur leur intérêt moral et de famille.

Il nous suffit d'avoir reconnu ainsi ce droit spécial des père et mère ; les détails de la matière sortiraient de notre sujet.

Il est pourtant une question qui se rattache à l'ordre d'idées dans lequel nous nous sommes placé : c'est celle de savoir si les autres ascendants ont le droit de demander la nullité du mariage de leur descendant en présence des père et mère, lorsque, ceux-ci négligent de le faire. Il faut avouer que le Code n'est pas explicite sur ce point. Cependant en présence des articles 186 et 191, je ne pense pas que l'on doive oser refuser ce droit aux ascendants. En effet, ces deux articles énumèrent les personnes qui peuvent demander la nullité, sans établir cette gradation, si bien marquée en maint endroit et notamment dans l'art. 173. J'insiste surtout sur le texte de l'art. 191, dont l'énumération est bien évidemment cumulative et nullement alternative; il dit que le mariage peut être attaqué « par les » époux eux-mêmes, par les père et mère, par les ascen » dants, et par tous ceux qui y ont un intérêt né et ac » tuel, ainsi que par le ministère public.» Il est évident, d'après le texte, que les époux concourent avec leurs père et mère ; que le ministère public concourt avec les père et mère. Comment oser dire que les ascendants placés dans l'énumération exactement sur le même pied que toutes ces autres personnes, ne concourront pas avec les père et mère ? On nous fait une objection qui paraît avoir une grande force, surtout contre nous en particulier : Vous avez admis, nous dit-on, que ce droit de demander la nullité est une fonction du droit d'autorité ; or, vous voyez que partout ce droit d'autorité et ses diverses fonctions appartiennent exclusivement à l'ascendant le plus proche ; vous même avez reconnu, qu'il en devait être ainsi d'après les principes rationnels mêmes; comment pouvez-vous maintenant admettre ici la solution contraire?—Je fais observer une chose, c'est qu'il s'agit ici d'un de ces droits d'autorité, qui sont de nature à durer toute la vie des ascendants et, des enfants et petits-enfants : lorsqu'un fils a formé une nouvelle famille séparée, il prend sans doute, comme chef de cette famille, la direction suprême de ses enfants à lui, et le grand-père ne doit pas en général prétendre lui imposer ses volontés sur ce point. Mais ceci n'est vrai que des actes qui rentrent dans la sphère de la liberté juridique, c'est-à-dire de ceux qui sont moralement innocents. Il est au contraire un ordre de faits, sur lesquels l'ascendant conserve toujours un contrôle suprême : ce sont les actes coupables en eux-mêmes; quant à ceux-là, l'autorité paternelle, gardienne des mœurs de la famille, est toujours vivace pour venir les arrêter; nul n'a droit à des actes coupables, le fils moins que tout autre vis-à-vis de son père. Or, quelle est ici la situation : il s'agit de faire cesser un scandale de famille, le descendant vit sciemment dans une union, nulle aux yeux de la loi; il est coupable, il n'a aucun droit à y rester ; son père peut le forcer à en sortir. Mais son père tolère lui-même ce scandale, a-t-il droit à le protéger et à le défendre? Est-ce là un de ces actes de pouvoir légitime dans la famille, que le grand-père est tenu de respecter? Non, évidemment. De même que le père peut faire rentrer son fils dans la voie du devoir; de même le grand-père peut faire rentrer et son petit-fils et son fils dans cette même voie. C'est son devoir à lui-même, et c'est son droit imprescrptible. Donc, nous ne violons aucun principe ni du Code, ni de la raison, en permettant aux ascendants de demander la nullité du mariage de leur descendant, même en présence des père et mère, s'ils sont négligents ou complices.

On pourrait ensuite se demander si la mère pourrait poursuivre la nullité en présence de l'inaction du père. Et ici on opposerait à l'affirmative des arguments encore plus puissants : on invoquerait l'autorité maritale; et l'on ajouterait que, dans l'art. 193, les père et mère, étant nommés ensemble dans un même membre de phrase, n'ont pas chacun une vocation distincte et principale, mais ne forment ensemble qu'un seul groupe, dans l'intérieur duquel on doit répartir ce droit suivant les rapports spéciaux résultant du mariage ; c'est-à-dire en en donnant tout l'exercice au père. Mais je soutiens toujours que l'autorité maritale (pas plus que l'autorité paternelle) n'est pas souveraine sur ce point ; je nie qu'aucune autorité, pas plus la maritale qu'une autre, ait jamais le droit d'imposer à une personne humaine une action ou une abstention injuste ; le père, pas plus que le fils, n'a droit à la permanence d'un état de choses illégal, et la mère doit avoir le droit de rappeler son fils à son devoir, malgré la perversité ou la négligence du père. Quant à l'argument tiré de l'art. 191, j'accorde que je ne puis plus argumenter de cet article comme je le faisais tout à l'heure. Mais s'il n'est pas aussi fort pour moi; il est bien loin d'être contre moi. Ni lui, ni aucun autre article du Code ne combat le système que je défends.

TITRE III.

DROIT DE GARDE.

Art. 374. — « L'enfant ne peut quitter la maison
» paternelle sans la permission de son père, si ce n'est
» pour enrôlement volontaire, après l'âge de dix huit
» ans révolus. »

Le Code en disant « la maison paternelle » a évidemment entendu parler aussi de toute autre maison où
l'enfant se trouve par la volonté de son père, comme
une pension, un couvent, la demeure d'un patron, etc.
L'art. 354 du C. pénal, lié très-intimement avec le nôtre
puisqu'il s'occupe du détournement des mineurs, est
plus exact lorsqu'il dit « les lieux où ils étaient mis par
ceux à l'autorité ou à la direction desquels ils étaient
soumis ou confiés. » Cet article nous montre aussi que
le droit de garde peut, dans une certaine mesure, être
transféré par le père à des étrangers : c'est bien ce qu'indiquent ces mots « à la direction desquels ils étaient
confiés » opposés à ceux-ci : « à l'autorité desquels ils
étaient soumis ».

« *Sans permission de son père.* » Il faut bien certainement ajouter « ou de sa mère » lorsque c'est celle-ci
qui exerce la puissance paternelle. Et l'une et l'autre
règle serait vraie quand même le survivant des père et
mère ne serait pas tuteur ; la garde, en effet, n'est pas un
droit de tutelle, c'est un droit de l'autorité paternelle,
lequel ne peut passer au tuteur que lorsqu'il n'y a plus
ni père, ni mère pour exercer l'autorité paternelle. Du

reste la loi du 21 mars 1832, art. 32 ; 2°, s'exprime très-exactement sur ce point, et échelonne très-bien les consentements du père, puis de la mère à défaut du père, puis du tuteur à défaut de l'un et de l'autre, pour l'engagement volontaire au-dessous de vingt ans.

La sanction du droit de garde est dans le droit pour le père d'employer la force publique pour ramener l'enfant au domicile qu'il lui a assigné, soit contre la résistance de ceux qui le détiennent, soit contre celle de l'enfant lui-même. Ce droit du père a été reconnu expressément, lors de la discussion au conseil d'État, par le premier consul, qui disait : « S'il se permet de quit- « ter la maison paternelle, le père a le droit de le faire ra- « mener. » Ce droit découle aussi de l'art. 374 lui-même. Il faut bien que cette disposition de la loi ait une sanction, et celle dont nous parlons est la seule possible. En vain opposerait-on à cette solution qu'il s'agit ici d'une contrainte par corps, qui ne peut pas être admise sans un texte exprès de loi (art. 2063, C. N.) et qui de plus est complétement prohibée entre parents en ligne directe. (L. 17 avril 1832, art. 19, 2°). Il ne s'a- git ici nullement d'une contrainte par corps dans le sens des art. 2059, sq. du Code Napoléon, et de la L. du 17 avril 1832, c'est-à-dire d'une contrainte par corps pour une dette pécuniaire. Ce que ces textes législatifs restreignent à bon droit, c'est l'emploi de la contrainte personnelle pour forcer indirectement un débiteur à payer ; c'est une voie d'exécution contre la personne en vertu d'un titre qui ne porte que sur les biens. Mais ici c'est toute autre chose ; l'emploi de la force contre la personne de l'enfant est la sanction directe du droit de garde ; elle est la mise en vigueur contre la personne d'un droit qui porte aussi immédiatement sur la personne. De ce que la loi vous reconnaît le droit à une somme d'argent, il ne s'ensuit pas qu'elle vous reconnaisse le droit d'emprisonner votre débiteur. Mais lorsque la loi vous dit : vous avez le droit de retenir telle personne ; c'est comme si elle vous disait : vous avez le droit d'employer la force pour cela. En un mot l'emploi de la contrainte personnelle est la conséquence directe et nécessaire de l'art. 374, parce qu'elle est le seul moyen de l'exécuter.

Conformément à ces considérations, nous admettrons qu'il ne sera pás nécessaire qu'il y ait un jugement, comme pour la contrainte par corps ; mais qu'il suffira que l'ordre d'arrestation soit délivré par le président du tribunal en référé. S'il y avait urgence, cette décision ne souffrirait aucun doute en présence de l'art. 806, Pr. Mais même lorsqu'il n'y a pas urgence, nous donnerons la même solution en raisonnant *a fortiori* de l'art, 377 : puisque le président peut délivrer seul sur la requête du père, l'ordre d'arrestation de l'enfant pour le faire détenir, à bien plus forte raison, peut-il délivrer l'ordre de le réintégrer au domicile paternel.

Outre l'action, du père contre l'enfant ou ceux qui le retiennent injustement, il pourrait encore y avoir des poursuites du ministère public, soit contre l'enfant lui-même, pour vagabondage (Code pén. art. 269 et 271, 2°,al.) ; soit contre ceux qui le retiennent, pour crime de détournement de mineur (C. pén. art. 354), ou de séquestration illégale (Code pén. art. 541, sq. et I. c. art. 615, sq.).

L'art. 374 fait exception au droit de garde en faveur de l'enrôlement volontaire, à partir de l'âge de 18 ans de l'enfant. Cet âge a été élevé jusqu'à 20 ans par la L. 21 mars 1832, art. 32, 5°. L'explication de cette disposition, telle que nous la trouvons dans les travaux préparatoires, est légèrement empreinte des préoccupations politiques de l'époque, fortement tournées vers la guerre (1). Aussi n'y a-t-il pas de motif d'une valeur bien durable ; en effet, quelle urgence y a-t-il, hors des temps de guerres presque continuelles, à permettre aux jeunes gens de s'enrôler de si bonne heure ? Et s'il est vrai, comme le disait M. Bigot, que l'autorité paternelle cesse pour le service public (principe que je n'admets que sous bénéfice d'inventaire), encore faut-il que l'utilité publique soit manifeste et considérable. Aussi cette disposition n'a été que transitoire ; car on peut dire que la loi de 1832, en élevant l'âge jusqu'à 20 ans, c'est-à-dire en devançant d'une année seulement la majorité légale, a donné tort à toutes les belles phrases que l'on avait prononcées sur ce sujet en 1804. La seule raison qui ait fait maintenir cette légère exception dans la loi de 1832, c'est qu'à 20 ans est fixé l'âge de la conscription, et qu'alors il était impossible de refuser à l'enfant, qui va, peut-être, être appelé par le sort à servir dans les armées, la faculté de s'assurer en devançant cet appel forcé, les avantages offerts à l'engagement volontaire.

(1) Cette disposition existait dans notre ancien droit ; mais elle avait alors un motif qu'elle n'a plus maintenant ; la conscription n'existant pas, cette règle avait pour but de faciliter le recrutement des armées.

Le droit de garde finit, comme l'autorité paternelle dont il n'est qu'une fonction, par la majorité (art. 372), par l'émancipation de l'enfant (art. 372 et 108) ; par la déchéance prononcée dans l'art. 335 du Code pénal ; par l'abus habituel, conformément à ce que nous avons dit en traitant de la cessation de la puissance paternelle en général ; enfin en cas de divorce, d'abord pendant l'instruction de la demande le tribunal peut enlever la garde au père (art. 266) pour la donner à la mère ou à une autre personne ; ensuite, une fois le divorce prononcé, le père contre qui le divorce a été prononcé perd de plein droit la garde des enfants, à moins que le tribunal ne la lui conserve expressément ; elle passe de plein droit à la mère qui a obtenu le divorce, à moins que le tribunal n'en dispose autrement en vertu de son pouvoir discrétionnaire (art. 307). Si c'est le père qui a obtenu le divorce, il conserve alors la garde, sauf une disposition contraire du jugement de divorce (art. 307).

TITRE IV.

DROIT DE CORRECTION.

———

Le droit de correction est la sanction des divers droits de l'autorité paternelle. En plaçant cette arme entre les mains des parents et en leur donnant une certaine latitude pour son emploi, le Code a rempli en partie les lacunes laissées par sa détermination incomplète, des rapports juridiques entre les parents et les enfants. Et il faut rendre cette justice aux rédacteurs du Code, qu'ils paraissent avoir eu conscience de la portée à ce point de vue du droit qu'ils établissaient. C'est ce qui inspirait M. Albisson lorsqu'il disait devant le Corps législatif sur l'art. 375 et les suivants : « Toute puis-
» sance directrice ou régulatrice suppose l'emploi d'une
» force coercitive quelconque. » Ainsi le droit de correction est le moyen pour les parents d'exercer sur leurs enfants le pouvoir directeur qui leur appartient, comme nous l'avons démontré plus haut.

A côté de cela les rédacteurs du Code ont été excessivement préoccupés de la crainte des abus. Tout pouvoir en dehors de l'omnipotence de l'État, était alors, et est encore trop souvent, l'objet de tous les soupçons, de toutes les défiances. Heureusement on n'a pas écouté l'avis de ceux qui proposaient le moyen facile, et trop souvent employé par nos législateurs, de supprimer le droit par crainte des abus que l'on pouvait en faire. Le droit de correction du père a été explicitement reconnu. En cas d'insuffisance des moyens ordinaires de répression laissés à la disposition du père dans l'intérieur de la famille et dont la loi n'a pas jugé à propos de s'occuper, elle a mis à sa disposition les moyens plus énergiques, dont elle dispose, c'est-à-dire la détention pendant un certain temps. Seulement ce droit a été réglementé et soumis au contrôle de la justice, avec certaines distinctions. La mère ne peut jamais faire détenir son enfant qu'en soumettant ses motifs au contrôle du juge, éclairé par l'avis de deux parents paternels ; le père peut le faire détenir tantôt de sa propre autorité, tantôt uniquement par voie de réquisition impliquant le contrôle de la justice.

De là naît naturellement notre division.

Nous partagerons ce titre en deux chapitres :

1° Pouvoir correctionnel du père ;

2° Pouvoir correctionnel de la mère.

CHAPITRE PREMIER.

POUVOIR CORRECTIONNEL DU PÈRE.

Nous diviserons ce chapitre en trois sections :
1º Correction par voie d'autorité ;
2ᵉ Correction par voie de réquisition ;
3º Règles communes aux deux modes.

SECTION PREMIÈRE.

Correction par le père par voie d'autorité.

Art. 375. « Le père qui aura des sujets de mécon-
» tentement très-graves sur la conduite d'un enfant,
» aura les moyens de correction suivants : »
Art. 376. « Si l'enfant est âgé de moins de seize ans
» commencés, le père pourra le faire détenir pendant
» un temps qui ne pourra excéder un mois; et, à cet
» effet, le président du tribunal d'arrondissement de-
» vra, sur sa demande, délivrer l'ordre d'arrestation. »
Pour que ce droit existe, quatre conditions sont exigées par l'art. 376 et par les art. 380 et 382 que nous
expliquerons plus loin. Il faut :
1º Que l'enfant n'ait pas quinze ans révolus;
2º Que le père ne soit pas remarié ;
3ᵉ Que l'enfant n'ait pas de biens personnels;

4° Qu'il n'ait pas un état.

Moyennant ces conditions, le père peut faire détenir son enfant par voie d'autorité pendant un mois. On a jugé qu'une détention d'un mois serait toujours suffisante pour triompher des résistances d'un enfant aussi jeune, et dans ces limites, on n'a pas craint que le père n'abusât du pouvoir qu'on lui accordait. Le père doit seulement s'adresser au président du tribunal de l'arrondissement de son domicile pour obtenir l'ordre d'arrestation : en effet, aucun particulier ne peut disposer de la force publique, ni détenir lui-même une autre personne ; c'est là un principe élémentaire de la sécurité sociale. Mais le président a pour rôle uniquement d'accomplir, ou, si l'on veut, de légaliser la volonté du père ; il doit la prendre telle quelle, il n'a pas à la contrôler. Il n'est pas juge de la force des motifs donnés par le père; car le père est souverain en cette matière, il peut ne pas donner de motifs; et, s'il en donne, il peut ne pas donner les véritables pour étouffer dans la famille des faits qu'il ne juge pas à propos de divulguer. C'est même le vœu de la loi, que les écarts des enfants ne soient pas connus, et que la correction qui doit être un remède salutaire, ne devienne pas une souillure ineffaçable sur leur vie tout entière ; nous en verrons une preuve manifeste dans l'art. 378.

Est-ce à dire pourtant que le président n'exercera pas une certaine surveillance sur la volonté du père? Non, certes. On s'adresse à lui, on lui demande de sanctionner une mesure ; apparemment cette demande ne doit pas être une simple formalité ; l'emploi de la force est précisément refusé aux particuliers et remis dans quelques mains choisies, pour empêcher qu'on n'en abuse. Le président devra donc d'abord vérifier si le père se trouve bien dans les conditions exigées par la loi. Ceci étant reconnu, il faudra encore que le père allègue, et allègue au moins avec une apparence de fondement, « des sujets de mécontentement très-graves; » car la loi ne lui donne le droit de correction que pour ce cas. Il n'est pas obligé de spécifier ces sujets de mécontentement, mais encore faut-il qu'il allègue qu'il en a. S'il venait avouer lui-même que c'est par pur caprice ou par haine qu'il agit; ou s'il était notoire qu'il maltraite ses enfants sans motifs; je crois que le président devrait refuser l'ordre d'arrestation. Ce n'est pas vers des cas pareils que sont dirigés les art. 375 et suivants. Enfin le président aurait bien le droit d'adresser au père quelques conseils sur l'opportunité de sa démarche pour le bien de son enfant, de s'efforcer d'empêcher que le père n'agît sous l'empire de la colère, etc.; mais toujours si le père persistait, il devrait donner l'ordre, et cela sans délai, car il n'a pas, nous le répétons, à juger, à contrôler sa volonté, mais uniquement à vérifier s'il est dans les termes de la loi.

SECTION II.

Correction par le père par voie de réquisition.

Art. 377. « Depuis l'âge de seize ans commencés » jusqu'à la majorité ou l'émancipation, le père pourra » seulement requérir la détention de son enfant pen-

» dant six mois au plus ; il s'adressera au président du-
» dit tribunal, qui, après en avoir conféré avec le pro-
» cureur du roi, délivrera l'ordre d'arrestation ou le
» refusera, et pourra, dans le premier cas, abréger le
» temps de la détention requis par le père. »

Les formalités sont très-bien expliquées par cet article ; le père ne fait plus que requérir la détention de
son enfant. C'est le président qui est juge, qui décide
de l'opportunité de la mesure, après en avoir conféré
avec le procureur impérial. Aussi c'est à lui d'apprécier
les griefs du père, et le père est par conséquent obligé
de les lui faire connaître. La loi est maintenant préoc-
cupée avant tout de l'intérêt de la liberté de l'enfant, et
elle veut l'entourer de toutes les garanties.

Le président, ainsi que cela résulte de l'article, peut
refuser l'arrestation ou *abréger* le délai ; mais il ne peut
l'augmenter. Il s'agit toujours d'une correction paternelle ; c'est le père qui peut le mieux apprécier le degré de punition nécessaire à la direction de l'enfant, et
lui seul a droit de faire cette appréciation. On a craint
que certains pères n'abusassent de leurs droits ; on
n'a pas dû chercher à réprimer un excès inverse,
d'autant plus que la clémence est le plus bel apanage
et quelquefois l'arme la plus puissante de l'autorité paternelle.

A partir de quinze ans, comme les écarts de l'enfant
peuvent être plus graves, la durée maximum de la détention a été élevée jusqu'à six mois. C'était une raison
de plus pour l'entourer de plus de précautions.

Pour que le père soit obligé d'agir par voie de réquisition, il faut la réalisation de l'une des quatre conditions, inverses de celles que nous avons énumérées dans

la section précédente. Ces causes qui forcent le père à prendre cette voie sont les suivantes :

1re Cause. — *Si l'enfant a plus de quinze ans révolus.*

Nous avons vu qu'il résulte de la loi que cet âge de l'enfant, étend et restreint à la fois le pouvoir du père. La détention peut être plus longue, mais le contrôle du président est souverain. Ce contrôle plus efficace est motivé précisément par la possibilité d'une plus grande durée dans la peine. En outre, il est vrai de dire que, même à égalité de durée, l'arrestation et la détention sont plus graves pour l'enfant plus âgé : sa réputation en est plus sérieusement atteinte ; son éducation en souffre davantage, enfin le sentiment de l'indépendance est plus développé et supporte plus difficilement la contrainte.

Il faudra produire devant le président l'acte de naissance de l'enfant pour montrer dans quelle période on est et lequel des art. 376 ou 377 devra être appliqué.

2e Cause. — *Si le père est remarié.*

Art. 380. — « Si le père est remarié, il sera tenu,
» pour faire détenir son enfant du premier lit, lors
» même qu'il serait âgé de moins de seize ans, de se
» conformer à l'art. 377. »

La loi ne suppose plus au père la même tendresse ni la même impartialité. Elle craint l'influence de la belle-mère ; le nom de marâtre aurait suffi à lui seul pour armer le législateur de toutes ses foudres.

Mais le père, s'il vient à perdre sa seconde femme, ne recouvre-t-il pas le droit de faire détenir par voie d'autorité ses enfants du premier lit, mineurs de quinze ans ? — C'est une question controversée. Une question analogue se présente pour la mère remariée et redevenue veuve pour la seconde fois; il s'agit de savoir si elle recouvre le droit de correction, qu'elle avait perdu absolument par son second mariage. Ce que nous dirons ici du père s'appliquera aussi à la même question relative à la mère.

Un premier système soutient que le père, veuf pour la seconde fois, ne recouvre pas le droit de correction par voie d'autorité sur ses enfants du premier lit. Le droit de correction par voie d'autorité est, dit-on, enlevé au père par l'art. 380, dès qu'il s'est remarié ; or aucun texte ne le lui rend dans le cas où sa seconde femme vient à mourir ; donc il doit en rester privé.

On invoque aussi l'analogie de ce qui a lieu, dans l'opinion de beaucoup d'auteurs, en cas de perte de l'usufruit légal par la mère remariée : on ne le lui fait pas recouvrer lorsqu'elle redevient veuve.

Enfin, dit-on, il y a sans doute moins de raisons pour se défier du père, puisque la belle-mère n'est plus là pour agir sur lui ; mais pourtant l'altération qu'ont subie ses affections subsiste toujours ; d'autre part, les enfants du premier lit sont eux-mêmes moins affectionnés pour leur père, ils l'irriteront donc plus facilement, peut-être sans motif bien grave ; il faut donc prendre toujours les mêmes précautions contre l'emportement du père.

Je pense néanmoins qu'il faut rendre au père le droit de correction tel qu'il l'aurait, s'il ne s'était pas re ma-

rié. Philosophiquement, le père devrait conserver son
droit de correction plein et entier tant qu'il n'en aurait
pas abusé lui-même habituellement. Le législateur vient
restreindre son droit en vertu d'une suspicion générale
d'abus possibles, suspicion motivée sur l'état des mœurs
reconnu en fait par lui. Le législateur a sans doute droit
d'agir ainsi ; parce que chaque homme, en entrant dans
la société civile, doit sacrifier quelque chose dans la
modalité de ses droits en vue de rendre possible leur
coexistence avec ceux des autres hommes. Mais il est
évident que de pareilles limitations doivent être enten-
dues strictement; car chacun ne doit que les sacrifices
qui lui sont expressément demandés.—Tel est aussi l'esprit du Code : il reconnaît au père le droit de correction par voie de réquisition, c'est-à-dire avec l'avantage inappréciable du secret, sur l'enfant mineur de
quinze ans ; pour enlever ce droit ainsi reconnu, il faudrait un texte exprès. Or il n'y en a pas. Je n'argumen-
terai pas strictement du texte de l'art. 380, qui dit : « le
père remarié »; on pourrait soutenir qu'il ne doit s'appliquer qu'au père actuellement remarié, dont le second
mariage subsiste encore. J'accorde que cet argument
voudrait tirer du texte plus que ce qui a dû être dans la
pensée de ses rédacteurs; mais je n'ai pas besoin d'y trouver une consécration expresse de mon opinion. Il suffit
qu'il n'établisse pas l'opinion contraire ; car dès lors
le principe subsiste ; le père conserve un droit que le
Code lui a accordé et ne lui enlève pas.

Mais, me dit le premier système, l'art. 380 lui a enlevé ce droit, et il faudrait, au contraire, un texte pour
le lui rendre. — Je réponds que cet argument est une
pétition de principe : il s'agit précisément de savoir, si

le texte enlève le droit absolument ou seulement pendant le temps du second mariage. Tant que vous n'aurez pas prouvé que ces mots : « si le père est remarié »; . veulent dire « dès que le père est ou a été remarié »; vous n'aurez pas prouvé que ce droit lui soit enlevé après la mort de sa deuxième femme; et je serai en droit de conclure que ce qui ne lui est pas enlevé lui reste.

Quant à l'argument tiré de la cessation de l'usufruit légal de la mère remariée, comme il repose sur une question controversée et dont la solution dépend de considérations étrangères à notre sujet actuel; il ne peut pas nous être opposé, même comme argument *ad hominem*, quel que soit d'ailleurs le parti que nous prendrons sur cette autre question.

Enfin, quand même on admettrait qu'il reste encore quelques minces dangers après la mort de la seconde femme; comme ils sont loin d'être les mêmes que pendant sa vie, l'argument par analogie est sans valeur, en supposant même qu'un argument par analogie pût suffire pour nous faire introduire une exception aux principes, une restriction à un droit positivement reconnu par le Code.

3° ET 4° CAUSE. — *Si l'enfant exerce un état ou s'il a des biens personnels.*

Art. 382, 1ᵉʳ al. — « Lorsque l'enfant aura des biens » personnels, ou lorsqu'il exercera un état, sa déten- » tion ne pourra, même au-dessous de seize ans, avoir » lieu que par voie de réquisition, en la forme prescrite » par l'art. 377. »

Si l'enfant exerce un état. En effet sa détention interrompt cet état et peut même le lui faire perdre ; elle est donc quelque chose de beaucoup plus grave pour lui. On peut ajouter aussi qu'il a droit à plus d'égards, parce que sa personnalité est plus développée ; il est habitué à plus d'initiative, à plus d'indépendance ; il sent aussi plus la valeur de l'opinion publique. Sa détention sera donc beaucoup plus pénible ; et demande, par conséquent, à être entourée de plus de précautions.

Pour *exercer un état*, il suffit que l'enfant ait un emploi lucratif de quelque nature qu'il soit ; c'est tout ce qu'exigent les termes de la loi. Il n'est certainement pas nécessaire qu'il soit *établi*, qu'il soit *maître* ou *patron ;* ce qui serait bien difficile à trouver avant quinze ans.

S'il a des biens personnels. Si l'on scrute sérieusement les motifs, qui ont fait faire dans ce cas une dérogation aux règles ordinaires, on est contraint d'avouer qu'ils ne présentent pas une grande solidité. Voici comment Cambacérès motivait cette dérogation en la proposant sous forme d'amendement : « Si cet enfant a pour père » un dissipateur, il est hors de doute que le père cher- » chera à le dépouiller, qu'il se vengera des refus de » l'enfant, et que peut-être il lui fera acheter sa liberté. » Et ces paroles ont été répétées par M. Réal dans l'Exposé des motifs : il était hors de doute pour l'un comme pour l'autre que le père dissipateur dépouillerait son enfant. Nous n'avons pas les hautes lumières de ces messieurs, mais nous avouons ne pas voir comment un père pourrait dépouiller un enfant mineur de quinze ans, et, par conséquent, frappé de l'incapacité la plus absolue. Il est certain que l'enfant n'a pas la disposition du moindre de ses biens (art. 1124, 1305), même par testament (art. 904); ni même l'administration (art. 386, 387, 389). Qu'est-ce donc que le père peut avoir à lui demander ? Que peut-il espérer en obtenir ? Evidemment nos législateurs se sont payés de mots. — S'il faut néanmoins trouver à l'appui de cette disposition une raison qui, certainement, n'a pas été dans la pensée de ses rédacteurs; on pourrait dire que le père pourrait vouloir écarter violemment l'enfant propriétaire pour malverser plus à son aise. Encore faudrait-il supposer que la présence de l'enfant le gêne beaucoup, ce qui sera bien rare. Que l'on trouve, si l'on peut, une meilleure raison. — On pourrait dire encore que le père pourrait forcer l'enfant à s'engager à ne pas lui demander de comptes, dans l'espoir que l'enfant se croirait plus tard tenu d'exécuter ces engagements, quoiqu'ils soient nuls en droit. Il faut avouer que bien léger serait un père qui calculerait sur un pareil espoir, et que si la loi se laisse arrêter par des craintes de ce genre, elle n'osera jamais plus reconnaître aucun droit à personne.

Dans les trois derniers cas que nous venons d'examiner une question se présente : quel sera le maximum de la durée de la détention? Un mois ou six mois? Appliquera-t-on ici la règle de l'art. 376 ou celle de l'art. 377 ?

On a soutenu que l'enfant, quoique mineur de quinze ans, pourrait, dans le cas des art. 380 et 382, être détenu pendant six mois. En effet, dit-on, les art. 380 et 382 renvoient à l'art. 377, et non à l'art. 376, auquel ils ont au contraire pour but de déroger. Or, la durée permise par l'art. 377 est six mois. On ajoute que le maximum restreint d'un mois est motivé par la crainte d'abus de la part du père, quand il peut prononcer

seul; mais que, du moment que le contrôle du président vient offrir plus de garanties, la loi accorde une
plus grande latitude; la sagesse du président la rassure
contre tout abus.

Je pense au contraire avec la majorité des auteurs,
que le maximum de la détention sera alors d'un mois
seulement. En effet, l'art. 376, dans sa première proposition, pose en principe que la détention d'un enfant de
quinze ans ne pourra excéder un mois. La deuxième
proposition règle la procédure à suivre. Or, les art. 380
et 382 ne s'occupent aussi que de la procédure, et ne
renvoient à l'art. 377 que pour les formes à suivre : «le
père est tenu de *se conformer à l'art. 377*» (art. 380) ;
— «en la forme de l'art. 377» (art. 382). Donc, la première proposition de l'art. 376, reste entière : l'enfant
mineur de quinze ans ne peut pas être détenu plus d'un
mois.

Les art. 380 et 382 sont conçus dans une idée de faveur pour l'enfant; c'est ce qui est surabondamment
démontré par les travaux préparatoires et par le texte
de ces articles, manifestement restrictif des droits du
père.

Enfin, le motif de l'élévation du maximum par l'art.
377 est la possibilité d'écarts plus graves, et c'est seulement parce qu'il fallait l'élever qu'on a dû entourer
la détention de plus de garanties. C'est renverser complétement l'ordre des idées que de dire qu'on a élevé le
maximum uniquement, parce qu'il y avait plus de garanties.

La même discussion s'élève sur l'art. 381, qui règle
les formes que devra employer la mère pour faire détenir son enfant et qui renvoie aussi à l'art. 377. Cette

question doit recevoir la même solution que celle que nous venons devoir et exactement pour les mêmes motifs.

Art. 382. 2° al. : « L'enfant détenu pourra adresser
» un mémoire au procureur général près la cour royale.
» Celui-ci se fera rendre compte par le procureur du
» roi près le tribunal de première instance, et fera son
» rapport au président de la cour royale, qui, après en
» avoir donné avis au père, et après avoir recueilli tous
» les renseignements, pourra révoquer ou modifier l'or-
» dre délivré par le président du tribunal de première
» instance. »

Cet alinéa renferme une nouvelle garantie pour l'enfant, un sorte de droit d'appel au président de la cour impériale par l'intermédiaire du procureur général. L'article indique très-clairement la manière dont on devra procéder ; tout devra se traiter secrètement comme devant le président du tribunal.

Il faut observer que ce recours n'est pas suspensif, ni à plus forte raison la possibilité de ce recours. L'enfant doit commencer par aller en prison, la loi a accordé cela à l'autorité paternelle. Cette solution s'appuie d'abord sur le texte de l'article qui dit « l'enfant détenu » ; ensuite sur les travaux préparatoires : Cambacéres, en proposant notre alinéa sous forme d'amendement, a dit expressément : « Cette décision serait cependant exécutée par provision. » Et M. Vésin disait aussi au tribunat « que ce recours ne suspend pas l'exécution. » De même M. Réal.

Mais c'est une question controversée que de savoir si ce recours appartient à l'enfant toutes les fois que le père a agi par voie de réquisition, ou seulement dans les cas,

où l'enfant a un état ou une fortune personnelle , cas
dont s'occupe le premier alinéa de l'art. 382.

Un premier système soutient que l'enfant n'a ce recours que dans les cas de l'art. 382, mais non pas lorsqu'il a plus de quinze ans ou lorsque le père est remarié.
Ce système se fonde sur la place de la disposition qui
nous occupe : se trouvant dans l'art. 382, elle doit naturellement s'appliquer aux seuls cas prévus par le commencement de l'article ; autrement on en aurait fait une
disposition à part. On invoque aussi les travaux préparatoires : c'est Cambacérès qui a fait introduire ce droit
d'appel , et il ne le propose que comme une nouvelle
précaution à prendre dans le cas où l'enfant aurait une
fortune personnelle. M. Réal disait bien aussi devant le
Corps législatif : « Il est même de toute justice, *dans
cette dernière hypothèse* (celle de l'art. 382) que l'enfant
soit autorisé, etc. »

Malgré la force de ces raisons, je crois qu'il faut entendre d'une manière tout à fait générale le second
alinéa de l'art. 382. D'abord rationnellement il n'y a
absolument aucune raison pour faire une différence entre quelques cas et les autres. Y a-t-il plus de dangers à
prévoir quand l'enfant a un état ou une fortune person-
sonnelle, que quand le père est remarié ou quand l'enfant a atteint sa seizième année ? Non, évidemment. Dès
lors pourquoi faire dans la loi une distinction absolument
ment déraisonnable ? Nous devons au moins faire l'honneur à nos législateurs de croire qu'ils ont voulu établir ce qui était le plus raisonnable, et qu'ils ont eu assez
d'esprit pour l'apercevoir. Nous devons donc, jusqu'à
preuve du contraire, admettre une présomption en faveur de la généralité de l'art. 382, 2ᵉ alinéa.

Or cette présomption est confirmée par la généralité absolue du texte : « L'enfant détenu pourra.....» Il ne dit pas : dans ce cas, dans les cas prévus par le 1ᵉʳ alinéa. Il parle tout à fait en général. Sans doute cette disposition eût été mieux placée dans un article à part. Mais peut-on argumenter bien fortement de sa place dans l'art. 382 ; on l'a mise là, parce qu'elle avait été introduite après coup, et à propos de la première disposition ; il n'es t nullement clair qu'on ait voulu la limiter à cette hypothèse. Suffit-il d'une considération aussi légère pour introduire dans notre loi une anomalie tout à fait inexplicable ?

Si nous consultons les travaux préparatoires, que trouvons-nous ? Sans doute l'idée d'un recours en appel n'est venue dans l'esprit de Cambacérès qu'à propos des hypothèses de l'art. 382. C'est aussi en se restreignant à ces cas que cette disposition a été présentée au Tribunat : le 1ᵉʳ alinéa actuel n'en faisait qu'un avec le second qui était encore à l'état rudimentaire. Mais ensuite, après les observations du Tribunat qui n'en avait pas compris toute la portée, cette seconde partie se développe, prend un corps et conquiert une place dans un alinéa à part, sans aucune formule pour la restreindre aux hypothèses du 1ᵉʳ alinéa. C'est sous cette forme que l'article est communiqué officiellement au Tribunat ; et M. Vésin au nom de la commission propose l'adoption en interprétant le 2ᵉ alinéa d'une manière tout à fait générale; il ne parle du recours en appel qu'après avoir résumé toutes les dispositions du projet et avoir dit : « Tel est, tribuns, le système et l'ensemble des dispositions de la loi. » Le Tribunat émet un vœu approbatif, il admet donc l'interprétation de sa commission.

Nous arrivons enfin devant le Corps législatif. Il ne

faut pas oublier que c'est le Corps législatif qui vote la loi ; c'est lui le véritable législateur ; c'est sa pensée que nous devons rechercher. Or, sans doute, M. Réal vient reproduire presque textuellement les observations de Cambacérès, et limite l'innovation aux cas de l'art. 382, 1er al. Mais M. Albisson, au nom du Tribunat, présente la chose d'une manière tout à fait générale : il isole complétement la deuxième disposition de l'art. 382 de la première ; il place entre elles deux l'explication de l'art. 381, et, seulement alors il vient dire : « *Dans tous les cas*, l'enfant détenu peut réclamer... » Eh bien ! je le demande, en présence d'un texte parfaitement suscep-tible de se prêter à une interprétation générale et rationn-nelle, en présence de deux interprétations contraires, l'une étroite et sans motif, l'autre juste et raisonnable, ne pouvant rien dire eux-mêmes, qu'ont pu vouloir ad-mettre nos législateurs ? Sans doute, ce qui était con-forme à la raison, ce qui mettait dans la loi un accord parfait. Ils n'ont pas pu vouloir faire de différence entre deux cas exactement les mêmes, surtout ne sachant pas ce qui s'était passé au conseil d'Etat, et la naissance purement occasionnelle de cette disposition.

On peut enfin demander si le père n'aura pas aussi une voie de recours contre la décision du président. Je ne pense pas qu'il puisse en appeler de la décision du président sur sa réquisition en elle-même ; ce droit n'est reconnu par la loi qu'à l'enfant ; et comme nous sommes dans une matière en dehors des règles ordinaires du droit commun, on ne peut pas argumenter des règles ordinaires sur l'appel. Mais si le débat s'élevait sur le droit même du père, sur la question de savoir, par exemple, s'il a droit d'agir par voie d'autorité ou de réquisition, je pense que le père devrait avoir le moyen de faire reconnaître son droit malgré la résistance du président. La question engagée est alors une question de droit, qui rentre dans les questions ordinaires ; rien ne nous autorise à donner sur ce point au président un pouvoir souverain et sans appel. Le père pourra donc, dans ce cas, recourir contre la décision du président, d'abord devant le tribunal lui-même, ensuite en appel, et même en cassation, s'il y a une question purement juridique engagée dans le débat, comme, par exemple, celle de savoir si le père, qui a perdu sa seconde femme, peut agir par voie d'autorité.

———

SECTION III.

Règles communes aux deux modes de correction.

1ʳᵉ Règle. — *Absence de toute formalité et d'écritures judiciaires.*

Art. 378. — « Il n'y aura, dans l'un et l'autre cas, » aucune formalité judiciaire, si ce n'est l'ordre même » d'arrestation dans lequel les motifs n'en seront pas » énoncés.

» Le père sera seulement tenu de souscrire une sou · » mission de payer tous les frais, et de fournir les ali- » ments convenables. »

Le premier alinéa est conçu dans un esprit très-libé- ral ; il défend toute écriture et toute formalité judiciaire sauf l'ordre même d'arrestation, afin d'éviter pour l'enfant la publicité qui pourrait nuire à sa réputation pour l'avenir, et afin qu'il ne reste aucune trace dans les archives de la justice de la correction qu'il aura subie. Cette disposition est aussi libérale en ce sens qu'elle favorise le libre exercice de la puissance paternelle, en supprimant toutes les entraves que les formalités de procédure pourraient lui imposer.

La détention ne doit pas avoir lieu dans une maison de correction. L'art. 376 portait primitivement que le père pourrait faire détenir l'enfant « dans une maison de correction. » Ces derniers mots ont été effacés sur l'observation du consul Lebrun, que « ce serait les envoyer au crime. » Et M. Bigot nous dit que le vœu du législateur serait que l'on établît des maisons spéciales pour cela. Conformément à ce vœu, il existe dans plusieurs endroits des maisons à ce spécialement destinées, telles que celle des dames du *Refuge de Saint-Michel*, instituée par le décret du 30 septembre 1807, qui, dans son art. 3, autorise ces dames à recevoir les enfants détenus en vertu du droit de correction paternelle. A Paris on a fondé une maison à cet effet pour les jeunes garçons, rue de la Roquette ; les filles sont ordinairement détenues dans le couvent de la Madeleine. La réception des enfants dans ces maisons doit, pour des raisons à la fois d'ordre intérieur et de responsabilité à l'égard des parents et de la société, être consignée sur le registre de ces maisons ; mais, ce registre n'ayant aucun caractère infamant, cette mention ne déroge pas au vœu de la loi.

Malheureusement dans bien des villes, il n'existe aucune maison spéciale pour la détention correctionnelle des enfants ; et, faute de mieux, force est bien de les enfermer dans les maisons de correction.

Mais alors il faut se demander si le gardien de la maison doit dresser un procès-verbal d'écrou avec copie sur le registre de l'ordre d'arrestation.

Cela a été soutenu en vertu de l'art. 609 du Code d'instruction criminelle et des art. 789 et 790 du Code de procédure, qui imposent absolument et très-strictement au gardien cette obligation. Il faut bien, ajoute-t-on, une constatation de la réception de l'enfant pour la responsabilité du gardien.

Je pense que le gardien ne doit jamais dresser un procès-verbal d'écrou pour un enfant détenu par l'effet de la correction paternelle. Les art. 609, instruction criminelle, et 789-790 pr. posent une règle générale sans doute ; mais toute règle peut souffrir des exceptions en vertu d'un texte formel. Or, l'art. 378 est formel sur ce point : il ne doit y avoir aucune écriture, si ce n'est l'ordre même d'arrestation. On peut ajouter aussi que les articles mentionnés s'appliquent aux gardiens des maisons de correction, agissant comme tels ; mais que le cas qui nous occupe ne rentre pas dans les attributions auxquelles se réfèrent ces articles. Ici la maison de correction sert, à défaut d'autre, pour un usage autre que celui auquel elle est destinée ; les règles ordinaires ne sont pas faites pour ce cas. — Mais, dit-on, il faut bien que l'entrée de l'enfant soit constatée. Oui, sans doute ; on devra, en effet, l'inscrire sur un registre ; mais, pour se conformer au vœu de la loi, on devra tenir à cet effet un registre à part, distinct de celui sur lequel on inscrit les prisonniers, et l'on ne devra pas copier l'ordre d'arrestation délivré par le président.

La deuxième disposition de l'art. 378 a soulevé une controverse par suite de sa rédaction un peu amphibologique. Il s'agit de savoir si le père est obligé de verser d'avance une somme pour les aliments ou s'il doit seulement souscrire d'avance une soumission de les payer.

On a soutenu que dans le texte ces mots « et de fournir les aliments », dépendent du mot « tenu » et non du mot « soumission »; le père, dit-on, est tenu de souscrire,...., et de fournir les aliments convenables. En outre on argumente par analogie de ce qui a lieu toujours pour la contrainte par corps : le créancier est tenu de consigner d'avance au moins un mois d'aliments (art. 789, 5°; 791 et 800 , 4° pr ; — L. 17 avril 1832, art. 28).

Nous croyons, au contraire, que dans le doute il faut adopter la solution qui entrave le moins la puissance paternelle. Il ne s'agit pas ici d'une contrainte par corps, toujours exceptionnelle, toujours restreinte par la loi, mais d'un droit éminemment salutaire et favorable, à l'exercice duquel le premier alinéa de l'art. 378 supprime toute entrave. — Or il est évident que le doute est au moins possible; car on peut très-bien entendre le texte en ce sens que le père doit souscrire une *soumission de* payer tous les frais et *de* fournir..... Donc nous sommes autorisés à admettre que l'engagement du père suffit sans consignation préalable. — Mais il y a plus : les travaux préparatoires sont très-formels dans ce sens. Le projet primitif portait : « après avoir fait souscrire par le » père une soumission de payer tous les frais et de four- » nir des aliments convenables. » La rédaction a été changée uniquement pour faire un alinéa à part, et sans que la discussion indique aucun changement dans la pensée des rédacteurs. Tout au contraire, en présence même de la dernière rédaction, M. Vesin explique encore au Tribunat notre alinéa dans le sens que nous lui donnons. Cette solution paraît donc incontestable.

Nous voyons même en fait que l'administration dispense souvent les pères indigents de faire cette soumission et de rien payer. Nous croyons cette dispense conforme à la légalité ; ici les règles spéciales de l'asssistance publique pour les indigents viennent modifier la règle générale du Code Napoléon, en se combinant avec elle. Il est certain qu'il y a là pour l'administration un droit auquel elle peut renoncer par des motifs de bienfaisance. On n'a pas à craindre sérieusement que les pères n'abusent du droit de correction pour se décharger des frais de nourriture de leur enfant, puisque d'abord il faut des certificats d'indigence, délivrés par le juge de paix et le maire ou le commissaire de police, et qu'en outre, si la détention peut durer plus d'un mois, il faut l'approbation des motifs du père par le président. Autrement le droit de correction serait bien souvent paralysé par l'impossibilité où sont quantité de parents de nourrir leur enfant hors du logis commun.

2e Règle. — Droit de grâce.

Art. 379, 1re disposition : — « Le père est toujours » maître d'abréger la durée de la détention par lui or- » donnée ou requise. »

Toute latitude est laissée au père sur ce point : il peut faire cesser la détention quand il veut ; il peut même ne pas l'exécuter du tout. Cette règle est de toute justice : la loi ne devait pas enlever à la puissance paternelle son plus bel apanage, qui est de pardonner, et d'agir en se faisant aimer, bien plus qu'en se faisant craindre, tant que l'espoir reste de procurer le bien de l'enfant sans employer les lois de rigueur.

3e Règle. — *L'enfant peut de nouveau être détenu pour de nouvelles fautes.*

Art. 379, 2e disposition : — « Si, après sa sortie, » l'enfant tombe dans de nouveaux écarts, la détention » pourra de nouveau être ordonnée de la manière pres- » crite aux articles précédents. »
Cette règle se trouvant dans le même article que la précédente, sans même former un alinéa à part, on pour- rait être tenté de soutenir que le droit de faire enfermer de nouveau l'enfant n'appartient au père que lorsqu'il l'a gracié une première fois. Mais cette prétention, fon- dée tout au plus sur une légère inexactitude de rédac- tion, ne serait pas soutenable. Il n'y a en effet aucune rai- son sérieuse de faire une différence entre le cas de grâce préalable et celui où l'enfant a subi sa peine : sans doute l'enfant gracié qui retombe dans de nouveaux écarts est moralement un peu plus coupable qu'un autre, sa faute est compliquée d'ingratitude, mais ce n'est pas là une raison déterminante. Ce qui est important pour notre question, c'est de savoir si une seconde faute est moins coupable ou moins dangereuse que la première, qui a donné ouverture au droit de correction ; or c'est certai- nement le contraire qui est vrai. D'ailleurs l'art. 376 est tout à fait général, il ne limite pas le nombre de fois que le droit de correction pourra être exercé ; non, il résulte de son texte que toutes les fois qu'il y aura faute, il y

aura lieu à la correction. Donc sans la 2ᵉ disposition de l'art. 379, on ne limiterait pas le droit du père. Ira-t-on jusqu'à dire que cette disposition est venue déroger à l'art. 376 et en restreindre l'application ? Ce serait étrangement abuser d'une circonstance purement fortuite de rédaction.

On a hésité sur le point de savoir si, la seconde fois, le père pourrait encore agir par voie d'autorité, en supposant, bien entendu, qu'il soit d'ailleurs dans les conditions légales, ou s'il ne devrait pas toujours agir seulement par voie de réquisition. On voyait dans cette seconde détention une plus grande gravité, qui demandait plus de garantie. Et l'on trouvait un certain appui dans le texte de l'art. 379, en prétendant qu'il faut que le président constate s'il y a « de nouveaux écarts, » comme le demande cet article.—Mais il n'y a aucune raison sérieuse de faire une différence entre une première et une seconde détention. Quant aux « nouveaux écarts», on reconnaîtra sans doute que l'art. 379, n'exige pour leur contestation rien de plus que l'art. 375, qui parle de sujets « de mécontentements très-graves », c'est-à-dire que la seconde faute de l'enfant comme la première sera appréciée suivant les cas par le père ou par le président du tribunal. D'ailleurs, l'art. 379 se réfère lui-même à l'art. 376 : il dit que la détention sera « ordonnée de la manière prescrite aux articles précédents. » Or, ces mots ne peuvent se référer ni à l'art. 375, ni à l'art. 378, qui ne s'occupent nullement de la manière d'ordonner la détention. Donc ils ne peuvent se référer qu'aux art. 376 et 377. Enfin le projet, qui admettait toujours le père à agir par voie d'autorité, augmentait le maximum de la détention en cas de récidive ; il était donc plus sévère pour l'enfant. Le projet a été modifié pour introduire la distinction de la voie d'autorité et de la voie de réquisition dans les termes des art. 376 et 377, mais rien n'indique la pensée de faire une nouvelle distinction entre la première faute et la récidive, surtout en faveur de l'enfant, puisqu'au contraire on était plus sévère pour lui.

CHAPITRE II.

Art. 381. — « La mère survivante et non remariée
» ne pourra faire détenir un enfant qu'avec le concours
» des deux plus proches parents paternels, et par voie
» de réquisition, conformément à l'art. 377. »

Rappelons d'abord le principe que nous avons établi
plus haut ; c'est que la mère, associée à l'autorité du
père, et par le droit naturel, et par une disposition expresse du Code (art. 372), aura, à défaut du père, tous
les droits de celui-ci, qui ne lui seront pas expressément
refusés.

Rappelons-nous aussi que ce que la loi dit de la *mère*
survivante, il faut le dire toutes les fois qu'à défaut du
père, elle exerce la puissance paternelle, selon que
nous l'avons établi plus haut. Dans tous les cas, où elle
aura ainsi le droit de correction, elle l'exercera de la
manière et avec les formalités que nous allons voir,
quoique le Code ne parle que du prédécès du mari. Il y
a évidemment les mêmes motifs dans tous ces cas.

Le droit de correction n'appartient directement à la
mère que si elle n'*est pas remariée*. En effet, lorsqu'elle est
remariée, elle est sous la puissance de son nouveau mari ;
lui conserver le droit de correction sur ses enfants du
premier lit, cela aurait été en réalité le donner au second
mari, qui n'y a aucun titre. Seulement si la mère avait
été maintenue dans la tutelle de ses enfants du premier
lit, elle pourrait, en vertu de l'art. 468 et en employant

les formes de cet article, c'est-à-dire en se faisant autoriser par le conseil de famille, exercer, comme tutrice,
le droit de correction.

Nous dirons que si la mère redevient veuve , elle re-
couvrera le droit de correction. La controverse sur cette
question est exactement la même que celle que nous
avons vue à l'égard du père veuf pour la seconde fois,
et les arguments sont exactement les mêmes de part et
d'autre. Nous n'avons donc pas besoin d'y revenir.

Le pouvoir correctionnel de la mère a été entouré de
plus de précautions que celui du père. On a craint la
faiblesse et les entraînements de son sexe; on a même,
jusqu'à un certain point, cru répondre à son désir d'avoir
dans un acte aussi grave l'appui des proches parents de
l'enfant et de ne pas supporter seule la responsabilité
d'une mesure de rigueur.

Aussi d'abord elle ne peut jamais agir que *par voie
de réquisition*, conformément à l'art. 377; l'examen du
président contrôlera et confirmera, s'il y a lieu, son appréciation personnelle.

Il faut en outre le *concours des deux plus proches parents paternels* de l'enfant. Et par *concours*, il faut entendre évidemment le consentement réel de ces parents,
et non pas seulement la nécessité de leur demander un
avis sans l'obligation de s'y conformer. Ils doivent agir
tous les trois, comme dit fort bien M. de Belleyme, par
voie de réquisition collective.

La loi parle des *deux plus proches* parents paternels;
il ne faut pourtant pas entendre cela trop strictement,
de manière à entraver le droit de la mère. Il faut dire
que, comme pour le conseil de famille, à l'égard duquel
la règle générale est la même, on pourrait, si les parents

les plus proches en degré étaient trop loin, appeler des parents d'un degré plus éloigné, mais qui se trouveraient sur les lieux ou dans le voisinage. Nous croyons même qu'en cas d'urgence, et toujours par suite de la même analogie, on pourrait appeler deux alliés ou amis du père. Mais ceci se rattache à la question que nous allons examiner immédiatement.

Que fera-t-on s'il n'existe pas de parents paternels?

Un premier système prétend que la mère ne pourra pas alors faire détenir son enfant. Le concours des deux plus proches parents est, dit-on, une condition *sine qua non ;* si elle ne peut pas se réaliser, ce droit ne peut pas être exercé. — Mais ce système supprime un droit sans aucun texte, et sans démontrer l'assertion sur laquelle il se fonde.

Un autre système permet à la mère de requérir la détention de son enfant sans le concours de personne. La présence des parents limitait le droit de la mère; eux disparus, elle doit, dit-on, recouvrer sa liberté. On ajoute que le contrôle du président sera une garantie suffisante.

Nous adopterons un troisième système qui nous paraît à la fois plus sûr et plus conforme à la pensée du législateur. Nous admettrons la mère à requérir la détention de son enfant avec le concours d'alliés ou d'amis du père. Le second système suppose que l'intervention des parents paternels est fondée sur un droit de leur part, limitant le droit de la mère », qui est tout à fait faux. La pensée de l'art. 381 est une pensée de protection pour l'enfant ; et le législateur, en statuant sur le cas le plus ordinaire, n'a pas pu avoir la pensée de voir cesser cette protection par un accident purement fortuit, le décès de tous les parents paternels. La présence des parents ou amis est, dis-je, une protection ajoutée au contrôle du président, et fort utile en ce que ces parents peuvent révéler au président des faits que la mère lui cacherait, et que le président ne pourrait pas soupçonner pour les examiner et en tenir compte. Il n'y a donc qu'une chose à faire pour nous conformer au vœu de la loi, c'est de suivre la voie tracée par les art. 407-409 pour la composition du conseil de famille, d'appeler en concours avec la mère des alliés ou des amis du père, désignés par le juge de paix ou par le président.

La mère peut-elle exercer le droit de grâce, et dans quelles formes l'exercera-t-elle?

Un premier système soutient que la mère n'a pas le droit de grâce. Il se fonde sur la place de l'art. 379 avant l'art. 381, et sur ce que cet art. 381 renvoie à l'art. 377 sans renvoyer à l'art. 379. Il ajoute que le législateur se méfiant toujours de la faiblesse et de la légèreté de la mère, ne veut pas qu'elle ait le droit de grâce, de peur que, par des retours trop prompts auxquels son cœur l'entraînerait, elle ne puisse compromettre son autorité.

Un deuxième système reconnaît que la mère aura le droit de grâce, comme le droit de correction, avec le concours des deux plus proches parents paternels. C'est l'analogie et la réciproque de l'art. 381, et ce système remédie à tous les dangers. On se refuse à admettre une analogie complète entre le père et la mère sur ce point, en disant que la loi limite toujours plus le pouvoir de la mère, puisque non-seulement elle ne lui permet jamais d'agir pour la correction que par la voie de réquisition, mais encore elle ne lui permet la voie de réqui-

sition qu'avec le concours de deux parents paternels.
On accorde qu'elle exercera le droit de grâce sous le contrôle du président, de même que le père, lorsqu'il agit
pour la correction par voie de réquisition. Mais c'est là,
dit-on, tout ce que peut demander l'analogie de l'article 379.

Le troisième système, que nous adoptons, admet que
la mère peut exercer le droit de grâce et qu'elle peut
l'exercer toute seule. Je ferai d'abord remarquer que,
rationnellement, le droit de grâce est éminemment favorable, et à l'égard de l'enfant, puisqu'il s'agit de le
mettre en liberté; et, à l'égard de la mère, puisque le
droit de grâce est l'un des droits les plus précieux de la
puissance paternelle. Il faudrait donc un texte exprès
pour l'enlever à la mère; or, il n'y a pas de texte semblable. Au contraire, tout nous porte à croire que le
législateur a voulu appliquer l'art. 379 aussi bien à la
mère qu'au père. — D'abord, nous avons le principe de
l'art. 372, en vertu duquel, nous l'avons vu, il faut reconnaître à la mère tous les droits accordés au père,
qui ne lui sont pas expressément refusés. — La place
de l'article ne peut avoir une parreille portée : en effet,
l'ordre de toutes ces dispositions laisse beaucoup à dé-
sirer; ainsi l'art. 382, applicable au père sans aucun
doute, n'est placé qu'après l'art. 381, relatif à la mère;
ainsi nous avons vu que la deuxième disposition de
l'art. 379 et le deuxième alinéa de l'art. 382 doivent
être entendus comme s'ils étaient tout à fait isolés du
commencement de ces articles; ainsi, pour trouver des
analogies encore plus étroites avec notre question, il
faut bien évidemment appliquer à la mère l'art. 378
tout entier, l'art. 379, deuxième alinéa, aussi bien que

l'art. 382, deuxième alinéa : il faut donc rejeter complétement toute argumentation tirée de l'ordre des articles ; il est impossible d'en rien déduire de rationnel.
— Une nouvelle preuve à l'appui de ce que nous avançons est dans l'art. 383, qui applique expressément
l'art. 379 à la mère naturelle; *a fortiori* cet article doit-
il s'appliquer à la mère légitime, en qui on peut avoir
plus de confiance.

Quant au second système, nous répondons qu'on ne
doit pas ajouter à un droit des restrictions qui ne sont
pas dans la loi : si la mère a le droit de grâce, c'est en
vertu de l'art. 379 qu'aucun autre texte n'est venu modifier à son égard, elle l'a donc tout aussi librement
que le père. C'est l'esprit général de la loi de prendre
des précautions contre la sévérité en faveur de la liberté,
mais nullement en faveur de la rigueur contre la liberté.
Et les travaux préparatoires montrent clairement qu'on
a voulu donner à la mère un appui dans sa juste sévérité, diminuer sa responsabilité, en même temps qu'exercer un contrôle sur sa trop grande vivacité. Or, aucun
de ces motifs ne peut s'appliquer au droit de grâce. Donc
ce droit de grâce doit résider intact entre les mains de
la mère. Ce serait une cruauté contre nature que de la
lui refuser.

POSITIONS.

DROIT ROMAIN.

1. Les chefs de famille votaient seuls dans les comices par curies et par centuries.

2. Dans le droit primitif, la puissance paternelle ne différait pas en elle-même de la puissance dominicale : le père avait le même pouvoir sur son fils que sur son esclave. Les différences sont purement extrinsèques et proviennent toutes de ce que l'esclave est esclave absolument, tandis que le fils de famille n'est tel qu'à l'égard de son père.

3. Il n'y avait pas à Rome d'*abdicationis actio*.

4. Le droit de vie et de mort chez le père n'était pas soumis au contrôle obligatoire d'un tribunal de famille.

5. La vente d'un enfant, sous Justinien et hors le cas où elle avait été permise par Constantin, ne faisait acquérir aucun droit à l'acheteur sur l'enfant ; néanmoins on la disait valable, si l'acheteur était de bonne foi, parce qu'elle donnait lieu à l'action en garantie en cas d'éviction. — La L. 1, *De patribus qui filios.* C. 4, 43, se concilie avec les L. 4 et 70 *De contrahenda emptione*, D, 18, 1, au moyen de la L. 39, § 3, *De evictionibus*, D. 21, 2.

6. La revendication des enfants ne pouvait être faite, qu'en ajoutant dans la formule l'expression du droit de puissance qu'on prétendait sur eux (*in potestate esse*); et non pas seulement en disant *meum esse ex jure Quiritium*.

7. Sous Justinien les parents qui jouissent du bénéfice de compétence ont le droit de retenir quelque argent pour vivre, mais ils n'ont pas le droit de déduire ce qu'ils doivent à d'autres. On peut donner un motif plausible de cette dernière règle.

DROIT CIVIL FRANÇAIS.

1. Les enfants d'un premier mariage ne peuvent demander la nullité du second mariage de leur père ou de leur mère du vivant de celui-ci ou de celle-ci.

2. Si le mari est mort dans le délai pour intenter l'action en désaveu, les enfants légitimes peuvent l'intenter même du vivant de leur mère.

3. La mère qui exerce la puissance paternelle peut émanciper son enfant.

4. Un des époux doit supporter tous les frais d'éducation des enfants, à défaut de l'autre; non pas que cette dette soit solidaire ou indivisible, mais à cause de la nature spéciale des dettes alimentaires.

5. Le père doit à ses enfants une éducation proportionnée à sa position et à sa fortune.

6. Si l'enfant a des biens, et que ses parents n'en aient pas l'usufruit, les frais d'éducation doivent être pris sur les revenus de l'enfant.

7. Les parents ne sont plus responsables des délits de leurs enfants mineurs émancipés.

8. Le père qui a été remarié et est redevenu veuf peut faire détenir ses enfants, mineurs de 16 ans, par voie de réquisition. — La mère, dans les mêmes conditions, peut exercer le droit de correction de la manière ordinaire.

9. La mère peut exercer seule le droit de grâce.

DROIT CRIMINEL.

1. Le parricide commis en repoussant une escalade ou une effraction nocturne, ou bien un vol ou un pillage fait avec violence, n'est pas punissable.

2. Les coups et blessures contre des ascendants ne sont pas exclus de l'excusabilité.

3. La déchéance prononcée par l'art. 335 du Code Pénal porte sur tous les droits de la puissance paternelle,

et pas seulement sur ceux mentionnés explicitement au titre IX du livre 1er du Code Napoléon.

DROIT DES GENS ET DROIT PUBLIC.

1. Dans le cas où un traité de cession territoriale réserve aux habitants du territoire cédé l'option sur leur nationalité, les enfants qui sont mineurs à ce moment-là ne peuvent et ne doivent faire cette option que quand ils arriveront à leur majorité.

2. Un mineur ne peut pas perdre sa qualité de Français par les actes mentionnés aux art. 17 et 21 du Code Napoléon.

HISTOIRE DU DROIT.

L'origine des terres censives et du servage féodal est dans la fusion de la souveraineté avec la propriété. Cette fusion a pour origine la transplantation, dans la Gaule conquise, du système de protection et de souveraineté patriarcale, exercée en Germanie par le grand propriétaire sur tous ceux qui l'entouraient; transplantation favorisée par le besoin universel de protection et par l'existence antérieure de l'institution des *patrocinia vi-*

corum, et modifiée profondément par l'état violent qui succéda à la conquête.

Vu par le Président,
E. COLMET DE SANTERRE.

Vu par le Doyen,
C. A. PELLAT.

Permis d'imprimer,
Le vice Recteur,
A. MOURIER.